쾌도난마

조선
정치

上

쾌도난마 조선 정치 上

1쇄 인쇄 | 2012년 3월 12일
1쇄 발행 | 2012년 3월 20일

지은이 | 김병로
펴낸이 | 김운태
펴낸곳 | 도서출판 미래지향
출판등록 | 2011년 11월 18일
출판사신고번호 | 318-2011-000140

경영총괄 | 박정윤
편집 | 김운태
마케팅 | 김순태
디자인 | 피앤피디자인(www.ibook4u.co.kr)
인쇄 | 자윤프린팅

주소 | 서울시 영등포구 국회대로74길 20 1014호
이메일 | kimwt@miraejihyang.com
홈페이지 | http://www.miraejihyang.com
전화 | 02-780-4842
팩스 | 02-707-2475

ISBN 978-89-968493-0-8   03900
정가 14,000원

*이 도서의 국립중앙도서관 출판시도서목록(CIP)은 e-CIP홈페이지(http://www.nl.go.kr/ecip)와
국가자료공동목록시스템(http://www.nl.go.kr/kolisnet)에서 이용하실 수 있습니다.
(CIP제어번호: CIP2012000928)

쾌도난마

조선
정치

김병로 지음

'글로벌 스탠다드'에 병든 나라 上

도서출판 미래지향

서 문

100년 만의 매국조약,
한미 자유무역협정의 폐기를 촉구하며

[오래된 의문]

난 학창 시절 매우 지루한 역사 교육을 받았다. 국사는 무색무취한, 생명력 없는 글자의 나열 같았다. 대학 진학 이후 각종 관련 서적을 읽으면서, 주류사학의 실증주의 관점이 역사를 '재미없고, 나와는 관계 없는 것'으로 만든 중대한 원인 중 하나라는 걸 알게 됐다. 그래서 나는 팩트fact만 나열하고 평가는 주저하는 실증주의에 문제를 제기하고 싶었다.

예컨대, 내가 배운 고등학교 국정 국사 교과서는 다음과 같이 적고 있다.

「이성계는 위화도에서 회군하여 반대파인 최영 등의 세력을 제거하였다. 이를 계기로 이성계 일파는 정치적 실권을 장악하고, 새 왕조를 개창할 수 있는 기반을 마련하였으며, 명과의 관계를 호전시켜 나갔다.」

나는 "이성계가 위화도에서 회군을 했다"는 얄팍한 팩트의 서술에 그치는 것보단 '이성계는 왜 원나라는 쳤으면서 명나라에겐 꼬리 내렸을까?' 하는 그의 속내가 궁금했다. 그러나 역사학자들은 그 부분의 설명은 주저한다. 그런 것을 교과서에 서술하는 것은, 개인의 주관을 개입하여 역사를 왜곡할 우려가 있다는 이유다. 그것은 정치학이나 사회학의 영역이지 역사학의 영역은 아니라고 주장한다. 그러나 세상에 가치판단이 배제된 순도 100% 팩트라는 것이 존재할 수 있을까?

실증주의 사학에 대한 평가는 학자의 몫으로 돌려주고, 나는 일반인의 처지에선, 하나의 역사적 사실에 대한 평가는 다양하면 다양할수록 역사 발전에 도움이 된다고 믿는다. 좋은 놈과 나쁜 놈을 나름의 기준으로 구분하고 평가하고 논쟁해 줘야지, 덜렁 사건만, 팩트만 늘어놓은 것만이 역사인가? 가치평가가 있으면 좀 어떤가? 주관적이면 좀 어떤가?

[한반도 정치의 국제정치적 측면]

주변이 4대 강국북중일미으로 둘러싸인 오늘날은 물론, 한반도는 외세의 영향력으로부터 자유로웠던 시기가 거의 없었다고 해도 과언이 아니다. 고려 말 100여 년은 사실상 원나라 식민지였다. 갑신정변 후~청일전쟁 직전까지 10년간 조선을 통치한 사람은 청나라 군인 '원세개袁世凱, 위안스카이'였다. 해방 직후~정부 수립까지 3년간 남한을 통치한 사람은 미국 군인 '하지John Reed Hodge'였다. 한반도를 통치한 외국인 빼고, 한반도에서 벌어진 외국 간 전쟁 빼고, 한반도의 운명을 좌우한 열강 간 비밀조약 빼고……, 이것저것 빼고 한반도 역사 얘기를 한다는 건 좋게 말하면 민족적 자존심일지 몰라도, 나쁘게 말하면 역사 왜곡이다. 인조가 광해군의

'평화실리 외교'를 폐기하고 '숭명배청'이라는 잘못된 외교노선으로 선회하여 얼마나 많은 국민이 고통받았는지, 열강과 동시다발적 FTA를 체결한 고종과 조선이 왜 망했는지, 본문 곳곳에 상세하게 적었다. 특히 개항1876 이후 대한민국 역사는 외세를 빼고는 설명할 수 없다. 부끄러운 역사도 우리 역사다.

[이 글을 쓰게 된 직접적 동기]

2011년 11월 22일, 100여 년 만에 또다시 매국 조약이 비준됐다. 나는 열린우리당 시절부터 한미 자유무역협정FTA을 반대했고 지금도 반대한다. '국가적 창씨개명'을 요구하는 매국 조약이기 때문이다. 한미 FTA 반대 이유를 설명하는 과정에서 의외로 많은 분들이 '강화도조약1876'이 '한일 FTA'였다는 사실을 모르고 있음을 알았다. 조선시대는 지금과 무관하다고 생각하는 분들이 많았다. 일제가 조선에 '일본식 토지조사령과 회사령'을 이식한 것은 '식민지 수탈'이라 가르치고, 미국이 우리에게 '미국식 통상법'을 이식한 한미 FTA는 '글로벌 스탠다드'라 가르친다. 더 이상 묵과할 수 없다. 한미 FTA의 경제적 효과 운운하며 한미 FTA를 단순한 통상문제로 '협애화狹隘化'하는 시도는 본질을 호도하는 행위다. 한미 FTA는 단순한 통상 문제가 아니다. 한국의 근본 틀헌법, 법률, 제도, 문화, 관습, 사고방식을 미국식으로 개조시키는 '총체적 매국 조약'이다. 또한 한미 FTA를 두고 '쇄국 vs 개방'의 논쟁으로 몰아가는 시도 역시 본질 호도책이다. 우리나라는 이미 사우디아라비아산産 새우가 수입되는 세계 최고 수준의 개방국가이기 때문이다. 나는 이 책 하권 부분에서 한미 FTA는 단순한 통상 조건에 관한 문제가 아님을 역설하고자 했다. 그래서 나는 한미 FTA가 갖는 국제정치적 의미, 역사적 의미, 국내정치적 의미, 사회적 의미, 경제사적 의미를 '우리나라 최초의 FTA인 강화도조약'과 비교하여 집중 조명했다. 조선이 열강과 동시다발적 FTA를 체결한 후, 양극화, 내란, 쿠데타, 내전, 국제전쟁, 동시다발적 열강의 이권침탈을 거쳐 식민지로 전락한 과정을 속도감 있게 적었다. 1876년 한일 FTA강화도조약와 2011년 한미 FTA가 다르지 않으며, 1883년 김옥균-파크스 간 한영 FTA 재협상조영 신조약과 2010년 김종훈-론 커크 간 한미 FTA 재협상이 다르지 않다는 것을 알리기 위해 이 책을 썼다. 요컨대, 조선시대 정치가 오늘날 정치와 다르지 않음을 널리 알리기 위해 그리고 우리민주개혁 세력가 왜 실패했는지 역사 속에서 진지하게 반추하길 바라는 마음에서 이 글을 썼다.

[정치의 몰락]

나는 관념적 역사, 수험 준비를 위한 역사가 아닌, 정치의 일부로써 우리 역사의 속살을 들추어 보려 했다. 그날그날의 정치가 쌓여서 역사가 되는 것 아니겠는가? 그래서 우선 내 정치적 입장을 밝히는 것이 마땅하다고 생각한다. 난 10대 중빈 이후부터 30년간 민주낭 지지자다. 민주개혁 세력이 권력투쟁에 빠져 사분오열한 지난 10여 년간, 우리 정치 질서는 완전히 파괴됐고, 민생은 도탄에 빠졌으며, 국민은 희망을 잃었다. 국민의 50%는 정치를 외면하고, 나머지 50%조차 습자지만큼의 차이도 없는 한나라당, 열린우리당, 민주당 사이를 오락가락하며 널뛰기 지지를 하다, 결국 작년 서울시장 선거에서는 시민단체의 손을 들어 주는 일까지 발생했다. 1992년 이후 민주화된 문민 정권 20년 동안 국부國富는 현대판 양반 귀족인 재벌에게 집중되었고, '경쟁', '돈', '신용창조', '글로벌 스탠다드'가 온 나라를 지배하는 이데올로기가 되었다. 청년들의 꿈은 대기업 사원이고, 25~49세의 서울시민 40%는 미혼이며, 출산율은 내전국가보다 낮고, 비정규직은 1,000만이며, 가계부채는 1,000조를 넘었고, 총질만 없을 뿐이지 1년에 1만 5,000여 명의 국민이 스스로 세상과 등지는 사실상 '신자유주의 내전 국가'가 됐다. 정치가 의교주醫敎住 같은 기초적인 삶의 문제에 대해 전혀 대안을 제시하지 못하고 권력투쟁과 뜬구름 잡는 구호만 난무한다. 정치는 이미 몰락했다.

[반反MB이기만 하면 다인가]

지난 5년간 민주당은 역대 야당 사상 최악의 '사쿠라' 관제 야당이었던 '민한당'을 능가하는 한심한 모습을 보였다. 친노 세력들은 매국 조약인 한미 FTA 비준을 강 건너 불구경하듯 한다. 한미 FTA를 찬성하고, 비정규직법안을 합법화하고, 교육·의료·주택에도 시장 마인드를 도입하고, 뉴타운을 부르대고, 조중동에서 중앙일보는 빼자던 '유연한' 486들은 이제는 반反MB만을 부르짖으며 재집권을 주장한다. '깃발정체성'은 온데간데없고 '정치공학'만 나부낀다. 이 땅에 유의미한 정치집단으로서 개혁세력이 존재하는지도 이젠 회의적이다. 긴 방황을 끝내야 한다. 난 민주개혁 세력이 서민 대중의 지지를 받아 부활하기를 간절히 기대한다. 그러기 위해선 지난 과오에 대한 진실한 참회가 있어야 한다.

[민주개혁 세력에게 바라는 점]

이 땅에 중산층은 없다. 1%의 부자와 99%의 서민뿐이다. 민주개혁 세력이 지금처럼 서민·노동자·농민·도시빈민의 고단한 삶을 '자유경쟁의 틀' 속에 방치하고 외면한다면, 미래는 없다. 참여정부 5대 실정인 ▲ 대북송금 특검 ▲ 민주당 분당 ▲ 한나라당과 대연정 ▲ 비정규직 합법화 ▲ 한미 FTA 체결과 강정마을 해군기지 착공에 대해 공식 사과해야 한다. 이는 민주 세력이 부활하기 위한 최소한의 필요조건이다. 참회의 말을 아끼는 것은 미래에 대한 비전도 없다는 반증일 뿐이다. 그리고 정치적 자유와 경제적 정의를 기본 원칙으로 천명하고, 구체적 정책으로 ▲ 보편적 복지의료, 교육, 주거 영역에 있어 국가보장 5개년 계획 제시 ▲ 은행 국유화 ▲ 현대판 노예제 비정규직 폐기 ▲ 1:1 한미 FTA가 아닌 WTO 체제하에서의 다자간 무역 추진 ▲ 대륙북중러의 내수경제와 해양미일의 수출경제 동시 지향 ▲ 한미일 3각 동맹이 아닌 4대 강국 선린외교 지향 ▲ 조세개혁 ▲ 가계부채 경감 ▲ 재벌체제와 노동권의 상호 인정 ▲ 외교통상부 혁파 등을 내걸길 기대한다.

[이 책의 독자들]

난 정치의 궁극적인 목적은 '가난을 구제하는 것'이라 생각한다. '가난 구제는 나라도 못한다'는 말은 옛말이다. 정치가 '가난을 구제할 제도와 시스템'을 제시하지 못한다면, 그 정치, 그 국가는 존재 가치가 없다. 현실 정치에서 진정한 개혁을 꿈꾸는 정치인, 그리고 빈익빈 부익부의 가속기제인 신자유주의에 반대하면서 함께 사는 사회를 꿈꾸는 소시민적 정의감을 가진 평범한 국민들께서 이 책을 읽어 주셨으면 하는 바람이다. 또한 주입식 수험용 역사만 공부해 온 많은 분들이 이 책을 통해 우리 역사를 다양한 각도에서 바라보는 계기가 됐으면 한다. 특히 정치 참여를 외면하는 많은 청춘들이, 이 책을 통해 현실 정치와 역사는 불가분의 관계에 있고, 세상을 바꿀 수 있는 가장 빠른 길은 '정치'라는 것을 이해하는 계기가 된다면, 필자에겐 더할 나위 없는 기쁨일 것이다.

[글을 쓰면서 늘 염두에 둔 것]

나는 이것도 옳고 저것도 옳다는 식의, 얼치기 지식인의 기회주의적 화법은 동원하지 않으려 노력했다. 품위도 있으면서 쉽게 읽을 수 있는 글이 가장 이상적이겠지만, 능력 밖이다. 품위 있으나 읽히지 않는 글보다는, 죽죽 읽히는 글, 직관적으로 쉽게 이해할 수 있는 글, 양비론이 아닌 일단 승부를 내는 글을 항상 염두에 두고 집필했다. 교양과 재미 사이, 품위와 직관적 이해 사이에서 내내 고민했다.

[감사의 말씀]

정치학, 경제학, 사회학, 역사학, 법학, 국제정치학 등 각 분야 저자들의 저술에 음양으로 힘입은 바가 크다. 대부분 인용표기를 명확하게 했으나, 일일이 각주를 인용하지 못하고 참고문헌으로 모은 점에 대해 너그러운 이해를 부탁드린다.

젊은 신진기예 출판인 김운태 도서출판 미래지향 대표가 책을 만들어

주시느라 고생했다. 이 책은 도서출판 미래지향에서 출간하는 첫 번째 책이 되는 영광을 누렸다. 미래지향의 무궁한 번영을 기원한다. 마지막으로 이 책 본문에서 인용된 원서의 번역은 본 필자가 한 것이니, 독자께서는 오해 없으시기 바란다.

2012. 1. 10.

김병로 씀

차 례_상

차 례_하

제 1 장

건국

고려말의 상황 I

원나라의 식민지

원종, 몽고의 힘을 빌려 무신정권을 무너뜨리다

우선 시대 구분을 대강 해보자. 무인집권기는 1170~1270년까지 100
년간이다. 이 기간 중 몽고의 침략1231에 저항하여 강화도로 천도를 감행
한 1232년부터 개경으로 환도하는 1270년까지 40여 년을 '대몽항쟁기'
라 하고, 몽고에 항복하여 강화를 한 1271년 이후를 '원의 간섭기' 라 한
다. 몽고는 1271년부터 원元이라 칭했으나 이 책에서는 몽고와 원나라를
혼용해서 사용하겠다.

타임머신을 타고 1270년 한반도로 가 보자참고로 조선 건국은 1392년이다. 무
인정권에 시달리던 당시 고려 대통령 원종은 원나라 연경베이징을 방문,
원나라 대통령 세조쿠빌라이=칭기즈 칸의 손자와 정상회담을 한다. 이 회담에서

원종은 세조에게 고려 무인정권을 무너뜨리기 위한 '주한 원군' 파견을 요청한다. 원나라 군대의 지원을 받은 원종은 고려군과 함께 왕권을 무력화했던 쌍양아치 집단인 무인정권을 무너뜨린다. 즉 원종은 외세를 끌어들여 무인정권과 그 끄나풀인 삼별초를 진압한 것이다. 군사 지원의 대가로 고려는 원나라에게 충성을 서약하고, 그 징표로 고려의 차기 대통령세자은 몽고 공주에게 장가가기로 약속한다. 이렇게 고려는 원나라의 사위국가부마국가 된다. 사실상 식민지가 된 것이다.

내란을 스스로 진압하지 못한 나라, 고려

아~, 이제야 비로소 원종이 제대로 대통령 행세를 하겠구나? 천만의 말씀. '세상에 공짜는 없다'는 평범한 진리를 경제학에서는 기회비용으로, 회계학에서는 복식부기로, 법학에서는 순기능과 역기능으로 표현한다.

그렇다. 원종의 몽고에 대한 왕권보호 요청은, 국제정치적으로 곧 고려가 원나라의 식민지가 되는 것을 뜻한다. 자고로 내란을 자력으로 진압하지 못하고 외세를 끌어들여야만 하는 나라는, 곧 식민지를 자처하는 것이다. 조선 말 동학혁명 때도 고종은 진압 능력을 상실하자 청나라와 일본을 끌어들여 조선을 식민지로 전락시켰다.

그래서 나는 한 나라가 내란을 스스로 진압 못할 때는 그 정권은 그냥 망하는 게 낫다고 본다. 그건 혁명에 의한 정권 교체일 뿐 최소한 식민지가 되는 것은 아니기 때문이다. 역사의 가정이지만 2공화국 당시 민주당 정권이 내란5·16 쿠데타을 미국이나 일본을 끌어들여 진압했다면 어떻게 됐을까?

무인정권과 삼별초를 진압한 려몽 연합군

우리는 대몽 항쟁기간에 무인정권이 몽고에 맞서 끈질기게 저항했던 것처럼 배웠지만 실상은 그렇지 않다. 재야 역사학자 이이화의 평가를 보자.

> 최씨 무신정권의 철저한 항전을 두고 무인의 기골로 굴욕적 타협을 거부하며 자주국가의 면모를 과시했다는 평가도 있다. 그 결과 유리한 강화 조건을 이끌어 냈다고 보는 것이다. 하지만 실제 무신정권은 강화도를 요새화하면서 국가의 핵심부대인 삼별초의 전선 투입을 제한적으로 하였다. **삼별초의 전선 투입은 몇백 명 단위에 그치면서 강화도 수비, 특히 최씨 개인 경호에 집중시켜 철저하게 사병으로 써먹었다. 정작 몽골군과 전투를 벌일 때 가장 용감하게 싸운 것은 지방군과 농민이었고, 전투 경험이 많은 초적과 노비들의 활약이 컸다.** 침략의 마지막 단계에서 방호별감이나 농민군 지도자들이 몽골군에 투항하거나 협조한 데에는 "오히려 몽골군이 쳐들어오는 것을 반겼다"는 고려사의 기록처럼 무신정권에 대한 반감이 크게 작용하였다. 이이화著, 「한국사 이야기7」, 86~87p, 한길사刊.

그렇다. 정작 몽고군 침략에 맞서 결연하게 항쟁한 세력은 사회적으로 천대받던 노비와 천민들이었지, 무인정권도 삼별초도 아니었다. 그 사이에 최씨 정권을 비롯한 귀족들은 강화도로 기어들어가, 개경에서와 다를 바 없는 호화 사치생활을 지속했고, 광대한 격구장을 만들어 골프에 몰입하고 있었다. 지들은 안전한 곳에서 술, 여자, 놀음에 세월 가는 줄 모르고 있을 때, 육지에서 농민, 천민들은 몽고의 말발굽에 도륙되고, 개경은 물론 경상도, 전라도까지 전 국토가 몽고군에 의해 유린당했다. 몽고군은 경주까지 쳐내려가 삼국시대 건립된 최대 사찰 황룡사마저 불태웠다. 특히 몽고의 3차 침입1254 때는 그 피해가 가장 극심하여, 죽음을 당한 자는 헤아릴 수 없고, 포로로 잡혀간 자만 무려 20여만 명에 이르렀다.

무인정권을 유지하기 위한 '통치자금'은 해상 운송을 통한 조세 수취로 조달했다. 전쟁으로 농촌이 황폐화되고 인구가 줄어드는데, 최씨 무인정권은 농민에 대한 가혹한 착취로 농촌을 더욱 피폐하게 만들었다. 무인정권과 귀족들의 가혹한 수취는 농민들의 몽고에 대한 항전 의지를 꺾었고, 민심은 무인정권에 등을 돌렸다. 무인정권에 대한 이이화의 결론을 보자.

> 무신정권은 역사의 반동이었다. 주체적이고 **자주적인 역사의식을 가지고 외래 침략에 철저하게 항전하였다는 미명은 바로 박정희 군사정권의 조작**이었고, 여기에 덩달아 놀아난 어용 역사가의 아첨이었다. 하지만 고려 백성들은 역사에서 유례를 찾아볼 수 없는 피해를 당하면서도 강인한 저항정신을 유감없이 보여주었다. 앞의 책, 87p.

결국 원종은 외세를 끌어들여 무인정권과 삼별초를 진압한다. 이어서 얘기하겠지만 원종이 외세를 끌어들인 대가는 매우 컸으니, 잘했다고 보긴 어렵다. 한편 무인정권의 잔당인 삼별초는 무인정권이 무너지자1270, 그제서야 몽고에 결사 항전했다. 이들이 무슨 역사의식, 민족의식, 나라

를 구하겠다는 신념 등이 있어서 몽고에 항전한 게 아니다. 이들은 무인
정권기에 누렸던 자신들의 '특권적 이익' 이 박탈되는 상황에 직면하자
자신들의 사익을 위해 저항한 것이다. 결국 삼별초 항쟁이라는 것도 부
끄러운 역사일 뿐이다.

▌외세를 끌어들인 대가 – 원나라의 부마국 = 식민지

▌원종이 정권 탈환을 위해 식민지를 자처한 대가는 컸다. 원종은 고려
국왕 중 묘호에 조祖나 종宗자를 사용한 마지막 왕이 된다. 이후 고려 국
왕들은 원나라 식민지가 된 기념으로 묘호에 조나 종이 아닌 '왕王'자를
붙여야 했고, 앞에는 원나라에게 충성을 맹세하는 증거인 충忠자를 화끈
하게 넣어줘야 했다.

그리고 원종은 아들인 세자대통령 당선자 왕거를 원나라 수도 연경베이징으
로 보내야 했다. 왕거는 당시 세계 패권국가이자 일류국가인 원나라 초
대 대통령 세조의 딸 홀도로게리미실과 국제결혼을 한 후, 원나라에 의
해 고려왕으로 임명되어 귀국하니, 그가 바로 충렬왕이다.

원종 이후 순서대로 충렬왕, 충선왕, 충숙왕, 충혜왕, 충목왕, 충정왕,
공민왕이 바로 원나라에 의해 '임명' 된 고려왕들이다. 이들 중에는 몽고
인보다 더 몽고인 같은 충선왕도 있었으며, 언젠가는 아버지의 나라를
몽고 놈들로부터 독립시키고야 말겠다는 야심을 숨기고 지낸 공민왕 같
은 왕도 있었다.

여기서 잠깐. 원나라는 어떤 나라인가? 칭기즈 칸이 정복한 영토를 바
탕으로 그 손자 쿠빌라이 칸이 세운 나라로, 당대 세계 제1의 패권국가이
자 중국 정복국가이다. 당시 원나라는 지금 미국보다 훨씬 강한 패권국

가였다. 요즘 몽골 사람 무시하듯 무시하면 안 된다.

당시 원나라는 유럽 크기만 한 중국 본토를 삼켰고, 중동, 유럽, 러시아, 한반도까지 몽땅 접수하고, 이슬람 세계와 기독교 세계를 연결했다. 원나라 수도인 연경베이징은 세계인이 거주하는 세계의 중심지였고, 교육, 문화, 과학, 군사기술, 패션, 향락문화가 발달된 세계의 수도였다. 원나라는 지금 미국보다 더 강대했고, 당시 '연경의 뜻' 은 오늘날 '워싱턴 백악관의 뜻' 이었다.

▌고등학교 국사 교과서의 표현 – 자주성의 시련

고려가 원나라와 강화를 맺고 원나라의 부마국이 되기로 약속한 1271년부터 원나라가 멸망하는 1368년까지 약 100여 년간 고려는 사실상 원나라의 식민지였다. "일제시대를 제외하고 우리가 식민지였던 적이 있었나? 배운 적 없는데~" 하고 생각할지 모른다. 역사책에서는 식민지라는 용어 대신 원의 속국, 원의 속령, 원의 간섭기라고 표현하지만, 내용적으로 보면 일제 식민지 시대보다 훨씬 더 막가는 시절이었다.

1990년 간행된 고등학교 국사 교과서에서는 '몽고와의 전쟁 → 자주성의 시련 → 공민왕의 반원정치' 라는 목차로 얼렁뚱땅 넘어갔다. 그 어디에도 속국이니 식민지니 하는 말은 없다. 그리고 이들 충忠자 돌림 왕시대에 대한 언급은 거의 없다. 식민진데 언급할 게 뭐 있겠는가? 고등학교 역사 교과서 집필진의 눈물겨운 애국심이다. 역사 교육에는 어느 정도 뺄 거 빼고 넣을 거 넣어서, 즉 '간을 쳐서' 가르치는 것은 어느 나라나 마찬가지이니 탓할 것은 아니다.

원나라, 고려 영토 침범하고 직접 지배

그렇다면 고려는 어느 정도 식민지였을까? 일제가 했던 짓은 이미 이 때 원나라가 다 했다고 보면 된다. 우선 원나라는 고려 영토를 약 40% 이상 빼앗아 직접 통치하였다. 원나라는 오늘날 한반도 약 38.5도선 위쪽을 무력 접수하여 쌍성총관부1258~1356와 동녕부1270~1290를 설치하였다. 또한 삼별초의 최후 본거지였던 제주도를 점령하여 탐라총관부1273~1301를 설치하고 목마장을 경영했다. 특히 원나라는 고려를 배신하고 원나라에 투항한 매국노들을 이 지역을 다스리는 총관으로 임명했다. 이 매국노들은 원나라 관리 이상으로 고려인들을 착취하고 죽이고 유린했다. 일제시대와는 그 양과 질에서 비교할 수도 없이 수많은 고려인들이 원나라에 부역하며 반역과 매국에 앞장섰다. 또한 원나라는 만주 일대로 이주한 고려인들을 관할하는 왕으로, 고려 왕족 출신을 골라 '심양왕'으로 임명했다.

쌍성총관부 회복에는 약 100년이 걸렸다. 또한 탐라총관부에서 원나라 세력을 완전히 제거한 건 공민왕 때인 1374년이니, 탐라 회복에도 약 100년이 걸린 셈이다. 고려 정부에도 원나라 출신 관료들이 즐비했다. 고려 정부인지 원나라 정부인지 구분이 안 될 정도였다. 일제가 겨우 35년을 지배한 데 비해 100년을 몽고 지배하에서 살았던 당시 한반도 국민들에게 과연 고려인이라는 의식이 있었을까? 그 당시 100년이면 '다섯 세대'는 되는 기간인데, 그 장구한 기간을 몽고의 통치를 받은 고려인들은 '여기는 몽고 땅'이라고 생각하고 살다 죽지 않았을까?

원나라, 심양왕과 고려왕을 임명하다

그렇다면 쌍성총관부 이남 지역북위 38.5도 이하 지역은 그대로 방치했나? 그럴 리가 있나? 여기에 원나라의 독특한 식민지 통치술이 있다. 즉 북위 38.5도 이하 지역에 대하여는 원나라에서 고려왕을 임명하여 간접통치를 한 것이다.

그 결과 쌍성총관부, 동녕부, 탐라총관부에는 고려인 출신 매국노를 총관으로 임명하여 직접 통치하고, 그 위 만주 지역에 이주한 고려인을 다스리는 왕으로 고려 왕족 중 '심양왕'을 임명하고, 쌍성총관부 이남에 대해서는 '고려왕'을 임명했다. 이들 총관, 심양왕, 고려왕은 연경을 향해 서로 충성 경쟁을 하는 관계였고, 그것이 원나라의 식민지 통치술이었다.

권력 서열은 심양왕이 고려왕보다 2단계 위로, 충렬왕이 북경에 머물던 세자 시절 처음 심양왕에 임명됐다. 충선왕도 심양왕 출신이며, 충선왕의 뒤를 이어 심양왕이 된 '고禿충선왕의 조카'는 고려왕이었던 충숙왕, 충혜왕과 고려 왕위 계승을 위해 맹렬한 권력 다툼을 벌이기도 했다.

고려왕이 심양왕으로 승진도 되고, 그 반대의 경우도 있었고, 고려왕이 심양왕을 겸직한 경우도 있었다. 이처럼 당시 고려왕은 몽고에서 임명했으므로, 조금이라도 임명권자인 몽고의 눈 밖에 난다든지, 특히 왕비인 몽고 공주의 심사를 불편하게 한다든지 하면 바로 몽고로 소환되기 일쑤였다. 무슨 외교관 소환하는 것도 아니고……. 하여튼 그랬다. 또한 수많은 '몽고인' 관리들이 고려 조정을 장악, 일제를 능가하는 횡포와 만행을 저질렀다.

그 외에 원나라는, 두 차례에 걸친 일본 원정을 위해 고려를 병참기지로 수탈했다. 일제가 태평양전쟁에서 조선을 수탈했듯 말이다. 그 수탈 기구가 바로 정동행성이었다1280. 그렇다. 원 간섭기의 정동행성은 일제 시대의 조선총독부다. 원나라는 고려에 정동행성을 설치하여 원나라 놈을 관리로 임명했는데, 이놈도 고려에 오면 지가 왕 노릇을 하려고 덤볐다. 닥치는 대로 배때기 채웠고, 닥치는 대로 고려인을 모아서 일본과의 전쟁에 출정시켰다.

▌사상 최대의 해외 원정군 편성과 일본의 보복

일본 정복을 위해 1274년, 1281년 두 차례 출정이 있었다. 원나라 군대, 고려 군대, 중국 남송 군대가 연합하여 한반도 마산과 중국 절강성에서 각각 출정했다. 몽고는 자신들이 정복한 남송중국 漢族과 고려의 해군력을 이용하여 당시 역사상 최대 규모인 14만 명의 해외 원정군을 편성, 일본 원정에 나섰다. 그러나 두 차례 일본 원정은 모두 실패했다. 두 차례 원정에 동원된 고려는 소, 말, 군량미, 군함 건축, 군인 징발 등 상상할 수 없는 전쟁 비용을 대느라 경제는 파탄 났다. 2차 원정에서는 약 8천 명에 가까운 고려군이 희생됐다. 이게 다 백성의 고혈이었다.

당시 인류 역사상 최대 해외 원정군에 맞서 국토를 지켜낸 일본가마쿠라막부 역시 대단한 민족이라고밖에 할 수 없다. 전 세계가 몽고군의 말발굽에 무릎을 꿇었는데 일본만은 예외였다. 일본은 민족적 자존심이 있는 나라다. 그 자존심으로 태평양전쟁을 일으켜 '세계 패권'을 놓고 미국과 맞짱을 뜨지 않았던가?

려몽연합군의 침입을 물리친 일본은 복수에 나선다. 일본도 내전 상태남북조시대라 국가적 차원에서 전쟁을 도발하진 못했지만, 일본 백성들의

'개별 침략'을 부추겼다. 그 결과 고려 말~조선 초, 원나라 말~명나라 초, 한반도와 중국 해안에 왜구가 들끓어 막대한 피해를 입었다. 왜구의 침략은 단지 '쪽발이 양아치들'이 들락거린 수준이 아니라 사실상 전쟁 상태였다. 이는 려몽연합군의 두 차례 일본 원정에 대한 일본의 보복전 쟁이었다.

고려왕들은 뭐했나?

이때 고려왕들은 고려 백성을 위해 정동행성의 원나라 출신 관리들을 견제했을까? 에이 선수끼리 왜 그래~. 그럴 리가 있나. 정동행성 장관인 좌승상은 '고려왕'이 자동적으로 겸직하는 당연직이었다. 원나라 출신 정동행성 관리나, 원나라에 의해 임명된 '고려왕 = 정동행성 좌승상'이나, 다 같은 연경 일류대학 출신 동문인데, 좋은 게 좋은 거라고 둘은 사이좋게 같이 해처먹었다. 그리고 전면적인 경제 수탈을 강행, 금, 은, 인삼, 약재, 해동청보라매, 심지어 어린 처녀까지 데려갔다. 그래서 고려에 조혼 풍습이 생겼다. 그러자 충렬왕은 몽고에 처녀를 바치기 위해 금혼 령까지 내리는 정신 나간 짓도 했다. 몽고 요구에 부응하기 위해 혼인에 대한 '허가제'를 실시한 것이다.

나아가 충렬왕은 몽고에 바칠 공녀를 자신이 직접 대동하고 연경을 방문하기도 했다. 재야 역사학자 이이화는 고려시대 공녀에 대해 '고려판 정신대'라고 한다. 일국의 왕이라는 인간이 자국 백성을 팔아넘긴 것이다. 왕이라는 놈이 무슨 인신매매단 두목도 아니고 쯧쯧……. 충렬왕은 이름 그대로 아주 열렬하게 원나라에 충성했다. 원나라에 내란이 있으면 자발적으로 파병했다. 이런 역사적 경험 때문인지 우리는 지금도 미국의 추악한 패권전쟁에 파병을 하면서도 쪽팔려 하는 법이 없다.

파병 비용은 고려가, 군 통수권은 원나라에

몽고군 주둔 비용과 두 차례에 걸친 해외_{일본} 파병 비용도 모두 고려가 뒤집어썼다. 오늘날 대한민국은 과연 달라졌을까? 미군 주둔 비용은 누가 댈까? 미국의 요청에 의한 우리 군대 파병 비용은 누가 댈까? 이들 비용을 우리가 뒤집어쓴다면 그 비용은 대체 얼마나 될까? 그 비용을 미국의 누구와 어떤 협의를 거쳐 결정할까? 전시에 군 통수권은 우리나라 대통령에게 있을까 아니면 미국 군인에게 있을까? 만약 미국 군인에게 있다면 그 미국인은 우리나라 대통령의 명령을 따를까 아니면 미국 대통령의 명령을 따를까?

참고로 헌법 74조 1항에 「**대통령**은 헌법과 법률이 정하는 바에 의하여 **국군을 통수한다**」는 '무거운' 조항이 있다.

고려말의 상황 II

럭셔리하고 엣지 있었던 해외파 혼혈인 고려왕들

엣지 있는 혼혈인 고려왕

당시 원나라 식민지인 고려의 왕들은 '시크하고, 엣지 있고, 럭셔리하고, 간지 빵빵나는' 해외파 고려인들이었다. 충렬왕까지는 순수 고려인이었으나, 충렬왕이 원나라 초대 대통령 세조의 친딸 홀도로게리미실과 혼인하면서부터 고려는 원나라의 사위 나라가 됐다. 따라서 그 후손인 충선왕, 충숙왕, 충혜왕, 충목왕, 충정왕, 공민왕, 우왕, 창왕 모두 '려몽 혼혈인'이다. 사학계의 태두 이기백의 서술을 보자.

충렬왕이 원나라 세조의 딸을 왕비로 맞이한 이후 역대 국왕은 **원의 공주를 정비로 삼았고, 그 몸에서 난 아들이 원칙적으로 왕이 되었다.** 말하자면 고려는 원의 부마국, 즉 사위 나라가 된 셈이다. 이후 역대의 국왕은 세자로 있을 때에는 독로화인질을 의미함-필자로서 북경에 머물러 있다가 즉위하는 것이 하나의 통례가 되었다. 국왕으로 즉위한 뒤에도 자주 북경에 드나들며 개경을 비우는 일이 많았다. 이러는 동안 국왕은 몽고식 성명을 갖게 되고, 몽고식으로 머리를 땋아 뒤로 늘어뜨리는 변발을 하고, 몽고식 의복을 입고, 또 몽고어를 사용하게 되었다. 이기백著,「한국사신론」, 178p, 일조각刊.

그러니 공민왕을 소재로 한 드라마에서 변발을 하고 있지 않거나 우리식 이름을 사용하는 것은 모두 '구라' 다. 이들 국왕 모두, 굳이 비율로 따져보자면 25%~62.5%만 고려인이었다. 뒤집어 말하면, 적게는 37.5%, 많게는 75%의 '칸' 의 피가 흐르는 셈이다. 이처럼 우리나라 왕王씨의 후손들에게는 칸의 피가 흐른다. 우리나라가 단일민족? 그건 그냥 하는 소리다. 여진족, 거란족, 몽고족, 일본 놈, 동남아, 한족 등등 무지 많은 혈통이 우리 속에 섞여 있다. 유전학적으로는 단일민족이 아니라는 데 이설異說이 없다.

조선 초 태조 이성계는 왕王씨의 반란을 막기 위해 고려 왕족을 모두 수장시켰다. 이때 고려 왕족들은 죽음을 면하기 위해 王왕씨 성을 玉옥씨, 田전씨, 全전씨 등으로 바꾸었다고 전해진다. 아마 전두환全斗煥도 이때 성을 바꾼 왕씨의 후손이 아닐까? 그래서 그에게도 칸의 피가 흐르는 것은 아닐까? 사람 화끈하게 죽이고 정권 잡은 것 보면 그럴듯하지 않은가?

어쨌든 이들 'chic, gorgeous, luxurious한' 해외파 고려왕들은 세계 제1의 나라, 세계 제1의 도시 연경에서 태어나, 몽고 이름 사용하며, 몽고식 교육 받고, 몽고 헤어스타일하고, 몽고 패션을 즐기며, 몽고 나이트 클럽을 섭렵하면서, 세계어인 몽고어를 사용하면서 성장했다.

고려왕의 권한

고려왕의 권한은 식민지 총독에도 미치지 못했다. 국사 시간에 '다루가치'라는 말 들어봤나? 1231년 몽고는 '몽고 사신 살해사건저고여 사건'을 빌미로 고려를 침략하여 고려왕 고종의 항복을 받아낸다. 그리고 고려에 다루가치라는 원나라 행정관을 파견하여 지방행정을 장악했고, 고려왕을 감시하며 내정에 개입했다. 나아가 1271년 이후 원의 간섭기에는 이 다루가치들이 왕 노릇까지 하려고 덤볐다. 요즘으로 치면 중국 놈이 서울시장으로 임명돼 한국 대통령 행세까지 하려고 덤빈 셈이다.

몽고 출신 마누라가 툭하면 친정에 전화질이지, 다루가치라는 놈은 왕을 감시하다 못해 지가 왕 노릇 하려고 덤비지, 일본 정벌을 위해 설치되었던 정동행성에 파견된 몽고 출신 고위 관료는 일본 정벌이 중지된 후엔 고려 내정에 간섭하며 왕 노릇 하려고 하지……. 정말 고려왕은 꼴이 말이 아니었다.

활리길사의 노비제 개혁 시도를 저지한 고려 특권층들

이런 일도 있었다. 충렬왕 때 정동행성 고위 관료평장사로 왔던 몽고인 '활리길사闊里吉思'가 고려의 노비제도를 개혁하려 한 것이다. 고려 특권층은 노비 감소를 억제하기 위해 부모 중 한 명이라도 노비면 그 자식을 노비로 삼았다. 그런데 활리길사가 이를 개혁하여 부모 중 한쪽이 양인인 노비는 양인으로 만들려고 한 것이다. 이런 개혁 시도에 대해 고려 귀족들은 '똘똘 뭉쳐' 극렬 반발했다. 그러자 고려인을 분열시켰다는 이유로 활리길사는 본국으로 소환된다. 이처럼 민족과 공익을 위해서는 손톱만 한 희생도 하지 못하면서, 가문과 사익을 위해서라면 똘똘 뭉쳐 외세에 저항하는 자랑스런 전통을 가진 게 한반도 특권 세력이다. 이에 대해서는 본문 곳곳에서 계속 언급할 것이다. 활리길사의 사연은 우리 역사책에 다음과 같이 적혀 있다. 역사학계의 거목 이기백의 서술을 보자.

> 원은 때로 정동행성을 통하여 고려의 정치에 간섭하려고 하였다. 충렬왕 때에 활리길사가 정동행중서평장사征東行中書平章事로 와 있던 때가 그러하다. 하지만 **그의 간섭은 고려의 반대로 말미암아 실패하고 말았다.**
>
> 이기백著, 「한국사신론」, 179p, 일조각刊.

이기백 교수의 서술만 보면 마치 고려가 원나라의 불합리한 내정간섭에 대해 조직적으로 저항한 듯한 뉘앙스를 풍기지만, 사실은 이와 같은 비하인드 스토리가 있는 것이다. 몽고는 자신들의 동족을 노비로 삼지 않았다. 중국도 고려와 같은 엄격한 노비 제도는 없었다. 고려 귀족의 입장에선 활리길사가 체제를 부정하는 무식한 놈이었겠지만, 고려의 노비와 천민들 입장에선 구세주나 다름없었다. 몽고 입장에선 동족을 노예로 삼는 고려를 이해할 수 없었다. 고려에서 헤아릴 수도 없이 많은 매국노가 속출한 것도 이런 이유 때문 아닐까?

몽고 마누라에 맞고 살았던 충렬왕
성질 더러운 몽고 공주 출신 왕비를 데리고 살던 충렬왕은 그렇게 열렬하게 원나라에 퍼주고도 대신들이 보는 앞에서 왕비에게 몽둥이로 맞고 살았다. 그러나 그 누구도 왕비를 말릴 수 없었다. 세계 패권국가인 몽고의 황제, 세조의 '친딸'을 감히 누가 건드릴 수 있겠는가?

그 아들 충선왕몽고 이름 이지리부카은 50% 고려인이었으나, 하는 짓은 120% 몽고인이었다. 충렬왕과 충선왕은 부자간임에도 불구하고 서로가 서로를 제거하기 위한 온갖 정치 공작과 원나라를 향한 충성 경쟁을 펼쳤다. 결과는? 피는 못 속이는 법. 원나라 대통령 세조의 외손자인 충선왕이 아버지 충렬왕이 시퍼렇게 살아 있는데도 충렬왕을 밀어내고 고려왕에 임명된다. 사위는 피가 안 통하는 남이지만 외손자는 자기 핏줄 아니던가? 충선왕 이야기는 조금 뒤에 이어가기로 하겠다.

▎ 허울뿐인 주권

서울대학교 국사학과 변태섭 명예교수는 『한국사통론』에 다음과 같이 적고 있다.

> 원은 고려에 대하여 정치, 경제, 사회 모든 면에 걸쳐 간섭을 하여 고려가 받은 타격은 컸지만 **고려의 주권은 엄연히 존속하였다.** 비록 형식적으로 정동행성이 설치되었지만 고려의 국내정치는 자주적으로 수행되있던 것이나. 변태섭著, 『한국사통론』 4판, 226p, 삼영사刊.

BUT! 그러나! 주권主權이 무엇인가? 주권은 '대내적 최고권력, 대외적 독립의 권력'을 뜻한다. 여기서 대내적 최고권력이란 영토주권을 뜻하며, 대외적 독립권력이란 외교주권을 뜻한다. 따라서 외국 세력이 고도의 정책에 대하여 조직적으로 또한 항시적으로 결정권을 강요해 오는 경우에는 독립국이라 할 수 없다.

쉽게 말하자면, 주권국가라고 하려면 첫째, 자기 땅은 움켜쥐고 있어야 하고영토주권, 둘째, 외국과의 선전포고, 강화는 스스로 결정해야 한다외교주권. 이게 주권국가의 최소 필요조건이다. 그런데 당시 원나라는 고려의 38.5도선 이북을 점령 통치했다. 이는 영토주권의 훼손이다. 또 당시 원나라는 일본과의 전쟁에 고려군을 총동원했다. 이는 외교주권의 상실이다.

사실이 이러함에도 "고려의 주권은 엄연히 존속했다"는 변태섭 교수의 서술은 허허롭기 짝이 없다. 이 정도면 주권을 상실 당했다고 보아야 하지 않을까? 이기백도 "원에의 굴복"이라고 두루뭉술 넘어가고 있으나, 사실상 주권 상실이다.

고려왕은 몽고에 대항했을까?

그렇다면 원나라 놈들은 제국이니까 그렇다 치고, 간지 철철 넘치는 고려왕들은 "남자답게 한번 원나라의 간섭을 물리치고 독자적으로 고려를 통치해 보자"는 손톱만 한 의지라도 있었을까? 없었다. 앞서 언급한 것처럼 고려왕이라는 사람들도 원나라에서 태어나, 원나라 이름 쓰고, 원나라 교육을 받고, 원나라 세자, 원나라 왕족들과 같이 나이트클럽 다니면서 성장한 애들이다. 우리말도 못했을 가능성이 크다.

군이 그 웅장한 세계 패권 국가 원나라와 척을 지면서, 연경과 개성의 특권 세력과 척을 지면서 독자적인 민생 개혁에 나서는 '미친 짓'을 할 이유가 없었다. 그렇게 한다고 자기들에게 뭐가 생기겠는가?

오늘날은 다를까? 워싱턴 백악관과 척을 지면서, 동경과 서울의 엄청난 특권 세력과 척을 지면서 민생 개혁을 해나갈 수 있는 정치인이 있는가? 시장실에 '포스트잇'이나 붙여놓는 거 말고, 정말 '개혁'이라는 걸 할 정치인이 있는가 말이다. 난 죽기를 각오하지 않는 한, 사라진 민노당이 돌아와도 못한다고 본다. 뭐 입으로야 떠들겠지. 그래서 워싱턴 설득하고, 도쿄를 견제하고, 평양과의 관계 개선에 나선 DJ가 참으로 위대한 것이다.

▌몽고인보다 더 몽고인 같았던 충선왕(이지리부카)

충선왕. 몽고 이름 이지리부카. 충렬왕의 아들이자 원나라 초대 대통령 세조의 친외손자. 크아~. 일단 스펙은 간지난다.

아버지 충렬왕이 몽고 마누라에게 맞고 살았다면, 그 아들 충선왕은 몽고 놈보다 더 몽고 놈 같은 왕이었다. 그는 아버지를 밀어내고 고려왕에 임명되자마자 고려의 관직 체계를 원나라보다 무조건 한 단계씩 낮게 바꾸었다. '고려의 몽고화 = 고려의 세계화'에 앞장선 자랑스런(?) 배달의 후손인 것이다.

이 골 때리는 인간이, 재위 기간 중 5년 이상을 개경에 머물지 않고 연경에 머물렀다. 헌법 71조의 '대통령 사고 상태'가 5년 이상이나 지속된 것이다. 왜 이런 어이없는 일이 일어났을까? 충선왕은 베이징이 편했다. 개경은 간지가 안 났다. 지금도 그렇지 않나? 서울보다는 뉴욕이나 LA가 편한 한인들도 많지 않나? 욕할 거 없다. 그렇게 태어났고 그렇게 성장했기 때문이다. 당시 고려 왕족들은 개경에서 지내는 것보다는 연경에서 거주하는 경우가 훨씬 더 많았다.

충선왕과 공민왕, 기시 노부스케와 아베 신조

충선왕은 반원 외교노선의 선두주자였던 공민왕의 할아버지이기도 하다. 즉 할아버지와 손자가 정반대의 길을 걸었던 셈이다. 그래도 아버지와 정반대의 길을 가는 것보단 낫지 않을까? 일본에 기시 노부시케라는 정치인이 있었다. 기시는 일제 시절 일본 만주국의 고위 관료를 지냈고 전후 일본 총리까지 역임한 거물 정치인이다. 박정희는 기시가 만주국에서 고위 관료를 할 때 만주 군관학교를 다녔다. 박정희가 한일 수교 협상을 벌일 때 막후에서 협상을 지원한 인물이 바로 기시다. 기시의 사위가 1980년대 일본의 유명 정치인 아베 신타로다. 그런데 아베 신타로는 장인과 달리 대한 비둘기파온건파 정치인이었다. 아베 신타로의 아들이 참여정부 당시 일본 총리를 지낸 아베 신조다. 이 아베 신조는 아버지를 닮지 않고 외할아버지를 닮아 대한 강경파였다. 역사에는 이런 예가 흔하다.

만권당

역사책에는 "충선왕은 만권당을 지어서 원과의 문예 교류에 기여했다"면서, 마치 고려를 위해 큰 업적을 남긴듯한 뉘앙스로 서술되어 있다. 그러나 그건 '오바'도 한참 '오바'다. 팩트 자체는 맞다. 충선왕이 만권당을 만든 것은 사실이니까. 그러나 이 만권당이라는 것이 대단한 게 아니라, 그가 베이징에 머물면서 지냈던 서재 겸 비서실일 뿐이다. 엄청난 학술기관이 아니었다. 세계의 대통령 쿠빌라이 칸의 외손자 충선왕 이지리부카가 베이징에 대저택, 별장, 연구실, 비서실, 여자가 없었겠는가? 그는 이곳에 머물면서 고려에서 데리고 온 비서진 몇 명, 원나라 외교부 하급관리 몇 명과 더불어, 원나라 백악관에 안테나를 '쫑긋' 세우고 원나라의 심기를 살피면서 이역만리 떨어진 고려의 왕 노릇을 한 것이다. 나라 꼴이 어찌됐을꼬.

누가 누구를 부원배라
욕할 수 있는가

우리 모두 부원배였다
– 몽고 이름, 몽고어 사용하고, 몽고 헤어스타일 했던 고려 지배계층

부원배附元輩란 무엇인가? 뜻풀이 그대로는 '원나라에元 붙은附 무리들輩'이지만, 간을 쳐서 설명하자면 '자신 또는 가문의 이익을 위해 고려를 원나라에 팔아먹은 매국노들'을 뜻한다. 그 정도에 이르지 않은 경우 즉 원나라와 친하게 지내며 자신을 도와줄 수 있는 라인line을 구축한 경우는 친원파라고 하지만, 사실 이 구분이 명확한 게 아니고 명확할 수도 없다. 친일 매국노와 친일파도 그렇지 않은가? 이완용이 매국노라는 것에는 국민적 공감대가 있지만, 그 외에는 어디까지가 매국노고 어디까지가 친일파인지 구분하기 어렵다. 아마 영원히 구분 안 될 것이다.

결론부터 말하자. 당시 고려 국민은 모두 친원파였다. 왕족은 왕권을 얻기 위해, 고위 관료는 더 큰 출세를 위해, 평민은 먹고 살기 위해 모두 부원배였다. 기회가 없어서 못했을 뿐이지……. 이렇게 말하는 게 솔직하다. 오늘날은 다른가? 대한민국 땅에 친미파 아닌 대통령, 고위 관료, 국민이 몇이나 되겠나?

당시 고려 왕실과 상류층은 모두 몽고 이름, 몽고어를 사용했고, 몽고식 헤어스타일변발과 패션으로 치장했으며 몽고 풍습을 따랐다. 한반도에서 창씨개명의 역사는 이처럼 유래가 깊다. 그리고 그렇게 하는 것이 엣지 있는 것으로 각광받았다. 미천한 찌질이들만 고려의 헤어스타일을 유지했다. 오늘날 '뉴욕 스타일'이 엣지 있는 것으로 각광받듯, 당시에는 '베이징 스타일'이 각광받았다. 있는 집 자식들은 연경으로 유학, 원나라 과거시험에 패스하여 원나라 관리가 되거나, 고려의 정동행성 고위 관리, 다루가치, 쌍성총관부 총관, 동녕부 총관 등으로 임명받아 금의환향하는 것을 가문의 영광으로 생각했다. 오늘날 있는 집 자식들이 미국 대학에 합격하는 것을 가문의 영광으로 생각하듯 당시에도 그랬다.

고려인 출신 려몽사령관 홍다구

홍다구라는 자가 있었다. 고려인 2세다. 그의 아버지 홍복원은 원나라가 고려를 침공할 당시 원나라 길잡이 노릇을 했다. 나아가 홍다구는 고려 정벌을 간청하고 몽고와 합세하여 고려를 침략하기도 했다. 홍다구는 원나라 초대 대통령 쿠빌라이 칸의 총애를 받아 아버지의 나라 고려에 일본원정군 총사령관으로 부임하여 고려 정계를 주무른다. 삼별초의 난을 진압한 것도 홍다구다. 요즘으로 치면 한인 2세가 한미연합사령관으로 벼락출세하여 서울에 부임한 것이다.

이 홍다구는 개경에 머물면서 지 배때기 엄청 채웠다. 그리고 나아가 고려의 대통령이 되려 했으나 충선왕과의 충성 경쟁에서 밀려 원나라로 돌아갔다. 홍다구가 고려의 대통령이 되려고 했던 것을 두고 욕할 건 없다. 저나 나나 어차피 연경의 낙점을 받아야 대통령이 되는 것은 똑같은 처지인데 도전해 볼 수 있는 것 아닌가? 홍복원, 홍다구, 홍중희로 이어지는 이 집안은 3대에 걸쳐 고려를 팔아먹은 매국노라는 데 이설이 없다.

원나라의 두 차례 일본 원정에서 고려군 총사령관을 맡은 사람이 바로 김방경이었다. 일본 원정은 비록 실패했지만 김방경의 뛰어난 지휘 능력에 놀란 원나라는 김방경을 모함하여 체포, 구금, 고문까지 자행했다. 이 고문을 담당한 것도 홍다구였다. 일제시대만 조선인들이 동족 고문에 앞장선 게 아니었다. 그 외에도 조휘원나라 쌍성총관부 총관 역임, 최탄원나라 동녕부 총관 역임, 기철, 조소생, 탁도경, 최유 등등 원나라에 붙어 고려인들을 사지로 몰아넣거나, 무지막지하게 고려의 이권을 침탈하거나, 심지어 외세에 투항하여 군대를 이끌고 모국인 고려로 쳐들어 온 매국노들이 즐비하다.

오늘날, 한인 출신 미 국무부 외교관은 조선인일까 미국인일까

그러나 이것도 세월이 지났으니 마음 편하게 씹을 수 있는 거다. 세계 제국 원나라 대통령의 총애를 받아 려원연합군 총사령관으로 부임할 정도면 능력도 출중하지 않았겠나? 수많은 고려 정치인들이 홍다구에게 붙어서 연경에 줄을 대려 했고 입신양명을 꿈꾸었다.

오늘날이라고 다를까? 만약 한인 2세가 한미연합사령관이나 주한 미

대사로 벼락출세하여 서울에 부임한다면 우리나라 정치인들이 별별 인연을 만들어서 줄을 대려고 하지 않을까? 오늘날 미국 백악관이나 국무부에서 근무하는 한인 2세들은 미국인일까, 한국인일까? 그가 주한 미대사로 온다면 과연 미국을 위해 일할까, 한국을 위해 일할까? 만약 한인 2세가 미국의 퍼스트 레이디가 된다면 한반도 정치에 개입할까, 안 할까? 이 글의 초고를 쓴 때가 2009년 12월이었는데 2011년 11월, 정말 한인 출신 2세가 벼락출세하여 주한 미 대사로 한국에 부임하는 일이 생겼다. 대통령, 고위 관료, 여야 정치인을 비롯해 얼마나 많은 한인들이 새로운 주한 미 대사 성 김_{한국명 김성룡}에게 줄을 대려고 할지 안 봐도 훤하다.

고려인들의 베이징 정치

당시 연경_{베이징}에는 수많은 고려 왕족, 고려의 고위 관료가 머물고 있었다. 몽고 이름 사용하고 몽고어 사용하면서 말이다. 공녀로 끌려간 고려 여인들 대부분은 노동 착취에 시달렸지만 개중에는 원나라 대통령의 부인_{황후}, 고위 관료의 부인 등으로 벼락출세한 사람도 드물지 않게 있었다. 원나라에 환관으로 끌려가 원나라 대통령과 대통령 부인의 비서로 발탁돼 벼락출세한 고려인도 있었다. 그리고 고려 고위 관료의 자식으로 언경으로 유학, 연성에서 원나라 과거시험인 제과에 패스하여 원나라 관리가 된 머리 좋은 고려인도 있었다. 이들 모두가 '베이징 정치'의 한 축이었다.

특히 고려 공녀 출신인 기황후는 자신의 아들을 원나라 '태자'로 만들었다. 요즘으로 치면 미국인과 결혼한 한국인 여성의 아들이 미국 '차기 대통령'에 당선된 꼴이다. 친척 중 면서기만 있어도 온갖 줄을 대려 노력하는 것이 우리 민족인데, 배달의 자손이 세계 패권 국가의 차기 대통령이다? 이 얼마나 엄청난 사건이었겠는가? 이 기황후의 아들 '만만태자^{몽고 이름 아유시리다라}'는 공민왕 시절 엄마 나라 고려를 방문하여 외할머니와 잔치를 벌이는데1353, 그 자리에서 공민왕은 만만태자에게 무릎 꿇고 술잔을 올렸다. 그 덕에 기황후의 오빠 기철, 기원 등은 원나라 베이징을 드나들며 고려에서 무소불위의 권력을 행사했다.

기황후의 벼락출세를 본 고려 권문세족 중에는 자기 딸을 원나라 황제나 고위 관료에게 바쳐 출세하려는 정신 나간 인간들도 있었다. 제2의 기황후를 꿈꾼 것이다. 권문세족은 원나라 황제나 고위 관료와 혼인관계를 맺지 못해 안달이었고, 평범한 고려인들은 그 권문세족과 혼인하지 못해 안달이었다.

재중교포들은 달랐을까

왕족이야 왕족이니까 그렇다치고, 이들 연경 거주 고려인들은 달랐을까? 뭐가 달랐겠는가? 이들 벼락출세자들도 베이징에서 고려 정치에 개입하여 엄청나게 배때기 채웠다. 원나라 관리로 임명된 고려인들은 자신들의 모국을 착취하는 데 앞장섰다. 고려에 거주하는 자신들의 친인척 인사청탁은 귀여운 수준이었다.

다만 이들이 아무 정치력 없이 권세만 업고 무식하게 해먹었을 거라고 오신誤信하지 마라. 이들은 세련되고 교양있게 고려에 접근했다. 오늘날도 마찬가지 아닌가? 검은 머리 미국인들이 얼마나 세련된 매너로 접근하나? 한국 남자든 여자든, 재미교포 2세라면 환장하지 않나? 그들은 베이징에 유학 온 고려 고위 공직자, 고려 출신 유학생들과 술 한잔하면서 그들의 손을 꼭 잡고 '내가 고려 어디 출신이며, 또 고려 이름은 무엇이고, 내 고향 어디에는 아직도 내 피붙이들이 살고 있으며, 내가 얼마나 어렵게 성장했으며, 죽을 고생을 하면서 베이징까지 왔으며, 내 비록 몸은 베이징에 있지만 마음만은 내 모국 고려가 원나라를 넘어 융성강대하는 것'임을 눈물로 고해성사했으리라……. 말하는 것만 보면 고려에 대한 그리움과 애국심으로 철철 넘쳐 흘렀으리라.

참여정부의 통상교섭본부장 김현종이 생각난다. 그는 미국에서 성장한 한국인이다. 그는 늘 "한미 FTA 체결은 내 조국의 새로운 도약을 위한 필생의 과업"임을 강조했다. 미국에 대한 반감도 상당한듯한 말도 거침없이 했다. 그 사람 이야길 듣고 있자면 그 사람처럼 자나깨나 대한민국만을 생각하는 애국자도 없다. 정권이 바뀌자 그는 삼성전자 해외법무사장으로 갔다. 그러니 결과적으로 한미 FTA의 중대한 이해관계자_{재벌가} 협상을 한 꼴이 되고 말았다.

난 김현종의 진심을 믿는다. 이완용이 파죽지세로 아시아 패권 국가가 된 일본의 위력에 놀라 조선을 일본화시키는 것이 곧 선진화라고 생각했던 것처럼_{하권에서 상술할 것이다}, 미국에서 자란 김현종도 대한민국을 미국화하는 것이 곧 선진화이며 애국이라고 생각했을 것이다. 그러나 역사 앞에서 그리고 공직자로서 김현종의 처신은 '부개념 기술자'에 불과했다.

고려에 개입하는 베이징의 고려인들

고려왕들은 사사건건 고려 정치에 개입하는 이들 연경 거주 고려 출신 벼락출세자들이 못마땅했다. "지들이 뭔데 사사건건 고려 정치에 개입해서 시비하는가? 더군다나 고려 출신이라는 놈들이?" 그러나 그 못마땅함도 백성을 위한 못마땅함이 아니라 자기들끼리의 자존심 싸움에 불과했을 뿐이다. 결과적으로 고려왕, 연경에 거주하는 고려 출신 벼락출세자들은 한통속이었다. 고려 말 대학자였던 이색도 정계에 발을 들일 때 공식직함은 '원나라 국자감 생원'이었다. 그도 원나라 이름을 사용하는 원나라 공무원 출신이었다. 원나라와 끈이 없다면 아무 것도 할 수 없던 시절이었다. 세계 패권의 위력은 그런 것이다.

이라크 대통령 후세인이 제거된 후, 누가 후세인의 후임이 될 것인가가 어디에서 논해졌는가? 이라크 바그다드에서 이라크인에 의해? 천만의 말씀. 워싱턴에서 이라크 출신 망명 정치인 사이에서 논해졌다. 그리고 '워싱턴'의 낙점을 받은 이라크인이 새로운 대통령이 됐다. 이처럼 패권국가는 어느 시대나 똑같다.

원나라의 고려에 대한 식민통치술은 20세기 초 일제와 지금의 미국을 짬뽕한 것과 같다. 쌍성총관부, 동녕부, 만주 지역은 일제처럼 직접 통치하고, 쌍성총관부 이남지역은 친원 정권을 세워 간접통치하고……. 당나라의 '기미정책'이나 원나라의 '간접 통치'나 미국의 '친미 정권 수립'이나, 다 그게 그거인 셈이다. 그 시절이나 지금이나 제국은 직접적인 힘을 사용하든, 동맹이라는 간접적인 수단을 사용하든, 어떤 명목으로든 약소국을 지배하려 하는 건 달라지지 않았다. 앞으로도 영원히 달라지지 않을 것이다.

'글로벌 스탠다드'에 근거한 입성책동
– 원나라 때는 북경으로, 일제 때는 동경으로, 미제 때는 뉴욕으로

원나라의 기세가 꺾일 줄 모르고 치솟자 고려를 아예 원나라에 통합시키자는 고려인이 있었다. 많았다. 연경에도 많았고 개경에도 많았다. 이를 입성책동이라고 한다. 이런 주장을 두고, 지금은 마음 편하게 매국노라고 씹을 수 있지만, 그 당시엔 그게 보편적인 주장이었다. 그 근거는 바로 '글로벌 스탠다드'였다.

세상이 원나라를 중심으로 돌아간다. 베이징에 가 봐라. 상상도 못할 크기의 도로가 사방으로 쫙쫙 뻗어 있다. 세계의 모든 문화가 베이징에 있다. 제조업, 금융업, 군수산업, 지하자원, 교육, 과학, 패션, 향락 산업이 발달돼 있고, 세계의 배낭여행객들이 모여 있으며, 마르코 폴로도 살고 있다. 상업이 발달돼 있고, 은행도 있고, 신분차별도 없다. 니들이 헝가리를 알어? 터키를 알어? 이태리를 알어? 언제까지 우물 안 개구리처럼 반도에 갇혀서 살래? 이 촌놈들아. 그런 거였다.

입성책동 정도는 아니지만, 오늘날에도 유사한 일이 있지 않나? 한미연합사 해체에 반대하고, 전시작전권은 계속 미국이 행사해달라고 공개적으로 청원하고 다니는 전직 참모총장, 장군들이 지천으로 널려있지 않은가? 한 1,000년쯤 지나면 이들을 매국노니, 부미배니 하면서 욕할지 모르겠지만 지금은 누가 이들을 공개적으로 매국노라고 하겠는가? 술자리에서 매국노라고 소심하게 안주 삼을 수는 있겠지만 이들은 엄연히 우리 사회의 주류 세력이다.

당나라가 제국일 때는 장안으로 유학가서 당나라 과거시험에 합격하고, 원나라가 제국일 때는 연경으로 유학가서 원나라 과거시험에 합격하고, 소련이 제국일 때는 모스크바로 유학가고, 일본이 제국일 때는 동경으로 유학가고, 미국이 제국일 때는 미국으로 유학가는 것이다. 욕할 것 없다. 돈과 연줄이 없어서 못 가는 것이지 있으면 나도 갔다. 조선 고종의 친손자 중엔 조선을 버리고 일본에 귀화한 자도 있지 않던가? 지금도 많은 국민이 시민권 획득을 위해 원정출산을 하지 않나?

원나라의 '강요'에 의해 어쩔 수 없이 몽고식 변발을 했고, 몽고어를 사용했고 등등등……, 나불나불하는 것은 낯간지러운 얘기다. 물론 처음에는 강요했겠지. 그러나 자발적으로 따른 자들이 훨씬 많았다. 그리고 원나라에 대해 100년 넘게 딱히 주목할 만한 저항도 없었다.

안쓰러운 임명직 고려왕들
– 원나라 중앙정보부, 충혜왕을 납치하다

원나라 황제에 의해 임명된 이들 충자 돌림 왕의 재위기간이 약 120년이다. 이들이 집권하고 있는 동안 참으로 어이없는 일들이 많았다. 대통령과 관료라는 자들이 앞다퉈 베이징의 이권 침탈에 자발적으로 협조하고, 자발적으로 파병하고, 부자지간인 현직 대통령과 전직 대통령이 서로를 제거하기 위해 베이징에 고자질하고, 부하 관료가 직속상관인 대통령을 원나라 베이징에 고자질하고, 베이징 물 좀 먹었다는 고려인들도 개경으로 돌아와 자국 대통령을 베이징에 고자질하고, 대통령은 대통령대로 또라이 짓하고, 원나라에 있는 고려 출신 환관들은 자기 입맛에 맞는 고려 대통령 임명을 위해 정치 공작을 펼치고, 온 국민이 자발적으로 창씨개명하지 못해 안달이었다.

고려 국왕은 원나라에 의해 폐위되기도 했고 복위되기도 했다. 충렬왕도 그랬고, 충선왕도 그랬고, 충숙왕도 그랬고, 충혜왕도 그랬다. 이게 무슨 왕이냐. 그냥 임명직 공무원이지. 나아가 원나라 중앙정보부는 고려 국왕인 충혜왕을 납치해 독살하기도 했다. 이때도 고려 출신 원나라 환관들이 앞장섰다. 무슨 오사마 빈 라덴 사살하는 것도 아니고 참~. 충혜왕이 여색과 놀음을 탐하여 원나라에게 납치되는 빌미를 제공한 것은 사실이다. 그러나 충혜왕은 원나라에 고분고분하지 않아 시한폭탄 같은 인물이었다는 점이 더 큰 이유였다. 국왕의 권한이 정지되면 고려 출신 원나라 환관이 대신 통치했다. 왕족은 왕족대로, 고위 관료는 고위 관료대로, 백성은 백성대로 각자 막가는 시절이었다. 이 시절에 비하면 일제시대는 양반이다.

전쟁의 세기

또 이 기간은 전쟁의 세기였다. 몽고군, 일본군왜구, 홍건적에 의해 수십 차례 전 국토가 유린됐다. 그냥 아무 놈이나 제멋대로 드나들었다. 작년 11월, 연평 포격 한 방에 수백 명의 연평 주민이 한 달 이상 찜질방에서 풍찬노숙하며 고생했는데 고려 말에는 한 해 걸러 한 번씩 전쟁이 터졌으니 백성들의 삶이 어땠겠나. 인간성이 상실되고 사회 기반이 무너졌을 것이다.

1351년, 언젠가는 아버지의 나리 고려를 놈들로부터 독립시키고야 말겠다는 칼을 품고 자란 왕족이 있었다. 충숙왕의 둘째 아들이자 충혜왕의 친동생 '왕기빠이앤티무르'였다. 그는 조카충목왕, 충정왕들에게 2번이나 왕권 경쟁에서 밀려 실의에 빠져 있던 중 몽고 공주 보탑실리와의 혼인에 성공, 재기의 발판을 마련한다. 그리고 원나라 황제 순제와 순제의 부인 기황후_{고려 출신}에게 자신은 절대 '반원주의자'가 아님을 설득한다. 천신만고 끝에 베이징의 낙점을 받아 고려왕에 등극하니 그가 바로 고려의 회광반조의 불꽃, 공민왕이다.

공민왕의 반원 개혁 정치

공민왕의 반원정책, 공민왕의 개혁 정치는 단순히 원나라에 대한 저항이 아니었다. 개혁의 본질은 원나라를 등에 업고 원나라 이상의 패악질을 하는 수많은 베이징 거주 고려인과 이들과 내통하는 고려의 고위 관료들을 척결하는 일이었다. 이게 얼마나 힘든 일이었겠는가?

앞서 지적했지만, 원나라에 붙어 고려를 등친 고려 출신 양아치들이 수도 없이 많았다. 이들이 고려왕에게 이것저것 요구하는 건 애교 수준이었다. 이들은 단순한 이권침탈을 넘어, 심지어 외세와 결합하여 군사를 이끌고 고려로 쳐들어오기도 했다. 홍복원, 홍다구, 최유, 조소생, 탁도경 등이 그랬다. 또한 고려 조정에도 이들의 매국질에 내통하는 자가 수없이 많았다. 공민왕을 몰아내고 대통령 자리를 차지할 생각으로 베이징에 머물면서 열심히 정치 공작에 매진한 왕족도 많았다. 홍건적이 쳐들어와 수도 개경이 함락되기도 했고, 해안지방에는 왜구가 수십 차례 전쟁을 도발하며 백성의 일상을 파괴했다. 2010년 11월 북한의 연평도 공격 한 방에 한반도가 멈췄다. 그런데 수도 개경이 홍건적에게 점령당하고, 해안 도시에 수시로 왜구가 침략했으니, 나라 꼴이 얼마나 아수라장이었겠는가?

이처럼 공민왕의 처지는 안팎으로 딱했다. 공민왕이 막판에 남색, 술, 향락에 탐닉하게 된 것도 하루가 멀다하고 일은 터지는데, 같은 민족끼리 믿을 놈은 하나도 없고 부원배만 득실댔기 때문이다. 이들 중 최유에 관한 기록을 보자. 그는 권력을 잡으면 고려를 원나라에 갖다 바치겠다고 맹세하는 글을 원나라 황제 순제에게 올렸다.

만일 고려에 돌아가서 나라를 틀어쥐면 장정을 징발하여 천자를 호위하는 병사로 충당하고, 양식과 여자를 바치는 일을 연례로 삼겠습니다. 경상도와 전라도에 왜민만호부를 설치하고 왜인을 불러들여 금부金符를 주어 원의 후원이 되게 하겠습니다. 이이화著, 『한국사 이야기8』, 92p, 한길사刊.

이상은 높았으나 요령부득이었던 신돈

공민왕에 의해 발탁된 신돈은 전민변정도감田民辨整都監을 설치하고 민생 개혁에 나섰다. 그의 방향은 명확했다.

- 권문세족이 빼앗은 토지와 노비를 원 소유주에게 반환하거나 해방시켜주자.
- 해방 노비를 양인으로 환원시킨 후 국가부역을 지게 하여 국가 수입을 증대시키자.
- 토지세의 탈세를 엄금하자.
- 이자제한법을 마련하여 돈 못 갚아 노비로 전락하는 일을 막자.

참으로 이상석인 개혁 추진이었다. 결과는 어땠겠는가? 우리 역사상 이런 개혁이 성공한 예는 없다. 우리나라 '자칭' 보수 세력이 어떤 인간들인데, 이런 개혁이 성공하도록 방치하겠는가? 그 결과 신돈은 역사책에서 괴승, 요승 등 온갖 인신공격을 당해야 했다. 지금도 당하는 중이다.

신돈의 실패는 정치적 기반이 없었기 때문이다이 말 무거운 말이니, 개혁을 꿈꾸는 정치인은 뼈에 새겨야 한다. 게다가 정치력도 없었고 국제정세에 어두웠다. 이는 현실 정치인으로선 치명적 약점이다. 일본이 남북조시대에 접어들어 내전에 돌입했고, 그 때문에 식량을 구하지 못한 일본 해안 세력이 고려 해안 도시를 수시로 침략하는 상황이었다. 북쪽에서는 홍건적이 욱일승천하면서 '원 → 명' 패권 교체가 진행 중이었다.

명나라가 어떤 국가인가? 유교 국가 아닌가? 종주국이 유교 국가인데, 속국의 정권을 불교의 성직자신돈은 승려였다가 유지할 수 있겠는가? 종주국이 자본주의 국가인데, 속국의 정권을 '사회주의자'가 잡을 수 있겠는가? 되지도 않는 짓이다. 이처럼 국내외 정치적 조건이 불안한 상황에서, 아무런 정치적 기반도 없는 약소국 정치인이, 대국과 결탁한 특권 세력의 심장을 찌르겠다고 하면 그게 됐겠는가? 칼로 하는 무단통치가 아니라면, 불가능하다.

확고한 정치적 기반은 개혁의 필수 조건

'정치적 기반과 정치력'은 모든 개혁의 기본 필수 조건이다. 공민왕 자체가 정치적 기반이 확고하지 못했고 신돈은 더더욱 취약했다. 그러니 권문세가를 당할 수가 없었다. 정치적 기반이 약한 소수 세력이 개혁을 하기 위해서는 확고한 정치적 기반이 전제돼야 한다는 것을 이처럼 역사는 실증하고 있다.

오늘날은 다른가? 참여정부가 정치개혁에 실패한 것도 자신들의 정치적 기반을 스스로 허물었기 때문이다. 대북송금특검으로 자신의 정치적 기반을 반토막 내고, 민주당 분당으로 그 지지 기반을 또 반토막 내고,

한나라당과 대연정으로 그 지지 기반을 또 반토막 내고, 한미 FTA 타결로 그 지지 기반을 또 반토막 내고, 비정규직 합법화로 그 지지 기반을 또 반토막 낸 참여정부가 어떻게 현대판 권문세족인 '재벌'을 개혁할 수 있겠는가?

노태우의 개혁 입법도 지켜내지 못한 민주개혁 세력

우리 정치사에서 조선 건국 초 과전법을 제외하고 혁명적 토지개혁이 성공한 예는 딱 한 번 있다. 국민들 대다수가 기억을 못하겠지만, 아이로니컬하게도 바로 노태우가 그 일을 했다. 5,000년 한반도 역사상 아무도 해 보지 못한, 권문세족도, 정도전도, 훈구파도, 사림파도, 개화파도, 독립협회도, 독립운동가도, 친일파도, 박정희도, DJ도, 노무현도, 486도, 그 어떤 정치 세력도 하지 못했던 전무후무한 획기적인 법을, 우리가 '물태우'라고 그렇게 욕했던 군바리 출신 쿠데타 주역 노태우가 했다. 노태우만큼의 개혁 입법을 시도, 성공한 적이 있는지 민주개혁 세력은 냉정하게 반성해야 한다.

노태우는 1989년 조순과 김종인을 발탁하여 '택지소유상한에관한법률'을 만들었다. 이 법 7조에서

- 서울 및 직할시에서는 200평
- 서울시와 직할시를 제외한 시에서는 300평
- 서울시, 직할시, 시 외의 지역에서는 400평 이상의 택지를 소유할 수 없도록 했다.

이 법 1조에서는 "택지 소유의 한계를 정하고, 국민이 택지를 고르게

소유하도록 유도"하기 위함이라는 입법 목적을 밝히고 있다. 아! 눈물 나지 않는가? 토지 소유의 빈익빈 부익부를 막은 것이다. 부자가 땅을 독점하지 못하도록 한 것이다. 전경련의 입장에서 보면 '빨갱이 법'이다. 정전제, 한전제, 균전제, 둔전제, 여전제 말만 많았지, 토지소유의 빈익빈 부익부를 단 한 번도 해결한 적이 없는 한반도에서, 송곳 하나 꽂을 땅한 뼘 없는 백성들을 위해 역사상 획기적인 입법을 노태우가 했다는 말이다. 이 법이 통과되자 불같이 타오르던 부동산 시장은 안정을 찾았다. 역사에 손꼽을 수 있는 '위대한' 입법이었다.

▎민주개혁 정부, 헌재의 반동에 눈뜨고 당하다

아이로니컬하게도 이 법은 가장 서민적이고 개혁적이라는 김대중 정부의 헌법재판소에서 통째로 위헌 선언됐다. 물론 DJ 탓은 아니다. 2004년 '신행정수도건설을위한특별조치법' 위헌 결정이 노무현 탓이 아니듯. 그러나 민주개혁 세력에 아무 책임이 없다고 할 수는 없다. DJ 정부, 참여정부 모두 이해할 수 없는 인물들을 헌재 재판관으로 채웠다. 민주개혁 정부가 '아무 생각 없이' 헌법재판소 재판관들을 임명한 탓에, 헌재는 2번씩이나 수구적 반동을 감행했고, 우리는 속수무책으로 당할 수밖에 없었다. DJ 정부 시절 '택지소유상한에관한법률', 참여정부 시절 '신행정수도건설을위한특별조치법' 모두 헌재에 의해 통째로 위헌 선언됐다.

나는 묻고 싶다. 민주 세력은 정말 집권을 위한 준비가 돼 있는가? '사람사는 세상'이니 '혁신'이니 알맹이 없는 뜬구름 잡는 소리 말고, 정말 집권을 위한 구체적 준비가 돼 있느냐는 말이다. 노태우가 만든 '택지소

유상한에관한법률'도 지키지 못한 개혁 세력에게 묻는다. 과연 집권을
위한 청사진, 정책 실행 계획, 저지됐을 때의 대안이 준비되어 있는가?

태조 이성계(1335~1408)

골수 친원파의 줄 갈아타기

동북아 국제 질서의 중대 변화

이성계몽고 이름 아기바토르가 위화도에서 회군한 것, 즉 그의 쿠데타가 조선 건국의 결정적 계기라고 할 수 있을까? 한국사의 관점에서 본다면 그렇게 설명할 수도 있겠지만, 너무 좁은 시각이다. 한반도에서 새 왕조가 들어선 원인을 '동양사적, 즉 동북아 국제정치적 관점'을 배제하고 설명하는 것은 10%만 설명하는 꼴이다. 관련 부분에서 계속 언급하겠지만 한반도 정치에서 외세의 영향을 배제하고 설명하는 것은특히 조선 후기가 그렇다 사실 역사 왜곡에 가까운 짓이다.

그렇다면 조선 건국의 결정적 동인動因은 무엇인가? 결론부터 말하자면 '원나라 멸망 = 명나라 건국1368'이다. 이성계가 쿠데타를 할 수 있었던 것은 망해가는 원나라 대신, 신흥 강국으로 욱일승천하는 명나라에 줄을 섰기 때문에 가능했다. 우선 이성계 집안을 따라가 보자.

▌골수 친원파 이성계 집안

이성계 집안은 무인정권의 한 축을 이루었던 이의방의 방계 후손으로 전라북도 전주의 토호, 즉 지방유지였다. 이성계의 고조할아버지4대조 이 안사는 기생을 두고 상사와 맞짱을 뜬 후 처벌이 두려워 가족을 이끌고 외가가 있는 강원도 삼척으로 도망쳤다. 그런데 이게 무슨 운명의 장난 이란 말인가? 전주에서 싸운 직장 상사가 강원도 안렴사도지사로 발령받은 것이다. 결국 이안사는 화끈하게 오늘날 함경도와 중국 경계지역으로 월 북하여 원나라에 귀화, 충성을 맹세하고 원나라의 지방관리가 된다1240년 경. 즉 원나라 사람이 된 것이다.

그 후 이 집안은 이안사, 이행리, 이춘, 이자춘, 이성계로 이어지면서 100년 넘게 원나라의 천호와 다루가치를 세습하면서 함흥지방을 지배한 다. 즉 이들 집안은 악명 높은 원나라 다루가치 출신이다. 박정희가 일본 육사 출신이었듯 말이다. 이처럼 이성계도 비록 변방이지만 원나라에서 태어나 몽고어를 사용하면서 자랐을 것이다. 그리고 골수 친원파가 된 다. 이를 두고 이성계 집안을 매국노라고 평가하는 역사 평론가들도 있 다. 앞서 얘기한 홍다구나 이성계나 고려를 배신한 집안의 후손인 것은 똑같으니, 둘 다 매국노라고 하면 일관성은 있겠지만, 뭐 그렇게까지 볼 거 있나, 다 시절이 그랬던 것을……. 다만 이성계가 기회주의자였음에 는 틀림없다.

회광반조의 불꽃 공민왕과 전쟁 아이돌 이성계

고려의 회광반조의 불꽃 공민왕은 고려 식민통치기구의 본거지 쌍성총관부를 칠 생각이다. 그러나 아직 힘이 모자랐다. 쌍성총관부 내부에서의 동조, 즉 배신자가 필요했다. 이때 자기 집안을 100년 넘게 키워 준 원나라를 배신하고 고조할아버지의 나라 고려에 쌍성총관부를 열어준 사람이 바로 이자춘당시 41세, 이성계당시 21세 부자다. 앞서 지적했듯 고려 말은 전쟁의 세기였다. 전쟁터에서는 영웅이 생기는 법. 홍건적 손에 들어간 개경 탈환에 앞장선 것도 이성계였고, 왜구 소탕에 앞장선 것도 이성계였다. 당시 이성계는 전쟁 '아이돌'이었다.

베이징에서 성장하여 국제정세에 밝은 공민왕이나 기회와 계산에 밝은 기회주의자 이성계나 모두 원나라는 '지는 해'라는 것을 예측했다. 이 당시 원나라는 홍건적의 난, 백련교도의 난으로 휘청거리고 있었다. 공민왕은 원나라가 내란 진압에 경황이 없는 틈을 이용, 쌍성을 회복했다1356

다만 공민왕이 원나라의 약세를 틈타 홍건적명나라과 손잡고 고려를 원나라로부터 독립시키고자 했다면, 이성계는 지 배때기 채우려고 자신을 키워 준 원나라를 배신한 점에 차이가 있지만, 결론적으로 '친명반원'이라는 점에선 공민왕과 이성계는 동지였다.

어린 시절 베이징으로 끌려가 그곳에서 성장한 간지 빵빵나는 럭셔리 공민왕과 만주에서 말 타면서 자란 촌놈 이성계는 쌍성 회복을 위한 협상을 시작했다. 양자는 협상에 만족했고 이자춘과 이성계 부자는 화끈하게 원나라를 배신한다. 이때 공민왕과 이성계또는 그들의 대리인가 협상을 할 때 고려어를 사용했을까 아니면 몽고어를 사용했을까? 그리고 협상 장소는 어디였을까? 역사책에는 이런 조잡한(?) 궁금증에 대한 언급은 없다.

이성계가 고려로 들어가서 협상했다고 전해지나, 뭐 확실하지는 않다. 둘 다 몽고어에 능통했고 베이징 정치에 익숙한 국제 정치인이었음을 감안한다면 베이징에서 몽고어로 협상하지 않았을까 상상해 본다. 지금도 그렇지 않나? 2009년 11월 북한의 북미국장 리 근과 미국의 북핵특사인 한국인 1.5세 성 김현 주한 미 대사은 워싱턴에서 영어로 한반도 문제를 협상하지 않았나? 둘 다 외모는 조선 사람인데도 말이다.

국제정세와 계산에 밝았던 이성계

공민왕은 이성계 부자의 도움(?), 혹은 배신(?)으로 쌍성총관부 탈환에 성공하고 이성계는 화려하게 고려 정계에 입문한다. 이놈의 집안은 필요할 때마다 배신한다고 욕할 거 없다. 기회와 계산에 밝은 이성계는 '원나라는 이미 지는 해' 라는 것을 눈치 깠을 뿐이고, 원나라는 더 이상 이성계 가문의 쌍성지역 지배권을 보장해주지 못할 것이라는 것을 예상했을 뿐이다. 그리고 자기 가문의 쌍성총관부 지배권을 유지하기 위해 공민왕과 협상했을 뿐이고, 나아가 기회되면 고조할아버지의 나라 고려에서 크게 한번 해먹자고 생각했을 뿐이니, 캬~. 이 얼마나 샤방샤방 원더풀 초이스인가. 과학기술이 눈부시게 발달한 20세기에도 소련이 무너지는 것을 예측하지 못했는데, 1356년도에 제국의 몰락을 예측하고 줄을 바꿨으니 기가 막힌 선택인 것이다.

식민지의 입장에서 종주국이 바뀔지 모른다? 그럼 어디에 줄을 서야 하나? 원래 종주국인 원나라? 아니면 중원의 새로운 강자 홍건적명나라? 선택이 쉽지 않다. 전지현이냐 신민아냐의 선택보다 더 어렵다. 고려도 방황한다. 지금이야 결론을 알고 있으니까 빤~해 보이지만 그 당시의 상황에선 쉬운 일이 아니다.

지는 해 몽고(원나라), 뜨는 해 홍건적(명나라)

이 시기를 간략하게 정리해 보자. 1351년 원나라에서 반란이 일어난다. 홍건적의 난이다. 고려 공민왕은 이 반란 진압을 위해 고려군을 파병하여 중국 남부까지 내려가 전투를 벌인다우리의 파병 역사는 참으로 깊다. 이 파병에서 최영이 맹활약을 한다. 그러나 이미 원나라 내부는 홍건적을 감당할 동력을 잃었다는 것을 공민왕은 눈치깠다.

원나라의 몰락을 예측한 공민왕은 1356년 친위 쿠데타를 일으켜 기철 등 권문세족을 제거한다. 이어 쌍성총관부도 탈환한다. 그러니까 이성계가 원나라를 배신하고 공민왕에게 투항하는 것도 1356년이다. 그리고 그로부터 12년 후에 원나라는 베이징을 홍건적에게 뺏기고 지금의 몽골 땅으로 쫓겨 가 북원을 세운다. 즉 공식적 '원나라 멸망=북원 건국 & 명나라 건국'이 1368년이다. 기황후의 아들 만만태자아유시리다라는 북원의 황제가 된다. 공민왕은 원나라의 식민지정책에 강경하게 반기를 들었으므로 원나라와 홍건적 사이에서 당연히 홍건적명나라에 붙었다. '적의 적은 동지'이기 때문이다. 다만 공민왕은 이성계의 친명 사대정책과는 엄연히 구분되는 자주적 친명 노선을 취했다.

그런데 그런 공민왕이 피살됐다. 그리고 고려왕을 임명하던 원나라는 이미 홍건적에게 망했다. 이 혼란을 틈타 친원 권문세족은 바지사장으로 우왕을 등극시키고 이인임이 실권을 잡는다. 그런데 이인임은 공민왕의 친명책을 버리고 북원과 명나라 사이에서 양다리 외교를 빙자하여 사실상 친원정책으로 회귀한다.

이런 고려의 양다리 외교에 대해 명나라는 "이 새끼들은 정조관념도 없다"면서 공민왕이 어렵게 수복한 쌍성총관부 지역을 토해내라고 고려에 강짜를 부린다. 명나라의 의도는 "우리에게 무릎 꿇든지 아니면 맞짱 뜨자"는 선전포고였다. 이에 대한 고려 정계의 반응은 '맞짱뜨자'는 최영자주파과 살살 달래면서 시간을 벌어보자는 이성계, 정몽주사대파로 대립한다. 결국 자주파의 주장대로 고려군이 출정했으나, 이성계는 "작은 나라가 큰 나라를 거스르는 것은 옳지 못하다"는 논리로 '위화도회군'을 결단한다. 쿠데타였다. 그리고 우왕과 최영을 몰아내고 실권을 잡는다 1388.

▌변화하는 국제정세를 외면하고 원나라에 매달린 권문세족

▌왜 이인임은 이미 망해서 북쪽으로 쫓겨간 북원과 외교관계를 트면서까지 명나라의 심기를 건드렸을까? 지금의 시각으로 보면 도무지 이해가 안 갈 수 있지만, 제국이 망했다고 순식간에 '100 → 0'으로 되는 것이 아니다. 아마 이인임 등 친원 세력은 북쪽으로 쫓겨간 원나라가 다시 전열을 정비하고 오랑캐홍건적가 점령한 연경을 탈환해서 과거의 찬란했던 영광을 재현시켜 주리라 간절히 기대했을 것이다. 1375년이면 이미 망한 지 7년이나 지났음에도 원나라를 향한 그리움이 이토록 짙었으니 기득권이 이렇게 무서운 것이다.

▌이성계의 위화도회군 - 원나라에서 명나라로 줄 갈아타기

▌한편 이성계는 왜 위화도에서 회군1388했을까? '4불가론'이야 갖다

붙인 구실에 불과한 것이고 정말 이성계의 속마음은 무엇이었을까? 원나라에서 100년 넘게 부귀영화를 누리면서 살아온 이성계 집안은 원나라의 힘과 위력을 눈으로 보고 자랐고 동북아 정세에 능했다. 누구도 넘볼수 없을 거라고 생각했던 세계 제1 패권국가 원나라가 바로 홍건적에게 망했다. 그리고 홍건적이 명나라로 이름을 그럴듯하게 고치고 연경을 점령한 지 20년이나 됐다. 즉 원나라가 망한 지 벌써 20년이 지난 것이다. 그 후 십수 년째 명나라는 쌍성지역을 내놓으라고 고려를 압박하고 있는데, 원나라라는 고려의 안보 우산이 사라진 지금, 원나라를 집어삼키고 중원의 패권자가 된 명나라와 척을 지고 고려가 과연 존재할 수 있을까? 절대 불가능하다. 그럼 어디에 붙어야 할까? 빙고~. 명나라다. 고려 말에는 홍건적이라고 깔봤던 이 명나라를 조선 500년 내내 '하느님' 모시듯 모시고 산다. 후일 정도전이 명나라에 자주적 입장을 견지하지만 이방원에 의해 권력투쟁에서 제거된 후 조선은 그야말로 "사대란 무엇인가"에 대한 진수를 보여준다.

'동북아 정세와 무관하게 단지 이성계가 과감하게 위화도회군을 결단하여 조선을 건국했다'고 보는 것이 옳은 관점일까? 아니면 '고려의 안보 우산이었던 원나라가 망했고, 명나라라는 새로운 안보 우산을 업은 이성계가 새로운 왕조를 열 수 있었다'고 보는 것이 옳은 관점일까. 난 후자로 본다.

▌ 조선 건국은 원명 교체의 부산물

▌ 즉 위화도회군은 원명 왕조교체라는 동북아 국제 질서 변동에 따른 부산물일 뿐이다. 홍건적명나라이 융성하여 원나라를 흔들어 댔기 때문에 고

려 조정에서도 반원 운동이 싹틀 수 있었고, 쌍성도 회복할 수 있었던 것이다. 원나라라는 고려의 안보 우산이 시퍼렇게 살아 있었다면, 감히 일개 지방관에 불과한 이성계가 고려를 먹을 상상을 할 수 있었겠는가? 원나라가 시퍼렇게 살아 있었다면 고려 정부에서 반원 세력이 성장할 수 있었겠는가? 어림도 없다.

당시 고려는 사실상 원나라의 식민지였다. 몽고 주둔군과 몽고 관리에 의해 철저하게 통제되는 나라였다. 정치적, 문화적, 군사적으로 몽고에 종속된 상태에서 종주국인 몽고가 망했다. 그러면 고려의 새로운 주인은 누가 되는가? 빤한거다. 원나라를 쓰러뜨린 명나라가 고려의 새로운 주인이 되는 것이 국제정치적 순리다. 즉 고려가 원나라의 식민 지배에서 벗어날 수 있었던 것은 명나라에 의한 몽고 제국 멸망 덕분이다. 대한제국이 일제 식민지배에서 벗어날 수 있었던 것은 미국에 의한 일제 멸망 덕분이듯 말이다. 이성계는 원명 교체기에 새로운 패권국가 명나라에 충성을 맹세하고 새로운 왕조를 개창했다. 이승만이 미일 패권 교체기에 새로운 패권국가 미국에 줄을 서서 새로운 대한민국을 건설했듯이 말이다.

한반도처럼 시대에 따라 중국, 일본, 미국 등 안보 우산에 의지해 정권이 유지되는 지역은 종주국의 정세 변화를 예민하게 주시해야 한다. 따라서 2차 대전 이후 세계 패권사로 능상한 미국을 등에 업은 이승만이 국제정세에 둔했던 김구를 누르고 정권을 잡을 수 있었던 것은 당연한 것이다.

미국의 MD 요구를 거부한 DJ 정부 vs
제주도 해군 기지 건설에 착공한 참여정부

오늘날 우리는 중대한 국제 질서의 변곡점을 맞이했다. 바로 '미중 패권 교체기'에 직면한 것이다. 원명 패권 교체기1300년대 후반, 명청 패권 교체기1600년대 전후, 청일 패권 교체기1890년대, 미일 패권 교체기1940년대 등, 강대국 간 패권 교체기마다 한반도 국민은 이루 말할 수 없는 전란의 고통을 겪었다. 그리고 그때마다 한반도의 각 정치 세력은 각자 자신들이 추종하는 종주국 노선을 따라 분열되어 목숨을 건 권력투쟁을 벌였다. 이성계의 위화도회군도 그런 권력투쟁의 소산이다.

미중 패권 교체기라는 중차대한 시기에 참여정부는 미군의 전략적 유연성을 수용하여, 지금 제주도 최남단에 해군기지가 건설되는 중이다. 이 해군기지는 미군이 사용할 가능성이 매우 높다는 것이 전문가들의 견해다. 제주도는 원나라가 일본을 정벌하기 위해 100여 년간 점령했던 곳이다. 이젠 이 제주도가 미군의 대對중국 견제 기지로 활용될 수 있다는 것이다. 지도를 보면 제주는 일본과 중국의 한복판에 위치하고 있다. 난 저 해군기지가 30년 내에 동북아 분쟁의 불씨가 될 것이라고 확신한다. 북한을 주적으로 하는 대한민국에서, 참여정부는 무슨 생각으로 제주도 북단도 아닌 최남단에 해군기지를 착공했을까? 미국의 MD요구에 'NO' 하고 대답한 DJ가 그립다. 우리는 이 혼란기를 정말 냉정하고 슬기롭게 대처해야 한다.

조선 건국의 명분
고려가 망한 이유, 즉 조선이 역성혁명에 성공한 이유를 한가지로 설명하긴 힘들다. 분명한 것은 고려 사회의 권문세족이 '부와 관직'을 독점하여 사회적 역동성을 떨어뜨린 것이 중대한 멸망 이유라는 점이다. 고려 말 토지의 대부분은 권문세족이 독점한 개인 소유지, 즉 사전私田이었다. 고려 귀족들의 세력이 강성해지면서 사유지에서 거둬들이는 소작료는 수확량의 반에 달했고, 이들은 이 자금으로 고리대금업에 치중, 전 국토를 귀족들의 사유지로 만들었다. 고려 말이 되면 '국가 소유' 토지는 거의 존재하지 않았고, 따라서 국가 운영을 위한 최소 비용조차 고려판 재벌인 '권문세가'의 도움 없이는 마련할 수 없었다. 정당한 국가 권력이 시장을 통제하지 못하고 권력을 시장으로 넘기면 고려처럼 되는 거다. 오늘날은 안 그런가? 전국 사유지 소유 비중을 보라.

손낙구에 따르면 우리나라도 전체 가구의 40%는 땅을 한 평도 소유하지 못하고 있다고 한다. 전체 가구의 0.5%가 전체 사유지의 30%를 소유하고 있고, 전체 가구의 5.5%약 100만 가구가 사유지의 74%를 소유하고 있다손낙구著, 『부동산 계급사회』, 54p, 후마니타스刊. 토지의 빈익빈 부익부가 상상 이상이다. 우리 사회가 지속 가능한 사회가 되려면, 적절한 시점에 노태우가 만들었던 '택지소유상한에관한법률'을 부활시켜야 한다.

결국 역성혁명 세력은 과전법을 마련하여 고려의 토지개혁에 착수, 사전을 혁파하여 토지를 국가의 수조지로 만들었다. 쉽게 얘기해서 재벌권문세족 개인 땅私田을 국가 소유의 국유지로 만든 것이다. 이로 인해 권문세족의 경제적 기반은 무너졌다. 이 토지개혁이 조선 건국의 명분과 정당성을 부여했다.

조선의 숭명崇明 외교 노선
– 작은 나라가 큰 나라를 거스르는 것은 옳지 못하다

고려는 힘이 없어서 원의 식민지가 되었을 뿐 조선처럼 대놓고 명나라나 일본에게 문을 열어주진 않았다. 원명 교체기 한복판에 있었던 공민왕도 비록 '반원친명'의 외교노선을 취했지만 명나라에 일방적 사대는 거부했다. 그러나 신흥강국 명나라는 기존 원나라 못지않게 온갖 무리한 조공을 요구하며 고려를 괴롭혔다. 처녀, 환관, 말, 소, 금, 은, 베 등등 그 요구가 끝이 없었다. 당연한 것 아닌가? 명나라 입장에서 고려는 패전국원나라의 식민지일 뿐이다. 1945년 한반도가 패전국일본의 식민지였던 것처럼.

우리는 1945년 일제의 손에서 해방됐다고 배웠지만, 미국의 저명한 중국사학자 존 킹 페어뱅크는 그의 역작 『동양문화사(하)』에서 "1945년 한반도는 두 승전국인 미국과 소련에 의해 분할 양분됐다"고 적고 있다. 강준만의 책을 보자.

> **조선을 미국의 적으로 간주하는 미국의 기본자세**는 1945. 9. 7. 발표된 맥아더 포고령 제1호와 제2호, 3호를 통해 구체화되었다. 포고령 1호는 미군이 해방군이 아니라 점령군의 지위로 한반도에 들어가게 될 것이며 영어를 공용어로 사용한다고 했으며, 포고령 2호는 **미국에 반대하는 사람은 용서 없이 사형이나 그 밖의 형벌에 처한다**고 했다. 강준만著, 「한국 현대사산책1」, 65p, 인물과사상사刊.

이처럼 세월이 지나도 국제관계는 똑같다. 미국 입장에서 조선은 일본

보다 못한 패전국 식민지일 뿐이다. 그래서 오늘날도 주한미군 주둔비용, 주한미군 이전비용, 환경오염 처리비용, 무기 강매 비용 등등을 덤터기 쓰는 것이다. 얼마 전엔 인체에 치명적인 고엽제를 묻었다고 하는데도 땅도 못 파 보고 사건을 유야무야 덮지 않았나?

▌냉혹한 국제 질서 - 너도 꿇어 임마!

명나라 입장에서 고려는 원나라보다 못한 패전국 식민지일 뿐이다. 따라서 원나라를 접수한 명나라가 원나라의 식민지였던 고려에게 "야! 너도 꿇어, 임마" 하는 것은 지극히 당연한 순서였다. 이런 일도 있었다. 1374년 명나라가 말 수천 필을 요구하자 공민왕은 300필로 때우려고 했다. 그러나 명나라가 강하게 압박하자 정세의 위급함을 느낀 공민왕은 말을 구하기 위해 제주도로 쳐들어간다. 공민왕의 지시를 받은 최영이 군함 수백 척을 이끌고 몽고 관리가 지배하는 제주로 쳐들어간 것이다. 그리고 제주에서 몽고 세력을 완전히 몰아냈다. 명나라에 바칠 말을 구하기 위해 제주도를 회복한 것이다.

1388년 친위 쿠데타로 정권을 장악한 최영은 명나라에 항전을 결심한다. 명나라의 패악질에 분노한 최영이 명나라 요동을 공격하겠다고 결심했을 당시 명나라는 북원과 전쟁 중이었으므로, 요동은 텅 비어있었다. 만약 이성계가 위회도에서 회군하지 않고 요동을 쳤다면 승리도 가능했고, 못해도 흥정은 했을 수 있다. 이성계 개인의 기회주의적 속성, 권력에 대한 욕심, 현실 순응적 국제 감각 등이 위화도회군을 이끌었다. 이 결과 조선은 역사상 유례 없는 사대국가, 아니 숭명崇明국가가 된다. 공민왕과 최영의 "사대는 하되 굴복하진 않는다"는 자주적 친명 노선은 폐기

됐다. 후일 조선 건국 후 정도전이 공민왕과 최영의 노선을 승계하여 조명 관계가 한때 긴장 상태에 돌입하나, 숭명주의자 이방원에 의해 정도전이 제거되고 조선은 안정적인 사대관계에 안착한다.

조선 건국의 핵심 브레인, 정도전

이성계의 책사는 혁명가 정도전이었다. 나는 현실 정치인으로서 정도전의 능력을 매우 높이 평가한다. 그의 아버지는 양반이었으나 외가는 종의 집안이었다. 즉 서얼 출신이다. 친원 세력이 그의 그런 신분을 공격하였다. 그 당시의 '핏줄 공세'는 요즘으로 치면 '사상 공세'쯤 되는 것이다. 정도전은 그런 친원 세력에게 이를 갈았다. 정도전은 유교 체제 확립, 과전법 시행, 사병 혁파 그리고 신권주의신하의 권한을 극대화를 주장했다. 문과 무를 변증법적으로 통합하고, 사상을 실천으로 옮긴 보기 드문 지식인이자 현실 정치인이었다. 그래서 나는 백날 골방에 앉아서 이빨만 까대는 조선 중후기 이후 성리학자들이나, 부처님 가운데 토막 같이 답도 없는 하나마나한 얘기나 하는 교수 나부랭이나, 틈만 나면 '사람 사는 세상'이 어쩌니 하는 공허한 구호를 부르짖으면서 한미 FTA나 찬성하는 '유연한' 486들보단 정도전 같은 경세가가 1,000배는 낫다고 본다.

정종 이방과(1357~1419)

이방원의 바지사장

정종定宗. 이성계의 2남. 휘(이름)는 방과.
향년 63세(1357~1419년). 재위 1398~1400년까지 2년 남짓.
참고로, 이 시대에는 왕의 이름은 함부로 부르는 것이 아니었다.
그래서 '휘' 라고 한다. 휘諱는 '꺼린다' 는 의미이다.

분수를 알았던 방과

태조 이성계의 5남 이방원이 태조 말년 제1차 왕자의 난1398을 일으켜 이성계를 밀어낸 후, 이방원에 의해 얼떨결에 바지사장으로 임명된 사람이 바로 이방원의 둘째 형 정종이다. 제1차 왕자의 난을 통해 아버지 이성계를 밀어낸 방원이 바로 대통령 자리를 접수하지 않고 왜 둘째 형 방과를 내세웠을까? 이는 태종 대에서 얘기하겠지만, 그게 정치다.

전두환이 1979년 12·12 쿠데타를 일으키고 바로 대통령 자리에 앉았으면 순항할 수 있었을까? 못했다고 본다. 그래서 최규하를 내세웠다. 정치라는 것이 바로 그런 것이다. 때를 기다릴 줄 알아야 하고 민심을 예민하게 살펴야 한다. 사전 정지작업도 필요하고 뜸도 들여야 한다. 평생을 바쳐 공들여 쌓아 올렸던 권력도 민심에 거슬리는 순간, 민심의 거대한 쓰나미에 쓸려 흔적도 없이 사라질 수 있다.

방과는 동생 방원의 눈치를 보면서, 죽지 않기 위해 왕권을 스스로 내놓았다. 박정희가 죽자 졸지에 대통령이 돼 8개월 남짓 자리에 있다 물러난 최규하와 비슷하다고 할까. 다른 점이 있다면 정종은 기회가 있을 때마다 자신은 대통령 깜냥이 아니라며 동생 방원을 붙잡고 스스로 물러나겠다고 하소연했고, 최규하는 전두환에게 쫓겨났다는 점 정도다.

최규하가 대통령이었을 때도 실권자는 전두환이었듯, 정종이 왕위에 있을 때도 실권자는 당연히 쿠데타의 주역 방원이었다. 이를 두고 어떻게 평가해야 할까? 마땅히 자기 자리인데 동생의 기에 밀려 물러난 것을 두고 남자로서 용기가 없었다? 우유부단했다? 쪼다다? 자기 분수를 알았다? 나는 방과는 자기 분수를 알았던 정치인이라고 본다. 오늘날 우리나라 정치가 이 수준에 머무르는 것은 정치판에 자기 분수를 모르고 나대는 인간들이 너무 많기 때문이다.

고려도 아니고 조선도 아니고

정종은 한 일이 없다. 재위기간도 짧았거니와 사실상 실권은 방원에게 있었으므로 왕권은 물론, 행정, 군사, 재정, 교육 등 모든 제도가 확실하게 세팅이 안 된 어정쩡한 상태였다. 국력을 모아 일을 추진하기엔 모든 것이 불안하고 어수선했다. 이사는 했는데 이런저런 사정으로 이삿짐 정리도 못하고 있고, 그래서 새 집에 정을 못붙이고, 그래서 더욱 옛집이 생각나지만 이제와서 돌아갈 수는 없고……. 그래서 누가 와서 짐 정리 좀 깔끔하게 해 줬으면 하는 상태. 그런 찜찜하고 피곤한 상태가 계속

되고 있었다. 그 이삿짐을 다음 대통령 태종이 화끈하고 말끔하게 정리한다.

방과의 취미는 골프_{격구}.

태종 이방원(1367~1422) I

결단의 정치인

태종太宗. 이성계의 5남. 휘는 방원.
향년 56세(1367~1422년). 재위 1400~1418년까지 19년.
아버지 태조 이성계 정권하에서 야당 총재 역임.
쿠데타를 일으켜 아버지 이성계를 밀어내고 대통령 자리에 오름.

DJ의 치밀함 + YS의 결단력 + JP의 현실 감각

이방원. 그는 결단의 정치인이다. 그는 필요하면 행동했다. 명분이야
나중에 갖다 붙이면 되지만, 행동은 때를 놓치면 끝이다. 정치는 타이밍
의 예술이다. 이방원은 그 타이밍을 기가 막히게 포착하고 상황에 맞게
적절하게 행동했다. 아니, 타이밍이 아니었어도 그가 행동하면 타이밍으
로 보일 정도였다. 그러니 좋든 싫든 주목을 받을 수밖에 없었고, 따르는
자가 없을 수 없었다. 그렇다. 그는 타고난 정치인이었다. 이상, 철학 그
무엇도 현실보다 우위에 설 수는 없다고 그는 믿었다.

방원은 아버지 이성계를 도와 조선을 건국한 핵심 중 핵심이었다. 궂
은일은 그가 도맡았다. 골칫덩어리 정몽주를 없앤 것도 그다. 관료 못지

않은 실무 능력과 지식도 갖고 있었다. 그 자신이 고려 말 문과에 급제한 유학자이기도 했다. DJ의 치밀함, YS의 결단력, JP의 현실 감각을 겸비한 왕이었다. 역사가들은 조선 최고의 왕으로 대개 세종이도 또는 정조이산 등을 꼽고 있으나, 나는 태종이 최고라 생각한다. 물론 태종도 정도전이나 이하응흥선대원군에는 미치지 못하지만, 이들은 왕은 아니었으므로 왕 중에서는 그나마 이방원을 최고의 '정치인'으로 본다는 뜻이다.

왕이든 대통령이든 정치인은 누구나 그 한계가 있기 마련이다. 그 한계 중 가장 치명적인 한계는 행동하지 못하는 한계, 즉 결단하지 못하는 한계이다. 그래서 나는 우유부단하여 행동하지 못하고 노력도 없이 은근히 추대받기만을 바랐던 노태우, 고건, 조순, 정운찬 같은 스타일이나 중차대한 시기에 중도파라는 어정쩡한 노선을 택하는 정치인보다는, 김영삼, 노무현같이 선 굵고 선명한 노선을 추구하면서 스스로 쟁취해 내는 행동파 정치인이 정권 투쟁에서 승리할 수 있다고 믿는다.

같은 맥락에서, 되지도 않는 이빨만 까대던 조광조, 이황, 기대승, 송시열 등 사림파 정치인보다는 정도전, 남은, 이방원, 하륜, 이하응 같은 과감한 행동파 정치인이 훨씬 '매력' 있다. 정치인에게 '결단'은 리더가 되기 위한 필수조건이며 정국의 고비마다 내린 작은 결단들이 쌓여서 결정적인 시점에 새로운 정치 지도자로 탄생하는 것이다. 그러나 후술하겠지만 이 정치적 결단은 아무니 하는 것이 아니다.

이방원은 정권을 잡기 위해 죽음도 불사했다. 그러니까 정권을 잡을 수 있는 거다. 목숨을 걸지 않고는 정권을 잡을 수 없다. 연애나 취직이나 시험 합격은 특별한 사정이 없는 한 죽음까지 불사하지 않아도 성공할 수 있지만, '정치권력'은 그렇지 않다.

이때 정권을 두고 이방원과 건곤일척의 승부를 겨루었던 사람이 누군가? 바로 조선 최고의 행동파 경세가이자 이성계 정권의 여당 총재 삼봉 정도전이다. '행동과 행동', '칼과 칼', '직선과 직선'의 충돌이다. 정도전이 누군가?

정도전, 나는 행동으로 말한다

삼봉 정도전. 내가 좋아하는 경세가다. 1340년경 경북 봉화 출생^{문헌마}다 태어난 해가 달라 확실치 않다. 이성계보다 3살 정도 연하. 이방원보다 25년여 연상. 그의 아버지 정운경은 고려 정권에서 법무부장관을 지냈으나 외가가 천출이라는 이유로 권문세족에게 멸시와 모욕을 당했다. 친명파였던 그는 친원파 권문세족과 사사건건 부딪히면서 고려 정계에서 완전히 밀려나 10년 넘게 정치 낭인 생활을 했다. 정도전은 그 기간 동안에 경북 영주, 전남 나주, 경기 부평, 경기 김포 등을 전전, 농사짓고 책 쓰고 학원 강사하면서_{아이들 가르치면서} 호구지책을 했다. 정도전이 역성혁명을 결심할 수 있었던 것도 10년 동안 정계에서 쫓겨나 유랑하면서 민심이 고려 정부를 완전히 떠났음을 눈치챘기 때문이다.

하늘이 내린 경세가이자 진정한 실용주의자

정도전은 한마디로 '행동파 정치인'이다. 그렇다고 아무 생각 없이 막 저지르고 보는 '돌쇠형'이라고 착각하지는 마라. 그는 조선 건국의 실질적 기획자이자 브레인이었다. 이성계라는 틀을 활용하여 자신의 뜻을 구현하려고 한 사람이다. 이성계 정권의 사실상 1인자였으며, 이성계의 절대적인 신임을 업고 조선의 행정, 재정, 군사, 외교, 세자 교육까지 담당했다. 온 나라 일에 개입하지 않는 것이 없었으며, 그 바쁜 와중에도 언제 시간이 났는지 『조선경국전』 등 수많은 저술 활동까지 한 그야말로 신이 내린 경세가였다. 사람들은 "저 인간은 잠도 없나?" 했을 것이다.

정도전은 이성계 정권의 여당 총재이자 책임 총리였고, 사실상 제1 실권자였다. 차기 대통령세자도 그의 손에 의해 '방석'으로 낙점됐다. 또한 정도전은 정치가였을 뿐 아니라 군사전략가였다. 군사기술, 경제, 과학, 의학 등 경세치용에도 밝은 진정한 실용주의자였으며, 오랜 농민생활로 서민적이고 수더분했다. 조선 중후기 이후의 이데올로기화된, 기氣가 어쩌고 이理가 어쩌고 하면서 되지도 않는 '야부리만 까댄' 교조적 사림파 성리학자와는 그 틀이 달랐다.

예나 지금이나 정치는 사람에 대한 관심과 투자다. 지도자는 사람을 한번 만나도 인상이 뚜렷해야 하고, 그 발언에 심정을 울리는 파괴력이 있어야 한다. 정도전이 혁명 지도자가 될 수 있었던 것은 그의 정책 능력과 기획능력도 있었지만정책 능력과 기획 능력이 되는 사람은 널렸다, 그보단 그의 '사람을 빨아들이는 능력'이 더 큰 몫을 차지했다. 또한 그는 단지 논리의 정연함, 조리의 석연함에 머무르지 않고 '행동'으로 옮기는 스타일이었다. 원래 뒤에서 이빨만 까대는 애들은 행동으로 옮기는 걸 주저하기 마련이다. 그런데 그는 거침없이 실천하는 실행력의 소유자였고, 그 실행력이 그의 리더십의 가장 큰 원천이었다.

조선의 국가철학자, 정도전
그가 쓴 『조선경국전』에는 다음과 같이 쓰여 있다.

인간사회에는 **물욕 때문에 다툼이 생기기 마련**이고, 이를 해결하기 위하여는 **정치적 권위가 필요**하다. 그런데 그 일은 농사지으면서 병행할 수 없으므로 별도의 통치자가 필요하며, 그래서 **백성은 세금을 내고 통치자를 부양**하는 것이다. 이때 **통치자는 백성의 세금으로 먹고 사는 만큼 마땅히 백성에게 보답**해야 한다. 조유식著,「정도전을 위한 변명」, 244p, 푸른역사刊.

지금 읽어 보아도 기가 막힌 탁견이 아닐 수 없다. 토마스 홉스Thomas Hobbes의 '복종계약설'이 나오기 250년 전에 이미 정도전은 국가의 기원에 대해 설파한 것이다.

1383년, 40대 중반의 정도전은 10여 년간의 야인생활을 정리하며 혁명 결심을 굳히고 원나라, 홍건적, 왜구 등 외적의 침략을 물리쳐 고려의 새로운 스타 정치인으로 떠오른 이성계를 만나기 위해 함경도로 직접 찾아간다. 이성계의 군사력이 절실하였던 것이다. 이성계와 정도전은 첫 만남에서 한눈에 반했고 둘은 혁명 동지가 됐다. 그리고 이성계는 정도전을 절대 신임하였고 정도전은 이성계 정권하에서 여당 총재 겸 수상 역할을 했다.

태종 이방원 (1367~1422) Ⅱ

사대주의자 이방원과
동북아시아의 악의 축 정도전

이방원 vs 정도전의 대립 지점은?

이방원과 정도전. 왜 이 둘은 부딪혀야 했나? 공존할 수는 없었나? 이성계 정권하에서 정도전은 여당 총재였고 이방원은 야당 총재였다. 방원이 야당 생활을 할 수밖에 없었던 이유는 아버지 이성계가 방원을 좋아하지 않았기 때문이다. 성정이 자신과 비슷하고 지나치게 기가 세다는 이유였다. 나아가 아버지 이성계는 정노선과 합의하여 차기 대통령를 방원의 이복동생 '방석'으로 정했다.

정도전과 이방원는 행동파라는 점에서 성정이 비슷했다. 그러나 정도전은 '이상을 현실'로 만들어 보려 했다면, 이방원은 '현실적인 것 = 이상적인 것'이었다. 정도전이 '생각하는 사람, 실천하는 사람'이었다면,

이방원은 '현실의 권력을 위해 행동하는 사람'이었다.

이방원과 정도전의 구체적 대립지점은 무엇이었을까? 굵직한 것만 말하자면 첫째, 강력한 대통령중심제냐 아니면 내각책임제냐의 권력 구조에 관한 문제였고, 둘째 사병 혁파, 셋째 외교문제명나라와의 관계였다.

정도전, 조선이 가야 할 길은 내각책임제다 vs
이방원, 조선이 가야 할 길은 강력한 대통령제다

정도전은 그 자질이 천차만별인 세습군주가 단지 대통령의 아들이라는 이유로 나라를 다스리는 것은 매우 불안한 구조라고 생각했다. 따라서 천하 인재 가운데 선발된 재상총리과 신하장관들이 국정의 중심이 돼 나라를 운영하는 것이 합리적이고 안정적이라고 생각했다. 즉 왕은 재상에 관한 인사권만을 갖고, 실제 국정 운영은 재상을 중심으로 하자는 것이다. 요즘말로 치면 내각책임제를 주장한 것이다. 그래야만이 '쪼다 같은 놈'이 대통령이 돼도 나라가 안정감 있게 굴러 갈 수 있다고 생각한 것이다. 따라서 정도전은 이성계 정권의 책임 총리로써 그러한 내각책임제를 systemize하여, 도평의사사라는 합의체 기관을 통해 국정을 운영했다.

그러나 이방원은 정도전과 정반대의 권력 구조를 생각하고 있었다. 이방원은 강력한 대통령제, 즉 왕권 중심의 권력 구조를 꿈꾸었다. 정도전 방식은 간신만 득세하게 된다는 것이 방원의 생각이었다. 고려가 망한 것도 왕권이 허약하여 간신들이 득세했기 때문이라는 것이 그의 소신이었다.

태조 이성계 정권의 권력 구조를 보자. 이성계는 군사력을 출자했고,

신흥사대부들은 명분과 세력을 출자해 새 왕조를 열었다. 정치자금은 토지개혁_{과전법} 시행을 통해 조달했다. 그렇다면 실권은 누가 쥐고 있었을까? 이성계? 신흥사대부? 이성계는 사대부 출신 개국공신인 신흥사대부들에게 실권을 내주고 있었다. 사학계의 태두 이기백 교수의 『한국사신론』을 보자.

> 이들 **개국공신은 도평의사사라는 회의기구를 통해 정치적 실권을 쥐고 있었고,** 태조는 도평의사사의 결정을 재가하여 이를 시행케 할 따름이었다. 정치적 실권을 쥔 사대부들은 유교적인 이상정치를 표방하며 자신들의 권익을 도모하는 법전을 만들어서 정치의 기본으로 삼으려 하였다. 이러한 **개국공신들의 정치는 마치 고려 귀족정치의 재현과도 같은 양상**을 띠었다. 이기백著, 『한국사신론』, 195p, 일조각刊.

그렇다. 이방원의 입장에서 보면 '친원 권문세족 → 친명 신흥사대부'로 바뀌었을 뿐 신권_{臣權}을 확대하여 자신들의 이익을 극대화하고 왕권을 농락하는 짓은 똑같았다. 왕씨의 나라에서는 그것이 통했을지 몰라도, 이씨의 나라에서는 그 꼴 못보겠다는 것이 방원의 확고한 생각이었다. 또한 개국공신이라는 사람들도 모두 권력의 실세가 된 것이 아니라 집권 여당의 3인방, 즉 정도전, 남은, 심효생이 전권을 휘두르다시피 하여 다른 개국공신들도 불만이 많았다.

권력구조 문제에 관한 한, 이방원이 옳았다

누구의 견해가 옳을까? 사람마다 생각이 다 다르고 시대 상황마다 다르겠지만, 난 우리나라의 상황에선 지금도 이방원이 옳다고 본다. 후술하겠지만 훗날 성종 이후 조선은 '신하사대부들가 왕을 고르는 시대'로 접어든다. 조선은 왕조 국가이고, 왕권은 무소불위의 권력이었다고 생각하겠지만 착오다. 조선은 신하의 나라였다. 조선 중후기는 '송시열의 나라'라고도 하지 않던가? 성종 이후에는 신하들의 입맛에 맞는 왕을 옹립하고 재상들이 중심이 돼 국정을 운영하는 시대였다. 정도전이 원했던 재상 중심의 시대가 된 것이다. 그렇다면 그 시대에 조선이 강성해졌느냐? 천만의 말씀. 그때부터 조선은 정말 개판이 되기 시작한다.

재상 중심의 정치는 1% 사대부들의 지들 배때기 채우는 정치에 불과했다. 물론 정도전이 이런 결과를 바란 것은 아니었겠지만, 결과가 그랬다. 그 후엔 외척정치, 세도정치로 업그레이드 되면서 조선을 아주 골로 보냈다. 그들에겐 가문의 '사익'만 존재했을 뿐 나라 전체를 위한 '공익' 관념은 털끝만큼도 없었다. 차라리 확고한 왕권중심주의가 확립돼 탑다운Top-down방식으로 지들 배때기만 채우려는 집단을 찍어 누르는 게 낫다는 게 내 생각이다.

요즘은 안 그런가? 독재 정권 시절에는 사법부가 독립되면 당연히 국민들의 기본권을 극대화하고 공익을 중요한 가치로 여기는 판결을 내려줄 것으로 생각했지만 오늘날 사법부를 보라. 지금은 사법부나 헌법재판소에 대한 권력의 간섭이 거의 없어졌다. 그러나 이젠 헌재와 사법부 구성원 스스로 '자본'에 예속되고 있다. 재벌에 잘 보였다가 퇴임해서 재벌 법무팀으로 갈 생각만 한다. 또한 자신들이 소속된 집단의 이익만을 대변하려 한다. '신행정수도건설특별조치법'에 대한 헌법소원심판에서 '서울이 관습헌법'이라고 우기는 것도 바로 그런 꼴이다. 예전에는 박정희, 전두환 눈치라도 봤는데, 이젠 이것들이 완전 겁대가리 상실하고 낯두꺼운 판결을 내린다.

권력기관을 독립시켜 준다고 한들 그 기관이 국민을 위해 활동한다는 보장이 없다. 오히려 독립을 빙자하여 자기 소속 기관의 집단 이익 또는 자신들의 계급적 이익만 관철할 가능성이 크다.

국가기관의 독립은 '국민의 기본권'을 보장하기 위한 독립이어야 하지, 국가기관의 독립 '그 자체'가 목적이 될 수는 없다. 따라서 국가기관의 독립이 국민의 기본권 보장에 역행하는 결과를 초래하는 경우에는 민주적 정당성을 가진 대통령이 견제와 균형의 원리에 입각하여 통제할 수밖에 없다.

그래서 독립은 누가 시켜주는 것이 아니라 쟁취해 내는 것만이 의미가 있는 것이다. 한번도 왕의 모가지를 잘라본 적이 없고, 시민권력을 쟁취한 역사도 없고, 따라서 군대 가고국방의무 세금 내는납세의무 서구적 의미의 보수 세력이 자리매김한 적도 없고, 그 연장선상에서 공익이나 공화국의 문화가 없는 우리나라에서, 견제되지 않는 권력의 '자율' '독립'은 그나마 쥐꼬리만하게 존재하는 '공적 영역의 파괴'를 초래할 뿐이다.

어쨌든 이방원은 제1차 왕자의 난398을 통하여 정도전을 죽인다. 그리고 정도전이 운영하던 도평의사사를 의정부로 고쳐 껍데기만 남기고 실무적인 일을 6조에 맡겨 국왕에게 직접 보고하게 하는 '6조직계제'를 실시한다. 정도전 3인방이 전횡專橫하던 국정을 이방원이 틀어쥔 것이다.

사병 혁파

사병私兵이 뭔가? 개인 군대다. 사병 혁파란? 국가가 개인들이 갖고 있는 군대를 뺏는 것을 말한다. 국민국가가 완성된 지금이야 개인이 군대를 갖는다는 것은 상상도 할 수 없지만, 그때는 왕족 또는 호족이 개인 군대를 갖고 있었다. 그리고 그 군대를 기반으로 지역에서 행세깨나 한 것이다. 지금은? 지금은 군대를 가진 사람이 아닌 '지지자'가 많은 사람이 권력을 쥐고 힘깨나 쓰는 세상이 된 것이다. 헌법학에서는 이런 국가 구성원리를 '민주주의'라고 한다.

이성계 또한 사병으로 정권을 잡았지만 이것을 방치했다가는 언제 쿠데타가 있을지 모르는 노릇이고 왕권 안정을 기대할 수 없었다. 그래서 정도전은 개인이 갖고 있는 모든 군대를 국가에 편입시켜 중앙군으로 만들고자 했다. 마침 명나라 요동정벌을 위해 병권을 중앙에 집중하여 국방력을 증강할 필요도 있었다. 물론 정치인의 국가정책 추진에 정치적 노림수가 없을 수는 없다. 사병 혁파는 그 명분도 확실했지만 정치적 실리도 무시할 수 없었다. 이성계 정권과 자신을 위협하는 최대 정적이자 야당 총재 이방원의 군대를 빼앗아 그를 무력화시키기 위함이었다. 요컨대 사병 혁파는, 껍데기는 국방력 강화책이고 내용은 이방원 무력화정책이었다. 이처럼 대형 정치인은 최소한 1타2피는 쳐야 하는 것이다. 이렇게 정도전은 방원에 맞서 정국 주도권을 확실하게 틀어쥐었다.

정도전의 사병 혁파에 반발한 이방원, 본인이 집권하자 사병 혁파 착수

당연히 이방원은 정도전의 사병 혁파에 반발한다. 방원의 생각은 "지가 뭔데 내 아버지 옆에 탁 붙어서 감놔라 배놔라 하는가?"였다. 그러나 1차 왕자의 난으로 정도전을 제거한 후에는 방원도 생각이 달라진다. 정치가 그런 것이다. 내가 하면 로맨스고 남이 하면 불륜인 것이다. 즉 이 방원 자신이 사병으로 쿠데타를 일으켜 정권을 잡았지만제1차 왕자의 난, 본인이 정권을 잡은 후에는, 쿠데타 동지들의 사병까지도 다 빼앗아 버렸다. 개인이 거느리고 있는 군대를 방치하고선 '정권 안정'을 보장할 수 없다는 건 '5,000만 국민의 쌩기초'이기 때문이다. 어떤 놈이 쳐들어올지 알게 뭔가? 부자끼리 칼을 겨누는데 남이야 말해서 무엇하겠는가? 이런 점에서 방원이 정치인으로서 뛰어났다는 것이다. 정치는 윤리가 아니다.

　이방원 이후의 최고의 사병 혁파는 1992년 김영삼의 '하나회 척결'이다. 그날 하루 만에 별이 수십 개 떨어졌다. 조선시대로 치면 다 모가지 '뎅강 뎅강' 시킨 것이다. 혹시 모를 쿠데타 우려 때문에, 신임 육참총장 임명 절차도 온전히 치르지 못하고 바로 임지로 보내 부대를 장악하라고 했다고 전해진다. 협객 김영삼이 아니었다면 불가능했을 것이다. 거사를 치른 후 김영삼은 보좌진들에게 특유의 천진난만한 웃음으로, "놀랬재~?" 하면서 씨익 쪼갰단다. 역사가 놀랄 일을 한 것이다. 김영삼이 지금도 욕을 무지하게 먹지만 그래도 이거 하나는 그가 남긴 최고 업적이다.

조선에 개입하는 명나라 황제 주원장

　신라 김춘추가 중국을 끌어들여 백제와 고구려를 친 이래 중국은 늘 한반도 내정에 깊숙이 관여한다. 지금의 미국이 그러하듯, 당시에는 중국이 그랬다좋은 놈 나쁜 놈 따질 거 없다. 제국은 다 그런 것이다. 명나라 초대 대통령 주원장은 정국의 중요 고비마다 조선 내정에 지나치게 직접적으로 개입하여 국내 정치를 소용돌이로 몰아갔다.

결론적으로 말하자면, 명나라 황제 주원장은 자신에게 까칠하게 구는 조선의 여당 정도전당이 실각하고, 자기에게 나긋나긋한 조선의 야당 이방원당이 정권을 잡기를 원했다. 그리고 결국엔 그가 원하는 대로 됐다. 강대국의 외교적 영향력이라는 것은 이처럼 지대한 것이다. 정도전도 친명주의자였다는데 주원장은 왜 이방원만 끼고 돌았을까? 어찌된 일인가? 왜 주원장은 정도전을 못 죽여서 안달했을까?

▌정도전의 사대事大 − 국체보전을 위한 불가피한 보위전술

정도전도 친명주의자였으나 그 '내용'은 방원과 확연히 달랐다. 사대라고 다 같은 사대가 아니다. 대북 햇볕정책의 기초자가 임동원이었듯 조선의 사대외교 기초자는 바로 정도전이었다. 사대는 서구 공법질서와는 전혀 다른 동양적 개념이다. 사대는 종속을 의미하는 것이 아니라 '동양적 평화공존'을 의미한다. 그러나 한편, 정도전은 대명 자주노선을 견지했고 요동정벌까지 준비했었다. 친명 사대주의자이면서 요동정벌이라, 모순 아닌가?

정도전이 생각한 사대란 무작정 알아서 기는 것이 아니었다. 작고 힘없는 나라가 민족을 보전하기 위한 불가피한 보위전술이었다. 그는 힘도 없으면서 '곤조'만 믿고 대들다가 백성을 고기밥으로 만드는 것은 만용에 지나지 않는다고 봤다. 그는 훗날 사림파 사대부들과 달리 오랑캐라도 우리보다 힘이 강하면 쪽팔리더라도 일시적으로 머리를 숙여야 한다고 생각했다. 그러나 한편, 고려 말 부원배처럼 국가의 자존심을 헌신짝처럼 내팽개치는 것도 용납이 안 됐다. 섬기기는 하되 굴복은 하지 않겠다는 게 그의 생각이었다. 그러기 위해서는? 맞다. 힘을 길러야 한다.

'힘이 있어야 협상카드도 던질 수 있는 것'이다. 운동해 봤는가? 무슨 운동이든 힘이 있어야 테크닉도 활용할 수 있다. 힘은 자기 목소리를 내고 기량을 발휘하기 위한 '최소한의 필요조건'이다. 힘이 무엇인가? 군사력이다.

강대국에 포위돼 살아남기 위해서는 일단 사대의 예를 갖추어 전쟁을 피한 다음, 경제적 실리를 챙기면서 시간을 버는 것이 필요했다. 그리고 미구未久에 있을지 모를 국제 정세의 변동에 자기 목소리 내면서 능동적으로 대처하기 위해 '야금야금' 군사력을 증강하는 것이 최선이라고 그는 믿었다. 캬~. 그야말로 원더풀, 샤방샤방, 탁월한 견해가 아닐 수 없다. 도광양회韜光養晦란 이를 두고 하는 말이 아니겠는가?

이방원의 사대事大 – 정 주고 마음 주고 눈물도 주고

정도전의 사대가 이방원이 생각하는 사대와 뭐가 다르냐? 다르다. 한참 다르다. 이방원의 사대란 일방적으로 '정 주고 마음 주고 눈물도 주고, 무조건 다 퍼주는 것'이다. 이것이 조선 중후기로 가면 아주 가관이된다. 혼자 보기 아까울 정도로 명나라를 하느님 모시듯 모시고 산다. 지금 미국 모시는 것은 비교할 것도 아니다. 교과서식 표현은 이렇다.

> 태종은 왕조개창에 대한 **명의 지지**를 얻어냄으로써 양국관계는 정상화됐다. 그리고 조선은 **명에 대한 사대를 천명**하고 동아시아 국제 질서 속에 편입돼 **스스로를 소중화라고 자처**하였던 것이다. 변태섭著, 「한국사통론」, 298p, 삼영사刊.

나라를 건국하겠다는데, 명의 지지는 웬말이냐? 그렇다. 국제정치적 역학관계를 고려하지 않고 국가가 탄생될 수 없다. 소국은 더더욱 그렇다. 이처럼 태종은 '제2의 중국'을 맹세했다.

이승만은 안 그랬을까? 이승만이 미 군용기에 실려 귀국한 시기는 해방 두 달쯤 지난 1945년 10월 16일이었다. 그러나 그가 서울 도착 전 미리 들린 곳이 있었는데 바로 일본 도쿄였다. 10월 12일부터 15일까지 3일 동안 도쿄에서 맥아더 그리고 서울에서 날아온 하지John Reed Hodge와 함께 '3자 회동'을 했다. 좋게 말해서 회동이지 국제정치의 역학관계상 미 제국 황제의 대리인 '맥아더 님'을 알현한 것이다. 이승만은 그 자리에서 여러 번 '제2의 미국'을 맹세하지 않았을까? 이런 맹세도 없이 맥아더의 부하 하지가 통치하고 있던 패전국 식민지 정권을 이승만이 어떻게 넘겨받았겠나.

▌정도전의 꿈, 요동 수복 vs 주원장의 정도전 길들이기

정도전은 왜 요동을 치려고 했을까? 요동이 어디냐? 오늘날 동북3성의 하나인 랴오닝성으로 명나라의 동쪽 대문이자 출입구다. 앞서 이성계 편에서도 언급했지만, 이성계와 정도전이 조선을 건국할 수 있었던 것은 급변하는 동북아 정세를 기막히게 활용했기 때문이다. 또한 이들이 친원파를 뭉개고 조선을 건국하는 데는 명나라 초대 대통령 주원장의 음양의 지원도 한몫 단단히 했다.

그러나 화장실 갈 때와 다녀온 후는 달라지는 법. 일단 조선이 건국되자 조명관계는 긴장 관계에 돌입한다. 그도 그럴 것이 주원장 입장에선 아직 조선 놈들을 완전히 믿을 수 없었다. 비록 회군하긴 했지만, 1388년 요동 턱 밑 위화도압록강까지 군사를 이끌고 쳐올라와 식겁하게 만들었던 놈들이 바로 이성계, 정도전, 남은이 아닌가? 한편 이성계와 정도전도 물러서지 않았다. "지들이 우리가 좋아서 도와줬나? 원나라가 점령하고 있는 중국 본토를 뺏으려면 한반도에 친명 정권이 들어서는 것이 유리하니까 도와준 거지. 이젠 지들도 명나라 건국했고 우리도 조선 건국했으면 피차 계산 끝난거지, 아직도 쌍팔년도 생각하나?" 그런 거였다.

이런 상황에서 주원장은 사사건건 트집을 잡아 '조선 길들이기'를 시작한다. 주원장은 자신이 살아 있을 때 조선을 확실하게 길들여 놓으려 했다. 주원장의 제1 타깃은 정도전이었다.

오늘날은 안 그런가? 1994년 제네바 합의를 일방적으로 깨면서 부시가 김정일 협박한 것을 보라. 미국의 21세기 동북아정책의 핵심은 '중국 통제 전략'이다. 따라서 중국과 접경하고 있는 모든 나라를 친미국가로 만들고 미사일까지 다 배치해 놓았는데 딱 한 놈만 개기고 있으니 그게 북한이다. 얼마나 골치 아프겠는가? 만약 북한이 친미국가였다면 북한 핵개발에 미국이 그렇게 펄펄 뛰었을까? 절대 안 그랬을 것이다. 파키스탄은 핵개발을 해도 그냥 두지 않나? 친미국가이기 때문이다. 파키스탄이 친중으로 돌아선다면? 그땐 골치 아파지는 것이다. 미국의 동북아 외교의 판이 뒤흔들리는 거다. 외교에선 어느 곳 하나 중요하지 않은 곳이 없다.

혼돈의 동북아 - 홍건적, 만주족, 몽고족, 조선

당시 동북아 정세 속으로 들어가 보자. 14세기 말 명나라가 중국 본토를 차지하긴 했지만, 동북아 질서는 아직 유동적이었다. 중국 본토명나라,

만주여진족, 중국 위쪽북원=몽고, 조선까지 네 나라가 모두 아직까지는 확실하게 세팅이 안 된 상태였다. 다들 건국 초기였기 때문이다. 원래 뭐든 세팅이 안정적으로 완료되려면 시간이 필요한 것 아닌가? 얼굴을 뜯어고쳐도 자리 잡으려면 몇 개월 걸린다는데, 나랏일이야 오죽하겠는가?

그런데 정도전은 아직 동북아 정세가 세팅이 완료되지 않은 지금이 만주를 회복할 수 있는 절호의 기회라고 생각했다. 정도전이 국제정세에 능하고 진취적었다는 것은 이런 점을 두고 하는 말이다. 정도전 이후 DJ가 등장하기 전까지는, 정도전처럼 국제정세에 능한 대형 정치인은 나오지 않았다. 조선이라고 만주를 호령하지 못할 이유가 뭐 있겠는가? 따지고 보면 우리 민족이 세운 고구려나 발해가 만주를 지배한 기간이 중국놈들이 지배한 기간보다 훨씬 길지 않던가? 정도전은 국제정세의 급격한 변동을 국내 정치에 적절하게 활용했을 뿐만 아니라 이를 이용하여 만주 회복을 꾀하였던 것이다.

중국 역사상 한고조 유방과 더불어 일자무식 대통령으로 손꼽히는 명나라 황제 주원장, 이 양아치 같은 놈이 천하의 경세가 정도전의 속을 이미 간파하고 있었다. 주원장은 정도전의 요동 정벌 계획을 용납할 수 없었고 "전쟁을 제외한 모든 외교적 수단"을 동원하여 조선을 공갈협박하면서 길들이기에 나섰다. 그리고 조선 내정에 깊숙이 개입하여, 결국 1394년 조명관계는 전쟁 일보 직전의 최악의 순간을 맞는다.

간첩단 조작 사건(장갈매 사건)으로 조명관계는 일촉즉발 위기

이즈음 소위 '장갈매 사건'이 터진다1394. 명나라 주장에 따르면 조선이 장삿배를 가장하고 명에 대한 정찰행위를 감행했다며 포로 '장갈매'

를 잡아 신문한 후, 조선에 그 해명을 요구한 것이다. 14세기판 '푸에블로호 사건'이 터진 것이다. 이는 조선 개국에 반대하는 고려 잔당들이 벌인 정치 공작으로 알려졌다. 억울하지만 어쩌겠는가? 명나라 대통령 주원장이 '전쟁 불사'를 외치면서 펄펄 뛰고 있으니……. 이때 명나라로 가서 관계를 정상화한 자가 누구냐? 바로 이방원이다.

방원은 아무도 가려하지 않는 그 길을, 자신에게 인색했던 아버지 이성계마저도 눈물을 흘리며 떠나보낸 그 길을, 목숨을 걸고 갔다. 아마 이방원은 명나라도 건국 초기라 전쟁은 부담스러울 것이고 따라서 의외로 대화가 잘 풀릴지도 모른다는 막연한 희망을 품고 갔을지도 모른다. 그런데, 실제 일이 잘 풀렸다.

정치적 승부수를 던진 이방원의 명나라 방문

1994년 김영삼 정권 시절, 클린턴 정부의 대북 강경책으로 북미전쟁 일보 직전에 이르는 일촉즉발의 상황이 있었다. 당시 주한 미 대사 레이니는 한국 거주 미국인들을 소개疏開하는 수밖에 없다고 결론지었고, 자신의 딸과 손자 3명에게 3일 이내에 한국을 떠날 것을 지시했다장성민著, 「전환기 한반도의 딜레마와 선택」, 143p, 나남刊. 이제 남은 건 클린턴의 폭격 지시뿐이었다. 이 급박한 순간에 DJ는 '카터의 북한 방문'이라는 창의적인 아이디어를 추진했고, 이를 성공시켜 한반도 정세를 '한방에' 반전시켰다. 그리고 이를 기반으로 DJ는 1995년 국민회의를 창당, 서울 구청장 25개 중 23개를 당선시켜 화려하게 정치적 재기에 성공했다.

여당 총재 겸 책임총리 정도전의 탁월한 국정 장악능력과 승승장구에 밀려 있던 야당 총재 이방원도 조명전쟁 일보 직전에 명나라에 파견돼

명나라 황제 주원장을 설득, 정계에 화려하게 복귀한다. 이처럼 지도자는 critical한 순간에 물러서거나 침묵하지 않고 자신을 던져 '승부를 내줘야만' 따르는 세력이 생기는 것이고, 그것이 쌓여야 리더십도 생기는 것이다.

이성계 정권의 벼랑 끝 전술과 정도전을 두려워한 주원장

주원장이 연일 조선을 압박하고 나설 당시 조선 집권여당인 정도전당의 핵심 3인방은 정도전, 남은, 심효생이었다. 정도전이 총재라면, 남은은 원내총무, 심효생은 사무총장 정도 됐다. 심효생은 차기 대통령 방석의 장인이기도 했다.

정도전의 정치력은 주원장 못지 않았다. 명나라의 굴복 요구에 대해 정도전은 시간을 벌면서 주원장에 맞섰다. 이처럼 이성계는 정도전당을 여당으로, 정도전을 책임 총리로 하여, 명나라와 전쟁 일보 직전까지 가는 '벼랑 끝 전술'을 펼치면서 나라를 운영했다. 조명관계는 이방원이 정권을 잡아 양국관계가 정상화되기 전까지는 일촉즉발의 위기가 상시적으로 반복되는 롤러코스터 상황이었다. 이성계 정권에서의 조명관계는 지금의 북미관계와 비슷했다.

그렇다면 세계 제1 강국 명나라가 정말 변방의 정도전이 두려웠을까? 정도전의 요동정벌 계획이 그토록 두려웠을까? 답은 '그렇다'이다. 명나라가 정도전을 두려워한 것은 당연하다. 명나라가 원나라를 치고 중원을 차지한 것은 사실이지만 명나라 북쪽은 북원, 동북쪽은 여진, 동남쪽은 조선, 이들 세 나라가 명나라를 둘러싸고 있다. 조선이 요동을 치면 여진이 들썩거릴 것은 분명하다. 나아가 조선이 여진과 동맹이라도 맺어 요동을 친다면, 명나라는 대규모 전쟁에 휩쓸릴 수밖에 없다. 북쪽의 북원도 호시탐탐 침입을 노리는데 그러면 계산이 아주 복잡해진다. 5층에서 불이 났는데 내가 10층에 산다고 해서 9층까지 불길이 올라올 때까지 기다리지는 않는다. 하물며 바로 아래층에서 불이 난다면 그건 긴급사태인 것이다. 그래서 지금도 한반도에서의 전쟁 발발은 중국이나 일본에게도 전쟁인 것이다.

▌주원장, 정도전을 악의 축으로 지목

▌게다가 이성계가 누군가? 만주를 호령하면서 원나라 깡패 나하추를 손바닥에 놓고 가지고 놀던 맹장 아니던가? '한반도가 작은 나라이긴 하지만 전 세계가 몽고의 말발굽에 쓰나미처럼 휩쓸려 갈 때 비록 식민지이기는 했어도 수십 년 개기면서 나라를 유지했던 깡다구가 있지 않나? 그리고 수나라와 당나라를 멸망케 했던 고구려를 상상하면…….' 주원장은 식겁한다. '내가 어떻게 세운 제국인데……. 이제 막 제국을 안정시키려고 하는데 조선의 정도전이 제국의 안정을 해치려고 한다?' 그렇다. 명나라 대통령 주원장에게 정도전은 동북아 안정를 위협하는 '악의 축'이었고, 그래서 이성계에게 정도전의 송환을 줄기차게 요구했으며, 행여 정도전 계보 정치인이 외교사절로 명나라 수도 남경에 방문이라도 하면 몽둥이로 두드려 패거나, 유배시키거나, 죽이기까지 했다.

　여기서 잠깐. 명나라 같은 대국도 정도전의 요동 정벌 계획에 두려움을 느꼈는데, 북한은 어떨까? 매년 동해에 항공모함 띄워 놓고 '한미 팀 스피릿 합동 훈련'을 벌인다. 그것도 세계 제1의 초강대국이 인류 역사상 '세계 최대 규모'의 군사훈련을 한다. 식겁하지 않겠나? 북한이 미사일 겨우 한 개 쏘아 올렸다고 서울, 동경, 워싱턴에서 호들갑 떨면서 중계 방송할 게 아니라, 오키나와 미 항공모함에 있는 수백 개의 토마호크 핵미사일 때문에 공포에 떨고 있는 평양의 입장도 헤아리는 것이 공정한 것 아닐까?

이방원의 화려한 정계 복귀

이성계는 명나라 주원장의 정도전 송환 요구를 뭉갠다. 이성계와 정도전의 우정은 왕과 신하 그 이상이었다. 그래서 노회한 주원장이 꺼낸 카드는 이이제이以夷制夷. 장갈매 사건을 기화奇貨로 이방원을 명나라로 불러들여, 방원의 이복동생 방석이 세자인 것을 빤히 알고 있으면서도 방원을 세자로 극진히 대접하고 금의환향시켜 정치적으로 재기하게 한다. 그리고 내란을 유도한다. 이방원은 정도전을 친다. 그리고 방원이 정권을 잡자 조명관계는 안정적인 사대관계로 돌입한다.

정도전과 이방원은 행동파 정치인이라는 점에선 같았다. 그러나 달랐다. 정도전은 진취적요동회복 시도이고, 혁명적토지개혁이고, 평민적이었다. 이방원은 수세적명나라에 고분고분, 안정적왕권강화, 귀족적이었다.

태종 이방원 (1367~1422) Ⅲ

태평성대를 위한 악역

이방원, 정몽주를 제거하다

이방원은 선죽교에서 정몽주를 살해했다. 먼저 죽이지 않으면 안 되는 상황이었다. 1990년 고등학교 국사 국정교과서를 보자.

이색, 정몽주를 비롯한 온건파 사대부들은 이성계, 정도전, 남은 등 혁명파를 제거하려 하였으나, **군사력을 가지지 못하여 실패하고 말았다.**

1990. 국사 국정교과서, 137p.

그렇다. 방원이 먼저 죽이지 않았으면, 정몽주에 의해 죽었을 것이다. 이처럼 혁명적 정세하에서의 정치투쟁을 위해서는 군사력은 필수적이다. 정몽주가 방원에게 죽었다고 해서 정몽주는 착한 사람, 방원은 나쁜 놈이라고 생각하는 건 순진하다. 실제 정몽주는 이들 혁명파 사대부들을 유배시켜 죽이려 했으나 타이밍을 놓쳤다. 정치는 타이밍의 예술 아니던가! 지도자라면, 100% 옳고 늦은 결단보다는, 70% 옳고 빠른 결단을 내려야 한다.

방원이 선수를 쳤다. 정몽주의 피살은 고려의 심장에 칼을 꽂는 것이 되었다. 그런데 조선 개국에 반대했던 정몽주는 조선 500년 내내 충신의 상징으로, 정도전은 교활하고 속 좁고 음흉한 인물로 낙인찍히니, 이는 이색과 정몽주의 사상을 이어 받은 사림파 성리학자들이 만들어낸 허구에 불과하다.

정도전을 높이 평가하는 이는 정조와 홍선대원군이었고, 정도전을 간신으로 몰고 가장 혹평한 사람은 사림의 영수 송시열이다. 정조와 이하응 시대가 개혁의 시대였다면, 송시열의 시대는 명나라를 하느님 삼아 나라 꼴을 '골로 보낸' 시절이었다. 이처럼 한 인물에 대한 평가는 정치적 입장에 따라 극과 극인 것이다.

주원장의 정도전 소환 요구에 정도전 강력 반발 – "명나라 이 새끼들, 더 이상 못 참겠다. 맞짱뜨자"

이방원과 정도전. 이제 서로 올 때까지 왔다. 불씨는 언제나 명나라가 제공한다. 1396년 명나라 대통령 주원장은 표전문명나라 대통령에게 바치는 외교문서이 불손하다는 트집을 잡아 또다시 정도전의 압송을 요구하면서 조선 정계를 2년여 동안 발칵 뒤집는다.

명나라 황제 주원장, 이놈은 뭐 '사담 후세인'을 생포하는 것도 아니고, 툭하면 이성계에게 정도전의 송환을 요구했다. 이성계는 이런저런 핑계를 들어 거부했고, 대신 정총, 노인도, 김약항 등 정도전 계보 신진 정치인들이 총대를 메고 이역만리 명나라에 소환돼 억울하게 죽었다. 1398년 급기야 주원장은 이성계와 정도전이 간첩을 파견했다는 또다른 간첩단 사건을 조작하여 조선을 압박하자 마침내 이성계와 정도전, 남은 의 인내심이 폭발한다. "이 띠발놈을 봤나. 보자보자 하니까 누굴 홍어 거시기로 아나!"

정도전이 생각하는 사대는 큰 나라와 작은 나라가 서로 예를 갖추어 존중하고 평화를 유지하는 것이었다. "나는 네 짬밥 대접해줄 테니, 너는 내 나이 대접해줘라" 그런 것이다. 그런데 그동안 이 깡패 같은 놈한테 얼마나 시달렸나? 수만 필의 말을 갖다 바쳤고, 헤아릴 수도 없는 공물과 조선 처녀를 갖다 바쳤다. 수많은 신진 정치인들이 끌려가 유배당하고, 두드려 맞고, 죽었다. 게다가 변덕이 죽 끓듯 하니 이성계, 정도전, 남은 도 꼭지가 돌았다. "아~ 쌍노무 쉐이~ 그래 웃장까고 한판 뜨자"는 결심 을 하게 된 것이다.

갑작스런 주원장 사망 → 정도전과 이방원의 대결로 반전

그런데 조명전쟁 일보 직전, 주원장이 덜컥 죽는다. 1398년 5월 조선 정치에 사사건건 개입하여 조선을 전쟁의 공포로 놀아넣었던 주원장이 죽은 것이다. 정도전에게도 방원에게도, 위기이자 기회였다. 정도전에 게는 요동을 칠 천재일우의 기회요, 이방원에게는 자신의 후원자인 주 원장의 죽음은 정치적 실각의 위기이자 한편으로는 정도전을 칠 마지막 기회인 것이다.

방원은 여기서 밀리면 정권에서 영원히 멀어지는 것이다. 누가 먼저랄 것도 없이 서로가 서로에게 칼을 들었다. 힘과 힘, 칼과 칼이 부딪혔다. 방원이 이겼다. 산전수전 공중전을 다 겪고, 명나라 황제 주원장의 맞상대였던 당대 최고의 거물 정객 정도전은 그렇게 죽었다. 정도전 이후 한반도에서 세계 황제에 맞섰던 인물이 누가 있었나? 이렇게 만주회복론자 정도전은 사대주의자 이방원에게 제거된다.

정도전의 죽음과 함께 한반도의 만주 회복 시도도 끝났다. 효종 정권에서 북벌론을 꿈꾸지만 그건 송시열의 정치적 쇼였다. 정도전의 죽음은 만주의 죽음이요, 진취적 기상의 죽음이요, 실용의 죽음이요, 역동성의 죽음을 뜻한다.

▌왕자의 난 – 책임총리 정도전 제거, 대통령 이성계 실각

이방원은 두 차례의 왕자의 난을 주도했다. 제1차 왕자의 난으로 이성계 정권의 대통령 당선자세자 방석과 책임총리 정도전을 죽이고 이성계를 실각시킨다1398. 이방원의 정권 탈취 쿠데타였다. 이 쿠데타 이후 방원은 둘째 형 방과정종를 바지사장으로 내세운다. 2차 왕자의 난은 정종 말년1400에 방원의 넷째형 방간이 왕권을 탈취하려 하자 방원이 이를 진압한 것이다.

요약하면 1차 왕자의 난은 이복형제간 싸움으로 그 결과 이성계는 대통령 자리에서 물러나고 정종이 즉위했으며, 2차 왕자의 난은 친형제간 싸움이었고 그 결과 정종이 물러나고 방원이 대통령 자리에 오른다. 방원이 보위에 오른 나이 34세. 그야말로 연부역강年富力强한 나이였다. 정계에 입문한지 10여 년 만에 지존의 자리에 오른 것이다.

이성계는 첫 번째 부인에게서 6명의 아들을 두었고, 두 번째 부인에게서 2명의 아들을 두었는데, 차기 대통령세자으로 정실의 소생이 아닌, 두 번째 부인의 소생, 그것도 맨 막내인 열한 살 방석을 지명했다. 이를 주도한 것이 바로 집권 여당인 정도전당이다. '이성계 대통령 만들기'에 목숨을 걸었던 첫 번째 부인의 아들 여섯은 불만이 컸다. 방원 형제들은 완전히 '새된 것'이다. 특히 방원은 조선 개국의 최대 걸림돌인 정몽주를 목숨을 걸고 제거했을 뿐만 아니라 고비고비마다 견마지로犬馬之勞를 아끼지 않았는데, 자신은 공신에도 끼지 못하고 열한 살짜리 꼬마가 차기 대통령에 낙점됐다니, 돌아버리지 않을 수 없었다.

정도전은 왜 깜냥도 아닌 어린 방석을 차기 후보로 밀었을까? '재상의 나라'를 꿈꾸었던 정도전에게 대통령은 누가 되든지 중요하지 않았다. 아니, 방원처럼 머리 좋고 군사력도 있고 수완도 있고 성깔까지 있는 강골 대통령은, 신하의 입장에선 골치 아팠다. 자기가 어려서부터 직접 가르친 방석을 대통령에 앉히고 내각책임제로 나라를 운영하는 것이 그가 꿈꾸는 나라였다.

방과를 바지사장으로

1차 왕자의 난으로 차기 대통령인 방석이 살해당하고, 책임 총리였던 정도전도 죽자, 그 둘을 끔찍하게 아꼈던 이성계는 "정치에 신물을 느낀다"면서 대통령 자리에서 물러났다. 아니, 방원은 아버지 이성계를 대통령에서 물러나게 하고 상당 기간 동안 아버지를 감시했다. 이성계는 기회를 보다가 '조사의 난'을 배후조종하여 대통령 복귀를 꿈꾸었으나, 이미 아들 방원을 당해낼 수 없었다.

1차 왕자의 난 성공 이후 방원은 대통령 자리에 바로 오르지 않고 둘째형 방과를 내세웠다. 왜 방원은 바로 자신이 보위에 오르지 않고 형을 내세웠을까? 당연하다. 방원이 방석을 제거한 명분은, 순서 없이 막내가 그것도 정권 창출에 아무런 기여도 없는 이복동생이 차기 대통령으로 낙점된 것은 부당하다는 이유였다. 그리고 아버지 이성계를 눈멀게 한 그 배후 세력이 바로 정도전이라는 것이었다. 그런데 자신의 앞 순서가 빤히 살아 있는데 자신이 대통령 자리에 앉을 수 있겠나? 민심이 허락하질 않았을 것이다. 이처럼 정치란 때를 기다릴 줄 알아야 하는 것이다.

참고로 왕조 국가에서 왕과 세자의 관계는 일반 사가私家에서와 같은 부자관계가 아니다. 이들 관계는 대통령과 차기 대통령의 관계로 정치적인 관계다. 대통령과 차기 대통령의 관계가 원만한 관계라면 부드럽게 정권이 넘어가는 것이고, 그렇지 않으면 죽고 죽이는 것이다. 어떻게 형제끼리, 부자끼리 그럴 수 있나 생각할 거 없다. 지금도 중동의 왕조 국가에선 세자도 아니면서 주제넘게 왕권을 넘보는 왕자나 왕족은 정보기관에 의해 소리 없이 암살당한다. 현대, 두산, 한화, 동아제약, 녹십자 등등 자식들간, 부자간, 모자간에 돈 싸움하고 소송하는 것을 보라. 하물며 '지존의 권력' 앞에서야.

이방원의 책사, 하륜

이성계에게 정도전이 있었다면 이방원에게는 하륜이 있었다. 하륜은 정도전에 밀려 항상 2인자였다. 그러나 하륜 또한 정도전 못지않은 경세가. 일처리가 비상했고 빨랐다. 내가 좋아하는 스타일이다.

하륜은 탁월한 외교 협상가로서 조선 건국 이후 십여 년에 걸쳐 질질

끌던 '조선 개국에 대한 명나라의 승인 사인'을 받아온 인물이다. 친명국가인 조선조차도 명나라와의 관계 정상화에 십여 년이 걸렸는데 적대국가인 북한과 미국과의 관계는 얼마나 힘들겠는가? 이처럼 국가 간 관계 정상화는 어려운 것이다. 시간과 인내, 협상과 상황의 성숙이 필요한 것이다. 북미관계 정상화도 십수 년째 끌고 있지만, 이게 그렇게 오랜 시간이 아니라는 것이다. 한편 하륜은 전형적인 탐관오리여서 무수한 뇌물을 받아 지 배때기를 채웠고, 무수한 인사청탁에 개입했다. 정도전은 청빈했거늘, 역시 완벽한 사람은 없나 보다.

태평성대를 위한 악역 – 왕권을 반석 위에 올려놓은 이방원

이방원의 특징은 사람을 많이 죽였다는 것이다. 이방원은 공신을 우대했으나 그 공신 세력들이 분수를 모르고 나대면 가차 없이 처단했다. 방원은 왕권에 걸림이 된다면 그 누구든 가차 없이 처리했다. 자신의 처가도, 세자인 세종의 처가도 쑥대밭을 만들었다. 한 놈도 안 남기고 모조리 죽여 없앴다. 외척의 발호를 발본한 것이다. 이를 두고 천하의 못된 놈이라고 하는 '순박한' 사람도 있을 것이다.

정치인은 누구나 자신이 세종이 되려고 한다. 그러나 세종이 어느 순간 갑자기 하늘에서 뚝 떨어진 것이 아니다. 역사는 과거와 현재의 연속이다. 이비지 태종이 고려도 아니고 조선도 아니었던 어수선한 정국을 총대 메고 확실하게 정리했었기 때문에, 그리고 나라의 뼈대를 세우고 그 내용물을 단단하게 채워 넣어 세종에게 넘겨주었기 때문에, 그 반석 위에서 세종이 뜰 수 있었던 것이다. 태종은 기꺼이 그 역할을 떠맡았다.

노무현 대통령은 세종이 아니라 태종이 되었어야

나는 역사가 노무현 대통령에게 준 역할은 태종이었는데, 세종이 되려고 했기 때문에 실패했다고 본다. 노무현 대통령은 '자칭 보수 세력이라고 하는, 사실상 수구 세력인 한나라당 및 조중동'과의 전면전을 통해 그들을 정치적으로 제거했어야 함에도 불구하고, 대북송금특검, 민주당 해체, 한나라당과의 대연정, 한미 FTA 타결, 비정규직 합법화, 분양가 공개 거부, 법인세 인하, 한미 전략적 유연성 수용 등을 통해, 오히려 거꾸로 자신의 지지기반을 해체하고 '제거 대상 세력'과 연대에 나서는 치명적 오판을 저질렀다.

세종이 되는 것보다 더 어려운 것이 바로 태종이 되는 것이다. 누군들 손에 피 묻히고 싶겠나? 명나라 초대 대통령 주원장은 역사에 유례가 없을 정도로 많은 공신과 공직자를 1, 2차에 걸쳐 숙청했다. 1차 3만 명, 2차 1만 5천 명. 무려 4만 5천 명을 죽이고 왕권을 손자에게 물려줬다. 주원장은 백성에겐 한없이 관대했지만 공신에겐 두려움 그 자체였다. 그래서 명나라가 유럽을 능가하는 세계 제1의 강대국이 될 수 있었던 것이다. 우리나라도 과감하게 공직자를 쳐내며 자기 손에 피 묻히길 주저하지 않는 대통령이 나와야 한다. 그래야 나라가 제대로 선다.

태종의 악업, 서얼금고법과 숭명사대

태종은 조선 최고의 악법 서얼금고법을 만든다. 서얼 출신이면서 왕권과 자신을 위협한 정도전과 자신의 이복동생 방석에 대한 한 때문이었다. 이 때문에 조선은 인도를 능가하는 세계 제1의 악랄한 카스트 제도의 기반이 마련된다. 인도의 카스트 제도가 야만적이라고 생각하면서 정작 우리는 인도를 능가하는 세계 제1의 카스트 제도 국가였다는 것을 모르는 사람이 많다.

서얼허통이 인정되고 반상차별이 법적으로 철폐된 것은, 쪽팔리지만 1895년 갑오경장 때 '일본의 강요'에 의해서였다. 우리 스스로 카스트 제도를 해체한 게 아니란 것이다. 그리고 사실상 1970년대에 이르러야 국민의 의식 속에서도 철폐됐다고 할 수 있다. 이런 걸 두고 어떤 학자는 조선은 '개 같은 나라'라고도 한다. 동족을 노비로 팔고 산 나라는 전 세계 역사상 조선이 유일하기 때문이다. 그것도 수백 년을……

'글로벌 스탠다드'에 충실한 나라
– "모범적 유교 사회, 중국에 대한 확고한 충성 국가"

한편 조선은 아시아에서 가장 중국적이고, 가장 유교적이고, 가장 성리학적 가르침에 충실한 국가로 순치된다. 시간이 흐르면서 중국과 비교할 수 없는 극단적인 성리학적 수직 질서체계가 조선 사회에 뿌리내리기 시작한다. 그리고 명나라가 무슨 요구를 하든 묻지도 따지지도 않고 떠받드는 쓸개 빠진 사대국가로 자리매김한다. 저명한 중국 역사학자 존 페어뱅크는 조선을 "모범적 유교 사회, 중국에 대한 확고한 충성 국가"라고 규정했다. 오늘날은 안 그런가? 아시아에서 가장 미국적인 나라, 미국에 대한 확고한 충성 국가, '글로벌 스탠다드'에 가장 충실한 나라, 21세기판 성리학이라 할 수 있는 신자유주의 이념에 가장 충실한 나라, 아니 미국보다 훨씬 더 극단적 신자유주의 이념에 충실한 나라가 바로 대한민국이다. 존 페어뱅크가 대한민국사를 썼다면 아마 대한민국을 "모범적 신자유주의 사회"라고 규정하지 않았을까? 역사적 경험이 이만큼 무서운 것이다.

제 2 장
전성기

세종 이도(1397~1450) Ⅰ

온실의 천재 학자 겸 사대주의자

세종世宗. 태종 이방원의 3남. 휘는 도.
향년 54세(1397~1450년). 재위 1418~1450년까지 33년.
만 원권 지폐의 모델. 악역을 맡은 이방원의 기반 위에서
조선의 짧은 전성기를 구가했던 왕.

정치인이라기보다는 학자

세종 이도. 초딩도 다 아는 '국민 대통령'이다. 역사가 칭찬하는 대왕
大王이다. 위인전 단골 주인공이고 만 원권 지폐의 모델이기도 하다. 이도
를 보면 집안 좋고, 돈 많고, 학벌 좋고, 인품도 훌륭한 부모님 밑에서 자
라, 공부도 잘하고, 성격에 구김도 없고, 반듯하게 성장한 밤톨 같은 사
람이 떠오른다. 마치 안철수 같은. 안정적이다. 한 치의 어긋남이 없다.
매력은 없다. 부침도 있고 드라마틱해야 끌림도 있는 법. 이도는 그런 면
은 낙제다. 온실 속 화초다. 연애 상대가 아니라 혼인 상대다. 정치인이
라기보단 교수가 어울렸을 사람이다. 그래서인지 이도의 집권 중에는 재
밌는 사건도 별로 없다. 흥미로운 일은 역시 결단력 있는 방원이 만들어

102

낸다. 우리가 아는 세종 때는 태평성대이어야 하는데, 아쉽다. 좋은 얘긴 너무 많이 알려졌고 남은 건 안 좋은 얘기뿐이니.

▌군사권을 틀어쥔 전직 대통령 이방원

이방원은 1418년, 대통령 자리를 셋째 아들 이도에게 물려주고 상왕으로 물러난다. 이방원이 죽고 그 자리를 아들이 승계한 것이 아니라, 이방원이 멀쩡하게 살아 있으면서 대통령 자리를 넘긴 것이다. 그때 방원의 나이 52세였고 이도의 나이 22세였다.

방원이 장남 이제양녕대군를 폐한 것은 드라마에서 많이 봤으니 넘어가자. 방원은 임기 중 수차례에 걸쳐 선위 파동을 일으킨다. "대통령 못해먹겠다"고 한 것이다. 그때마다 "정~ 하기 싫으면 그만두세요~" 하고 말한 놈들의 모가지를 쳐냈다. 그렇다. 지존의 권력을 가진 자가 "그만두겠다"고 하는 말을 액면 그대로 받아들이는 건 순박한 것이다. 무슨 일이 있어도 "영도자는 각하밖에 없사옵니다~"를 외쳐야 하는 법이다. 그럴 리도 없지만 설령 정말 그만두더라도 그래야 하는 것이다. 그게 정치다. 정치인의 문법은 일반인의 문법과 다르다. 심오한 해석이 필요하다. 지입으로 못 해먹겠다고 하는 놈치고 그만두는 놈 있었나?

대통령 자리를 아들 도에게 물려주었으나 군사권만은 방원이 틀어쥐었다. 권력이 둘로 쏘개진 것이다. 권력이 둘로 쪼개질 수 있나? 그게 가능한가? 불가능하다. 지존은 하나여야 한다. 도의 대통령 취임식이 있은 지 보름 남짓, 일이 터진다. 이방원이 임명한 실세 국방부 차관병조참판 강상인이라는 자가, 이놈이 정세파악을 못하고 태종을 제쳐둔 채 세종에게 군사 문제를 보고하다가 태종의 칼바람을 불러온다.

방원은 자신의 심복 중 심복인 강상인을 눈 깜짝 안 하고 죽인다. 방원의 덫에 순진한 강상인이 걸려든 것이다. 정국은 싸하게 얼어붙는다. 모든 대신들이 납작 엎드렸다. 세종도 꼬리를 내렸다. 한 수 거들기까지 한다. "상왕 대통령 각하와 과인을 이간질하려는 놈이구나~" 하고 말이다.

세종의 장인을 죽인 이방원, 외척을 발본하다

대통령 자리는 넘겼으나 권력은 여전히 방원에게 있었다. 방원은 나아가 강상인과 통모했다는 혐의를 뒤집어 씌워 현직 대통령 세종의 장인 심온까지 죽였다. 세종의 장인 심온이 명나라에 사신으로 갈 때 환송객이 구름처럼 모이자 태종은 있지도 않은 죄를 뒤집어 씌워 가차 없이 죽인 것이다.

방원의 눈엔 심온이 제 분수 모르고 설쳐대는 것으로 보였다. "그냥 두었다가는 대통령도 흔들어 댈 놈이구나" 싶었다. 자신의 처갓집도 처남 넷을 죽여 쑥대밭을 만들어 버렸는데 사돈이야 뭐~. 이처럼 독재시대에 지지자를 구름처럼 몰고 다니는 것은 목숨을 내놓아야 하는 일이다. 방원의 이러한 태도를 욕할 일이 아니다. 세종은 방원이 총대 메고 악역을 맡은 덕에 누구도 넘볼 수 없는 강한 왕권을 기반으로 전성기를 구가할 수 있었다. 그러나 세종은 현직 대통령이면서도 자신의 장인조차 지켜줄 수 없었으니 마누라 보기 얼마나 낯 간지러웠을까. 세종의 인생도 고달팠을 것이다.

최고의 언어학자 세종의 한글 창제

세종의 최고 업적은 '한글 창제'와 '과학 강국 실현'이다. 알려진 대로 세종은 역사상 최고의 창조적 문화군주다. 그리고 조선 최고의 언어학자였다. 세종의 한글 창제는 그 하나로 불후의 업적이다. 모든 흠을 다 가린다. 그러나 정치적으로 우리글보다는 중국 글자를 빌려서 쓰는 것이 지체 높았던 시절이었고, 조선의 모든 공문서는 중국 글자한문로 작성하던 시절이었다. 한글이 대중적으로 쓰이게 된 것은 해방 이후다.

사대부들은 인쇄술이나 한글 개발이 못마땅했다. 왕이 쓸데없는 짓 한다고 흉봤다. 한글은 문자에 대한 그들의 독점권을 위협하고 그것은 양반의 특권을 위협하는 도구가 될 수 있기 때문이다. "몽고인, 여진인, 일본인, 티벳인 등만이 자기 문자가 있다. 이는 야만인들이나 하는 일이다. 야만인은 명나라의 방식을 채택해야만 야만을 벗어날 수 있다"는 것이 당시 양반사회의 주류 인식이었다. 지금의 잣대로 뼛속까지 사대주의자라고 이들을 욕하는 것은 쉽겠지만 그럴 일도 아니다. 이 당시 조선은 명나라의 안보 우산에 편입되어 유럽을 능가하는 최전성기로 들어가고 있었기 때문이다. 미국? 태어나기도 한참 전이다. 아마 그 당시 워싱턴은 늪지대였을 것이다. 사학계의 태두 이기백 교수의 글을 보자.

그러나 이 민족적 걸작은 불행히도 당시의 양반귀족들에게 환영을 받지 못하였다. 그것은 어려운 한문을 사용함으로써 그들의 학문적인 독점욕을 만족시킬 수 있었던 것이기 때문이다. 그러나, 세종은 일반 상민을 도덕적으로 교화시켜 **양반사회의 체제에 보다 잘 순응할 수 있도록 하기를 원하는 마음**이 있어서 이 한글 창제를 적극 추진하였던 것이다.

이기백著, 『한국사신론』, 216p, 일조각刊.

세종은 신분제 사회, 즉 카스트 제도를 안정시키기 위해 한글을 만든 것이다. 백성을 교화하고 세뇌시키려 해도 글자를 알아야 할 것 아니겠는가? 그러나 세종이 백성을 사랑했던 애민군주였음을 의심하진 않는다. 다만, 그도 뿌리깊은 유학자였기 때문에 분명 한계가 있었다.

세계 최고의 과학기술 입국 - 15세기의 에디슨 장영실

세종 정권하에서는 과학기술이 눈부시게 발전했다. 세종 이후의 왕들은 과학기술은 거들떠도 안 봤다. 세종이 대왕 대접을 받는 이유가 여기에 있다. 세종은 농업, 의학, 천문기상학, 인쇄술, 군사기술, 음악 등 국민의 실생활에 기여하고 국방력 강화를 꾀할 수 있는 분야에 획기적인 발전을 이루었다. 이 당시 조선의 과학기술은 세계 최고 수준이었다. 말 그대로 실용의 시대였다.

장영실은 귀화한 중국인과 관노비 사이에서 태어난 천출이다. 그런 그가 세종에게 발탁돼 세계 제1의 과학자가 됐다. 요즘 같으면 노벨상을 수상했을 것이다. 그는 15세기의 에디슨이었다.

오늘날 우리나라 전체 혼인 건수의 약 10%가 외국인과의 국제결혼이라고 한다. 그 결과 다문화가정이 급속도로 증가하고 있다. 동남아에서 우리나라로 시집와서 애 낳고 살고 있는 사람들을 국가가 나서 적극적으로 감싸안아야 한다. 중국, 파키스탄, 인도네시아, 인도, 미얀마, 베트남 애들 중 기특한 재주 있는 애들이 많다. 국리민복國利民福에 크게 기여할 제2의 장영실이 나올 것이다.

사대事大를 팔아 평화를 산 태종과 세종
– 사대는 좋을 수도, 나쁠 수도 있다

방원은 사대事大를 팔아 평화를 샀다. 그 평화를 기반으로 창조적 천재 학자 세종의 집념이 획기적인 과학기술의 발전을 가져왔고, 조선은 명나라 다음으로 세계 제2위 강대국이 된다. 세종 정권 당시 조명관계는 아마 지금의 미일관계라고나 할까?

여기서 잠깐, 사대를 어떻게 봐야 하나? 나쁜가? 세종 이도는 아버지 방원을 능가하는 사대주의자였다. 온실에서 자란 고분고분한 도련님 스타일이다. 명나라를 거부할 생각은 꿈에도 못했다. 태종과 세종의 사대는 정도전의 자주적 사대와 달랐다.

태종과 세종의 사대란, 일방적으로 정 주고 마음 주고 눈물도 주고 무조건 다 퍼주고 간 쓸개까지 내주는 것이었다. 방원은 국내 정치에서는 그렇게 칼날을 휘둘렀지만 명나라에만큼은 그야말로 알아서 기었다. 고려 말 공민왕의 기개는 온데간데 없어졌다. 요즘말로 민족적 자존심까지 다 내주었다.

이런 태종, 세종식 사대가 나쁜가? 내 결론은 "일률적으로 말할 수 없다"는 것이다. 감정적으로 좋다 나쁘다고 말할 성질이 아니다. 똑같이 명나라를 신주단지 모시듯 모시고 살았던 사대지만 세종은 평화를 사서 과학기술 발전에 매진했다. 세계 세2위 국가가 됐다. 반면 조선 중후기엔 아주 골로 갔다. 사대를 팔아서 산 평화를 "어떻게 운용하느냐"의 문제이지 사대가 무조건 나쁘다고 또는 좋다고 할 수는 없는 것 아닐까.

한반도는 고려 후기 100년간 전쟁의 시기였다원나라, 홍건적, 왜구의 침입. 연평도에 포탄 한 방 떨어져도 한반도가 멈추는데, 한 해 걸러 전쟁이 터지면 그 사회가 온전하게 존속할 수 있겠는가? 조선의 명나라 사대는 자발적이었지만 그 사대 결과 장기간 전쟁이 억제되고 평화를 누릴 수 있었다. 물론 우리 성질로는 수용하기 참 어렵지만 힘없으면 사대라도 해서 나라를 보위해야 할 것 아닌가. 다만, 적당히 해야 한다. 모든 게 과유불급이다. 국제정세상 40~50년 사대야 할 수 있다지만, 몇백 년 사대는 나라를 골로 보내는 지름길이다. 중기 이후에 조선은 개판이 되지 않나?

결과적으로 세종의 명나라에 대한 '정 주고 마음 주는' 눈물겨운 사대는 조선을 명나라의 안보 우산에 편입시킬 수 있었고 조선 양반 사회의 안정을 가져왔다. 일반 백성은? 명나라에 갖다 바칠 공물 마련하느라 빼빼 이쳤다.

세종 이도(1397~1450) II

쇄국의 시작

영락제의 요구를 다 들어준 세종

세종은 명나라 제3대 대통령 영락제의 요구를 다 들어 주었다. 고려 말처럼 처녀도 보냈고, 환관도 보냈다. 말도 수만 필을 갖다 바쳤고, 원 나라 잔당과의 전쟁비용도 분담했다. 왜 남의 나라 전쟁비용 분담해 주 냐고? 지금도 그렇지 않나?

DJ도 부시가 하노 한반도 전쟁을 위협하는 바람에 수조 원어치 F15 전투기를 사주지 않았나? 미국의 아프간전쟁에 우리나라도 파병하지 않 나? 이게 현대판 '공물 진상'이고, '전쟁 비용' 대주는 거다. 다 그런 거 다. 그러고 보면 왕권에 대한 간섭만 덜할 뿐이지, 그 외엔 고려 말과 딱 히 다를 것도 없었다. 종주국만 '원나라 → 명나라'로 바뀐 것이다. 이놈의 길고도 긴 사대 인생이여.

조선 여인을 사랑한 명나라 황제들과 조선인 출신 환관

명나라 3대 대통령 영락제는 조선 여자를 좋아했다. 그래서 조선 여자 중에 세계 최강 명나라 대통령 영락제의 마누라가 된 여자가 있는데, 바로 '한 씨' 다. 영락제를 이은 성덕제 또한 조선 여자를 좋아했다. 운명의 장난인지, 성덕제의 아내가 된 여자는 바로 '영락제의 아내 한 씨의 여동생 한 씨' 였다. 자매 둘이 세계 최강 명나라 대통령의 아내가 된 것이다. 이들 덕에 출세한 사람은 이들 '한 씨 시스터즈'의 친오빠 '한확'이다. 한확은 여동생 둘을 명나라의 영부인으로 만들었고, 자기 딸은 세조이유의 장남 의경세자와 혼인시켜 이혈을 낳으니, 그가 후일 조선의 9대 대통령 성종이혈이 된다.

명나라의 요구에 의해 내시로 보내진 어린 조선인들이 하는 짓은 고려 때와 크게 다를 바 없었다. 후일 성장한 후 명나라 사신으로 조선에 와서 엄청 배때기 채운다. 조선에 남아 있는 친척들 다 취직도 시켜주고, 아파트 몇 채씩 챙겼다고 보면 된다. 명나라는 조선 사정에 밝은 이들 조선 출신 환관을 조선에 사신으로 파견하여, 조선 고위 정치인들과 술자리를 통해 내정을 염탐하고 물자, 처녀, 내시를 징발해 갔으며 조선이 여진과 통모通謀하는 것을 견제했다. 조선의 어린 아이들을 내시로 끌고 가 요긴하게 써먹은 것이다.

칙사의 즐거운 조선 여행길

칙사 대접 받는다는 말이 있다. 극진하고 융숭한 대접을 받았을 때 관용적으로 사용하는 말이다. 중국의 칙사나 환관이 조선을 방문했을 때, 조선에서 했던 대접이 바로 칙사 대접이다. 구대열의 글을 보자.

중국은 또 조공제도의 형식성이 가지는 "의례와 의식"을 강요하여 중국의 우월적 지위를 끊임없이 상기시킨다. 이것은 조선 등의 약소국에게는 물질적인 부담만이 아니라 엄청난 정신적 압박과 굴욕감을 주는 것이었다. 조선시대 중국과 일본 등과의 외교 통상관계를 기록한 '통문관지通文館志'는 중국 사신의 하인들까지 폐단을 끼치는 사례들을 기록하고 있다. 조선 사신의 북경까지의 여정과 북경에서 천자를 알현하는 의식이나, **칙사勅使라는 중국 사신을 맞는 행사기록은 평등에 기초한 오늘날의 국제정치에 익숙한 독자들은 도저히 읽을 수 없을 정도**이다. 중국 사신은 서울로 오는 행로에서 도사의 연향, 압록강의 영칙, 의주의 연향 등 연속적으로 환영연을 받았고, 서울에서도 항연과 의례를 통해서 **조선의 재정적 부담은 물론 국가의 자존심을 짓밟는다.** 칙사가 서울에 들어오는 날짜에 맞추어 예행연습을 세 번이나 하고 …… 사신이 칙서를 받들어 안案에 두면 음악이 연주되며, 전하는 4배례를 했다. 백관들도 같이 한다. **중국 황제가 보낸 "종이쪽지"에 대고 조선의 왕은 4번 절한다는 것이다**4배례. **백관들도 같이 했다.** 구대열著, 「삼국통일의 정치학」, 73p, 까치刊.

오늘날은 안 그럴까? 클린턴이나 부시, 키신저 등 전직 거물 정치인이 방한하면 청와대에서 잔치 한 번하고, 전경련에서 잔치 한 번 하고, 미 대학 한국인 동문회장주로 재벌 총수다이 잔치 한 번 하고, 끝이 없다. 그들에게는 '즐거운 여행' 길인 것이다.

세종 정권은 태평성대였다. 그러나 여기의 태평성대란 1% 사대부들만의 태평성대를 의미한다. 1970년대 박정희에 의해 밥 굶는 것 면하기 전까진, 어떤 정권이 집권하든 백성들의 삶은 그게 그거였다. 특히 명에 대한 지나친 사대 때문에 공물을 갖다 바치느라 국민은 눈물나게 고생했다. 그 외에도 북방개척에 따른 사민정책강제이주정책, 실패한 화폐 유통, 수령 고소금지법 등이 백성들을 쥐어짜는 일이었다.

방원의 대마도 정벌 – 쇄국의 시작

한편 이방원은 대마도 정벌에 나섰다. 왜구의 노략질이 심해지는 문제가 생겼는데, 세종이 갈팡질팡하자 방원이 나섰다. 태종은 과감하게 대마도로 쳐들어가서 싹 쓸어버렸다1419. 이렇듯 세종 때 '이종무'의 대마도 정벌은 사실 태종이 한 일이다. 누구도 왕권에 대들지 못하도록 다 싹쓸이 하고 방원은 1422년 눈을 감는다.

이방원의 쓰시마 정벌은 단순히 노략질하는 근거지를 소탕했다는 의미가 아니다. 이는 조선의 쇄국을 의미한다. 이러한 태종 이방원의 확고한 쇄국적 무역정책이 이후 조선의 대외 무역정책으로 굳어진다.

계해약조와 국가정보 노출

방원이 대마도를 정벌한 후 세종은 일본과의 교역을 끊었다1419. 그러나 대마도주가 여러 차례 사신을 보내 사과를 해오자 교역을 다시 허락한다. 즉 부산포, 내이포진해, 염포울산 등 삼포를 개항, 거주할 수 있는 일본인 수를 각각 60명으로 제한하고, 일본인의 왕래와 무역을 허락했다1426. 무역을 차단하면 왜구들의 침범이 끊이지 않을 것을 우려했기 때문이다. 문제는 일본과 교역만 하면 조선이 손해를 보는 것이었다. 즉 쌀과 면포의 유출이 속절없이 증가하자 세종은 일본이 조선에 1년 동안 파견할 수 있는 세견선과 쌀 유출의 상한선을 각각 50척과 200섬으로 제한하였다. 자유무역의 폐해로 인해 보호무역을 시도한 것이다. 이를 계해약조라 한다1443.

계해약조의 문제점은, 계해약조 이후 쪽발이들이 서울로 진입하는 것을 허락했다는 점이다. 물론 조선 정부는 이때 쪽발이들이 서울로 올 수 있는 길을 지정했다. 이는 조선의 지형과 군사시설을 보호하기 위함이었으나, 그래도 쪽발이들은 조선 정부가 지정한 길을 통해 조선의 지형 지물을 파악하고 군사시설을 파악했다. 이렇게 150년이 흐른 1592년, 이 길을 통해 쪽발이들이 조선을 침공했다임진왜란. 반면 조선 정부는 한반도에서 일본 수도로 통하는 길을 파악하고 연구했을까? 조선은 세종 때 신숙주가 일본을 다녀온 뒤로 임진왜란을 당할 때까지 무려 150여 년을 일본에 사신을 보낸 적이 없다. 나라 꼴이 어찌됐겠나. 임진왜란이 끝나고 나서야 조선은 일본 사신의 서울 입성을 금지한다.

조선의 이러한 제한무역 조치에 반발하여 일본은 끊임없이 도발을 감행한다. 후술하겠지만 중종 때 삼포왜란1510, 명종 때 을묘왜변1555이 그것이고, 이 연장선에서 임진왜란이 발생한다1592. 일본이 도발을 할 때 마다 조신은 너욱 강한 쇄국으로 대응한다. 쇄국은 흥선대원군 이하응이 한 것이 아니라, 조선 초기부터의 일관된 대외정책이었다. 그러니 조선이 흥선대원군의 쇄국으로 망했다는 무식한 얘기는 하지 않는 것이 좋다후술.

아들들을 정계에 입문시킨 세종

태종과 달리 세종은 자식들에게 능력 발휘의 기회를 주었다. 그러나 왕자들에게 능력 발휘의 기회를 주었다는 것은 필연적으로 정치 세력화의 초래를 의미한다. 왕자들이 누군가? '차기 대통령 후보들' 아닌가? 문제는 아들들이 한결같이 다 잘났다는데 있었다문종, 수양대군, 안평대군, 임영대군 등등.

더 큰 문제는 세종은 아들들에게 능력발휘의 기회를 부여, 정치 세력화를 초래해 놓고, 후계자 정리를 해주지 않은 상태에서 죽었다는 점이다. 오늘날과 같이 정치인들이 국민에게 표를 호소하여 다수표를 획득하는 자가 승리하는 '민주주의 시스템'이 아닌 왕조국가에서, 대권후보가 여러 명이 된다는 것은? 그렇다. 한 놈만 남을 때까지 다 죽어야 한다는 것을 의미한다.

조선의 최전성기 - 세계 2대 강국 조선

세종이 죽은 것이 1450년, 당시 조선은 세계 최강대국 중 하나였다. 천문학, 기상학, 수학, 농학, 군사기술, 의학, 음악 등 각종 실용학문이 세계 최고 수준으로 발전했다. 세계적 언어학자였던 세종은, 세계 언어학 사상 가장 과학적 문자인 한글을 창제했다. 나아가 조선은 세계 최초로 활자를 가장 광범위하게 상용하는 국가가 됐다. 비록 한때지만 우리도 이렇게 잘나가던 시절이 있었다.

그러나 불과 50년 후 성종 말~연산군약 1500년경부터 조선은 주저앉기 시작한다. 그리고 그로부터 약 90여 년 후1592 임진왜란으로 조선은 '나라도 아니었음'이 확인된다. 불과 50년 만에 나라가 주저앉을 수 있나?

있다. 충분히 가능한 것이다. 우리는 1950년대 세계 최빈국에서 불과 50여 년 만에 세계 10대 경제 강국이 되지 않았나?

그래서 지도자가 중요하고 국민의 의식이 중요한 것이다. 불과 30년 전만 해도 세계는 '소련과 미국'이 양분했다. 소련이 무너지고, 100년은 갈 것 같았던 '미국 독주 체제'는 불과 15년 만에 끝났다. 2008년 월가가 무너지면서 드디어 '중국과 미국'의 2강 패권시대가 열렸다개인적으론 미국의 '제국으로서의 미래'를 어둡게 보고 있다. 그리고 '유럽연합'이 흔들리고 있다. 국민들은 먹고 살기 바빠서 느끼지 못할 뿐, 세계는 지금도 숨가쁘게 변하고 있다.

세종은 평생을 비만과 당뇨에 시달렸다.

문종 이향(1414~1452)

세종의 국화빵

문종文宗. 세종의 장남. 휘는 향.
향년 39세(1414~1452년). 재위 1450~1452년까지 3년.
단종의 아버지이자, 단종을 죽인 세조의 친형.

정치인의 덕목
– 불굴의 정치철학 + 미래에 대한 통찰력 + 정치적 힘과 법을 적
절하게 운용하는 노회함 + 사람을 빨아들이는 능력

문종 이향. 세종의 장남. 아버지 세종을 닮아 똑똑하고 공부 잘하고 어질고 어긋남이 없었다. 그에 대하여는 "나약했다 또는 단명했다"는 평가가 많다.

나는 문종이 "나약했다"기보다는 세종과 마찬가지로 정치인으로서는 적합하지 않았던 사람, 정치하기엔 너무 착했던 사람이라고 보는 것이 맞다고 생각한다. 문종은 39세에 죽었다. 당시 평균 수명을 감안하면 문종은 그리 단명하지 않았다. 그러나 문종은 대통령 당선자로 29년을 보내고 정작 대통령 노릇은 2년 3개월밖에 못했다. 전형적인 2인자 인생이었다.

반면 성종은 38세에 죽었는데, 13세에 보위에 올라 25년을 대통령 노릇했다. 12년 대통령 노릇하다 31세에 죽은 연산군도 있다. 비슷한 나이에 죽었는데 누구는 단명한 것처럼, 누구는 장수한 것처럼 느껴지는 것도 역사의 착시다.

착하고, 공부 잘하고, 거짓말 못하고, 남에게 절대 해 못 끼치고, 누가 보든 안 보든 바른 생활하고……. 이런 사람들은 내가 생각하는 이상적인 정치인이 아니다. 이런 사람이 정치를 하면 정치가 잘될 것 같지만, 세상은 그리 간단하지 않다. 우리는 이런 사람을 그냥 '착하고 좋은 사람'이라고 한다. 그렇다면 이상적인 정치인은? 나도 이 부분은 아직 명확히 정리되지 않았다. 그래도 어설픈 대로 대충 열거해 보자면 다음과 같다.

확고한 정치철학이념, 목표를 향해 바위처럼 흔들리지 않고 달려가는 뚝심, 정치적 위기를 피하지 않고 정면 돌파하는 결단력과 용기, 미래에 대한 통찰력, 법과 정치적 힘을 적절하게 운용할 수 있는 노회함, 사람을 파악하는 능력 그리고 그 사람을 자기 사람으로 끌어들이는 능력 등등을 열거할 수 있다. 그리고 무엇보다도 운명이 나를 가로막는다면 그 운명마저 베고 나가겠다는 '결기'가 있어야 한다.

정치는 세력이 있어야 가능하다

이들 덕목 중 인성의 측면에서 봤을 때 으뜸인 덕목은 '사람을 잘 파악하고 자기 사람으로 빨아들일 수 있는 능력'이다. 세력 없이는 아무것도 할 수 없는 게 정치다. 그래서 '정치는 곧 사람'이라고 할 수 있다. 정치인에게는 공부 잘하는 능력보다는, 그런 문일지십閒—知+의 능력을 가진 자를 자기 휘하에 품을 수 있는 능력이 필요하다. 정치에서 공부 잘하는 재주는 한낱 계명구도의 재주에 지나지 않는다.

DJ와 YS를 보라. 당대의 지사와 협객을 다 자기 수하에 두었었다. 이들 수하에서 수백 명의 국회의원, 총리, 장차관이 나왔다. 그래서 그들이 지도자가 될 수 있었던 것이다. 이들에게 맞섰던 '공부의 달인'들도 많았다. 박찬종, 박철언, 이회창 등이 그들이다. 그런데 왜 안 됐을까? 이들에겐 자기 사람이 없었기 때문이다. 정치는 '지도자, 세력, 명분'이 융합된 종합예술이다. 오케스트라다. 혼자 할 수 없다.

세종에 의해 만들어진 대통령, 문종

사실 문종 이향은 아버지 세종이 작심하고 만들고 빚은 '준비된 대통령'이었다. 이향은 8세에 세자에 등극, 무려 29년을 대통령 당선자로 지냈다. 그는 인품이 관대하고, 공부를 무지 좋아했을 뿐만 아니라, 세계 최초의 정량적 강우량 측정기인 '측우기'를 발명할 정도로 천문학과 산술에 뛰어난 능력을 보였고, 국방 무기 전문가이기도 했다. 이렇듯 문종은 '세종의 국화빵'이었다.

앞에서도 언급했지만, 개인적으로 이향이 정치인이나 대통령으로서 적합했는지는 의문이다. 그의 동생 이유수양대군, 훗날 세조나 이용안평대군이 정치인으로서는 더 낫지 않았나 싶다. 사실 이향은 나쁘게 평가하자면, 아버지 세종을 닮아 책 좋아하고, 공부 잘하고, 과학적 재능이 뛰어난 '샌님 학자'에 불과했다.

그런데 세종은 왜 정치인으로서 더 뛰어난 자질을 가진 수양, 안평, 임영대군 등 잘난 자식을 두고 장남 이향에게 집착했을까? 조선은 건국이후 세종까지 단 한 번도 장남이 대통령 자리를 계승한 사례가 없었다. 유교를 국가이념으로 떠받드는 나라에서 있을 수 없는 일이 계속된 것이다. 세종은 이 비극을 자신이 바로 잡겠다고 작심을 하고, 문종을 일찌감치 차기 후보로 낙점했다. 게다가 이향은 공부도 잘했고 어긋남이 없었다. 세종은 애초부터 장남 이향 외에 다른 자식들은 아예 대통령 후보로 생각하지도 않았다. 이 점이 태종과 세종의 차이다. 태종은 자신의 장남 양녕이제이 깜이 아니라고 판단하고 셋째 충녕세종을 차기 대통령으로 전광석화같이 과감하게 임명했다. 태종이 현실적이었다면, 세종은 관념적이었다.

다른 아들들의 정치 세력화를 방조했던 세종

문제는 그 다음이다. 세종이 맏아들 이향을 차기 대통령 후보로 낙점했으면, 향에게 힘을 실어주어 왕권을 단단히 했어야 했다. 다른 아들들이 꿈에라도 언감생심 대통령 생각을 하지 못하도록 싹을 잘라 놓았어야 했다. 그래야 정권이 안정되지 않겠는가? 차기 대통령인 향에게 개길 것 같은 싹수 노란 놈은 머리를 깎아서 중을 만들어 놓든지, 그들의 수족을 잡아들여 3족을 멸하든지 했어야 했다.

그런데 세종은 다른 자식들도 같은 자식이라서 그랬을까? 아니면 세종 자신이 형들양녕대군, 효녕대군에게 극진했으므로, 자기 자식들도 그럴 거라고 믿어서였을까? 세종은 맏아들 이향의 동생들에게도 일정한 임무를 부여하였고, 이는 필연적으로 정치 세력화를 초래하였다. 즉 세종 말년 국내 정치는 이향에게 맡기고, 사적인 심부름은 둘째 아들 수양대군과 셋째 아들 안평대군에게 시킨 것이다. 자연히 수양과 안평도 정치 세력화 됐다.

태종의 카리스마 위에서 꽃을 피운 세종과 문종

세종이 아버지 태종의 카리스마 아래서 꽃을 피웠다면, 문종은 세종의 연장선에 지나지 않았다. 실제 세종 말년 10여 년은 문종의 치세였다. 세종은 30대부터 각종 질병에 시달렸고, 말년 10여 년은 정사를 보기 힘들 정도로 몸이 맛이 갔다. 세종은 그렇게 열심히 했다. 몸이 말을 듣지 않자 대통령 당선자인 세자 이향이 통치했다. 세종과 문종의 치세는 한 덩어리로 평가해야 한다. 세종은 태평성대였고, 문종은 나약했다고 말하는 것은 맞지 않다.

문종은 즉위한 지 불과 2년 남짓만에 죽는다. 세종과 문종의 미숙한 정치적 판단 때문에 왕실의 피바람은 예고됐다. 세자 이홍위가 있지만, 겨우 열두 살. 문제는 홍위를 지켜줄 직계존속이 아무도 남아 있지 않다는 점이다. 홍위의 아버지 문종도 죽었고, 엄마는 자기를 낳다가 죽었고, 할아버지 세종도 죽었고, 할머니세종의 아내 소헌왕후도 죽었고……. 남은 건 '잘난 숙부삼촌'들밖에 없었다. 삼촌들을 정리해 주지 않고 죽은 할아버지 세종을 원망해야 할까, 신하들이 자식을 지켜줄 거라 믿은 아버지 문종을 원망해야 할까? 아니면 왕가의 적손으로 태어난 자신의 운명을 원망해야 할까?

단종 이홍위(1441~1457)

못다 핀 꽃 한 송이

단종端宗. 세종의 손자이자 문종(이향)의 외아들. 휘는 홍위.
향년 17세(1441~1457년). 재위 1452~1455년까지 3년.
1929년 이광수의 〈동아일보〉 장편 연재소설 『단종애사端宗哀史』의 주인공.
1956년 영화배우 엄앵란의 데뷔작 〈단종애사〉의 모델.

▌한 치 앞을 알 수 없는 인생

세종은 자신이 살아 있을 때 세자로 장남 이향을 임명했고, 이향은 28
세에 이홍위를 낳았다. 세종의 입장에선 왕세손端宗까지 본 것이다. 세종
은 장손자인 홍위를 끔찍이 아끼고 사랑하다 홍위가 열 살이 되는 해에
죽었다. 아마 세종은 세자도 임명했고 왕세손까지 봤으니, 이만하면 종
묘사직과 조상들에게 부끄럽지 않은 왕실을 만들었다고 자부하면서 눈
을 감았을 것이다.

그러나 인생이 어디 뜻대로만 굴러가던가? 인생은 한 치 앞을 내다볼
수 없는 법. 자신이 죽은 후 불과 수년 만에 왕실에 피바람이 불 줄 누가
알았겠는가? 세종도 몰랐을 것이다.

세종이 승하한 것이 1450년. 이후 문종, 단종을 거쳐 세조가 대통령에 공식 취임한 것이 1455년. 불과 5년여 만에 왕실 질서는 아수라장이 됐다. 공식적으로 그렇단 얘기고, 세조 이유가 쿠데타로 사실상 실권을 쥔 것은 1453년이니, 세종이 죽은 지 '겨우' 3년 만의 일이다.

권력 기반이 취약한 단종 정권

할아버지 세종과 아버지 문종을 닮아 총명했던 것으로 알려진 단종은, 열두 살에 권력 기반도 없이 지존의 자리에 떠밀려 올려진다. 하지만 주변엔 단종을 지켜 줄 직계존속이 아무도 남아 있지 않았다.

권력 기반 없이 정권을 잡으면 어떻게 될까? 재빨리 자기 권력 기반을 구축하지 않으면 생명이 위태로워진다. 그러나 단종은 권력 기반 다지기를 뒷받침할 만한 '정치 세력'이 없었다. 그렇다면 속세를 떠나든지, 죽임을 당하든지 둘뿐이다. 비정한가? 그게 정치다.

의문이 든다. 권력 기반 없이 정권을 잡는다는 것이 가능한가? 원칙적으로 불가능하지만, 역사에선 종종 그런 일이 발생한다. 역사의 버그다. 때론 떠밀려서, 때론 선거혁명이라는 이름으로 일어난다. 1979년 12월 최규하는 아무런 권력 기반 없이 떠밀려 권좌에 올려졌다. 최규하에게는 매우 위험하고 살얼음판과도 같은 하루하루였다. 보신을 하든지 아니면 권력투쟁에 목숨을 걸든지. 최규하는 보신을 택했다. 전두환에게 순순히 물러나지 않았다면? 누구 하나가 죽었겠지. 정치는 그런거다.

그렇다면 선거혁명에 의해 정권을 잡는 것은 기반이 없는 것인가? 이 경우 권력 기반이 없다고 할 수는 없지만, 그 기반이 매우 취약한 것은 사실이다. 역사 속의 국민은 위대하지만, 현실 속 개별 구체적 국민은 나약하고 무지하며 단기 이익에 집착한다. 국민은 수백 년을 놓고 볼 때는 위대하지만, 1년, 3년, 5년, 10년 등 단기를 놓고 보면 도저히 종잡을 수 없는 존재다.

2004년 '열린우리당'에게 몰표를 줬던 국민도, 2007년 'MB'에게 몰표를 줬던 국민도, 2008년 4월 총선에서 '한나라당'에 몰표를 준 국민도, 2010년 6월 지방선거에서 '반反MB'에 몰표를 준 국민도, 2010년 7월 보궐선거에서 '한나라당'에 승리를 안겨 준 국민도, 모두 똑같은 우리 국민이다. 좀 더 소급하면 독재 정권의 유신헌법에 압도적 몰표를 줬던 국민도 우리 국민이요, 1987년 민주화된 헌법 개정에 압도적 몰표를 줬던 국민도 우리 국민이다. 극과 극을 널뛰기하며 변덕이 죽 끓듯 한다. 나이가 들면서 고전의 위력을 새삼 실감하는 책이 있는데, 바로 『군주론』이다. 그 일부를 인용한다.

> 서민층의 지지를 얻는 방법은 주어진 여건에 따라 매우 다양하면서도 거기에는 일정한 법칙도 없다. 서민층에 권력 기반을 두는 것은 모래 위에 집을 짓는 것과 같다는 속담은 틀린 말이 아니다. 마키아벨리著, 이동진 譯, 『군주론』, 42p, 해누리刊.

열두 살 단종과 열세 살 성종의 차이

노무현 대통령은 한술 더 떠서 자신의 권력 기반민주당을 아예 해체해 버렸다. 노무현 대통령은 지존의 권력을 가진 자신이 권력 기반을 스스로 해체하고 다 내놓으면 상대도 이에 화답하여 대한민국의 정치 수준이 순식간에 업그레이드될 것이라고 믿었을 것이다. 그렇게 되면 선진국처럼 점잖은 '대화와 토론을 통한 상생의 정치'도 이룰 수 있을 것이라 믿었을 것이다. 그러나 그의 생각은 낭만적이고 순진했다. 권력은 쟁취하는 것이지 나누는 것이 아니다. 또한 정치는 경제와 달리 압축성장이 불가능한 영역이다. 민주주의는 피를 먹고 자란다고 하지 않던가? 그래서 권력도 써 본 놈이 더 잘 쓰는 모양이다. 한나라당과 MB를 보라. 아무리 '멘탈 甲'이라지만, 얼굴에 철판 깔고 낙하산 투입하지 않는가?

열두 살에 대통령이 된 단종은 왜 2년도 안 돼 실각하고, 열세 살에 대통령에 오른 성종은 왜 25년을 재위하고 천수를 누렸겠는가? 이 둘의 차이가 무엇인가? 바로 권력 기반의 유무다. 단종이 나이가 어려서 쫓겨나고 죽은 게 아니다. 권력 기반이 없었기 때문이다. 참여정부는 그나마도 취약한 권력 기반을 스스로 해체했으니 개혁의 동력을 유지할 수나 있었겠나? 광해군 편에서 자세히 다루겠지만 소수 여당의 분열은 정치적 몰락을 의미하는 것임을 역사가 실증하고 있다.

▌이유의 쿠데타

단종은 아버지 문종이 죽은 1452년 5월에 대통령에 취임, 불과 1년 5개월만인 1453년 10월 삼촌 수양대군의 쿠데타에 의해 실각한다. 물론 쿠데타가 혼자되는 것은 아니다. 권력과 돈 주변엔 온갖 잡놈들이 있기 마련이다. 대부분의 교양 역사서에는 이렇게 적혀있다.

세종은 자신의 병이 악화되어 그리 오래 살지 못할 것을 예감하고 있었으며, 몸이 약한 아들 문종 역시 오래 살지는 못할 것이라는 생각 때문에 늘 어린 단종을 몹시 걱정했다. 문종마저 일찍 죽고 나면 **야심으로**

가득 찬 둘째 아들 수양대군을 비롯한 혈기왕성한 여러 대군 사이에서 어린 손자가 아무 탈 없이 잘 살아갈 수 있을지 걱정되었던 것이다. 그래서 **생전에 집현전 학자인 황보인, 김종서, 성삼문, 박팽년, 신숙주, 정인지 등에게 왕세손을 지켜줄 것을 부탁**하였다.

아무 생각 없이 쭈욱 따라 읽다보면 "아~ 역시 세종은 위대한 왕이야. 미래를 다 예측하고 있었구나" 하고 생각하겠지만, 웃기는 얘기다. 부처님 가운데 토막 같은 얘기다. 심하게 말하면 "이 양반이 지금 제 정신인가?" 싶다.

아니, 자기 친손자_{단종} 걱정을, 정계를 주름잡고 있는 유력 정치인인 자기 친아들들_{수양대군, 안평대군, 임영대군, 금성대군 등등}을 모두 제치고, 피 한 방울 섞이지 않은 남한테 부탁하면 그게 해결되나? 이게 말이 되나? 더군다나 혈연 사회, 신분제 사회, 왕조국가에서? 게다가 재임 기간 내내 아들들을 정계에 입문시켜 정치 세력화를 방치한 게 바로 세종 자신 아니던가? 한마디로 세종이나 문종이나 '답답한 인사들'이었다. 아무리 신하들이 자기에게 충성했다 한들, 그거야 자기가 두 눈 시퍼렇게 뜨고 있을 때 얘기다. 관료들의 처신을 모르는가? 한 다리가 천리인데, 피 한 방울 안 섞인 신하들이 잘도 지켜 주겠다. 세종의 부탁을 받은 관료들 중 후일 배신자가 수두룩하게 나오지 않았던가?

그렇게 친손자가 걱정됐으면 생전에 '안기부_{의금부}' 동원해서 아들들의 정치 세력화를 확실하게 막아 놓든지, '머리 깎아서' 중을 만들어 놓든지, 그게 아니고 아들들의 정치 세력화를 묵인했으면 차라리 그 아들 중 한 놈에게 대통령 자리를 물려 주고, 맏손자는 천수를 누릴 수 있게 하든지 했어야 하지 않을까?

이런 면에서 볼 때, 세종은 정치력에선 아버지 이방원의 발끝에도 미치지 못했다. 미숙했다. 태종의 칼바람 덕에 아들 세종과 손자 문종은 편하게 대통령 노릇했다면, 세종과 문종의 정치력 미숙으로 세종의 손자이자 문종의 아들 단종은 꽃도 피워보지 못하고 그렇게 죽는다.

단종애사와 대수양

단종과 수양대군을 소재로 한 역사소설이 있다. 하나는 이광수의 『단종애사』이고, 다른 하나는 김동인의 『대수양』이다. 김동인의 『대수양』은 정사적 자료에 근거하기보다는 야사적 자료를 재구성하여 소설화했으며, 수양대군의 정치적 역량을 높이 평가한 반면, 이광수의 『단종애사』는 단종의 정통성을 강조하고, 수양이 왕위를 찬탈한 것으로 보아 그를 부정적으로 묘사했다. 이처럼 역사는 개인의 가치관이나 이념 또는 정파적 입장에 따라 그 해석이 구구하기 마련이다. 남한에선 삼국통일을 '신라'가 했다고 가르치고, 북한에선 '고구려'가 했다고 가르치지 않던가? 분명 팩트는 하나일 텐데 말이다. 객관적 역사? 과연 이것이 가능할까? 그래서 17세기 프랑스의 신학자 보쉬에Jacques-Benigne Bossuet는 "역사는 지배자의 학문이고 세뇌의 학문"이라고 했나 보다. 세종과 사돈이었던 사육신 박팽년의 단종을 그리는 시 한 수 남긴다.

가마귀 눈비 마자 희는 듯 검노매라.
야광명월夜光明月이 밤인들 어두오랴.
님 향한 일편단심이야 가실 줄이 이시랴.

해설

까마귀가 눈을 맞아서 흰 것처럼 보이지만 내 눈엔 여전히 검다.

(호박에 줄 긋는다고 수박되는 게 아니다. 아무리 세조가 왕을 참칭해도 왕이 아니다)

보석이 밤이라고 해서 그 빛을 잃는 게 아니다.

(나는 정권 바뀌었다고 줄 갈아탄 신숙주, 최항, 정인지 같은 양아치가 아니다)

단종을 향한 내 마음이 변할 리가 있겠는가?

(그냥 쿨하게 죽여라)

세조 이유(1417~1468) I

권력이 제일 좋았어요

세조世祖. 세종의 둘째 아들이자 문종의 친동생. 휘는 유.
향년 52세(1417~1468년). 재위 1455~1468년까지 13년.
아버지 세종과 형 문종이 잇달아 죽자 쿠데타를 결행,
조카 단종을 밀어내고 대통령 자리에 오름. 권력의 화신.

세종의 둘째 아들 이유

문종과 세조의 아버지가 세종이고, 할아버지가 태종이다. 태종이
1422년에 죽었으니, 손자들 중 문종, 세조, 안평대군이용, 임영대군이구까
지는 보고 죽은 것이다. 문종이향이 아버지 세종을 닮았다면, 세조는 할아
버지인 태종을 닮았다. 이처럼 같은 씨로, 같은 뱃속에서 태어난 자식도
제각각인 것이다.

세종은 자식들도 많았다. 마누라 여섯에 18남 6녀를 두었다. 세종이
잘났으니 자식들도 잘나지 않았겠나? 정치적 능력이 뛰어났던 아들들만
대충 추려도, 첫째 이향문종, 둘째 이유수양대군, 셋째 이용안평대군, 넷째 이구
임영대군, 여섯째 이유금성대군/수양대군과 이름이 같다. 한자는 다르지만 등이 있었다. 이

중 셋째 안평과 여섯째 금성은 둘째 형 수양의 집권에 반대하다가 죽었고, 넷째 임영은 둘째 형의 집권에 찬성하여 천수를 누렸다.

권력만 사랑했던 이유

이번 꼭지의 주인공이 세조이니 그를 집중 탐구해 보자. 언급했듯 세조는 아버지 세종보다는 할아버지 태종을 닮았다. 그러나 성질만 할아버지를 닮았지, 이유세조에게는 정치철학이 없었다. 실속도 없었다. 너무 치욕적인가? 그럼 정치철학이 '빈곤했다'고 해 두자.

정치인에게 이념은 생명과도 같다. 정책도 이념에서 나온다. 이념이란 말이 불편한가? 그럼 가치관, 세계관, 철학이라고 해 두자. 다 같은 말이다. 이념이 다른데 정책이 같을 수 있나? 없다. 참여정부와 MB 정부 공히 실용을 외쳤으나, 실용은 철학도 아니다. 세상에 실용적이지 않은 정부가 어딨나? 실용적이지 않은 기업, 실용적이지 않은 조직이 어딨나? '무엇을 위한' 실용인지에 대한 입장은 없고, 그저 실용만 말한다. 실용은 그 수단에 지나지 않는다. 수단이 목적이 될 수는 없다. 확고한 정치철학과 이념없이 실용을 외치면서 갈지 자 행보를 벌이다 망한 게 참여정부와 MB 정부다.

태종과 세조의 차이도 여기에 있다. 태종에게 확고한 정치철학이 있었다면, 세조는 권력욕만 넘쳐흘렀다. 태종은 대내적으로 대통령 1인 독재체제를 완성하고 대외적으로 조선을 명나라의 안보 우산에 편입시켜 평화를 산 후, 온 국민이 총화단결하여 세계 일류국가를 꿈꾸었다면, 세조는 왕권 쟁취 자체가 정치목표요, 정치철학이었다. '무엇을 위해' 정권을 잡겠다는 것인지가 없었다. 정치인으로서 치명적인 결함이다. 세조가 정치철학이 없었는데도 정권을 잡을 수 있었던 것은, 그가 역사에서 유례를 찾을 수 없을 정도의 '권력의 화신'이었기 때문이다.

정치인에게 정치철학은 등대와 같은 것

똑같이 결단력과 과단성이 있다고 해도, 정치철학이 있느냐 없느냐, 있다면 어떤 정치철학을 갖고 있느냐에 따라 나라 꼴은 정반대로 굴러갈 수 있다. 정치철학, 이념 없는 정치는 좌표를 잃은 배와 같다. 정치철학이 없으면 정국을 주도하지 못하고, 급변하는 정국의 눈치만 보게 되며, 정국의 파도에 휩쓸려 이리저리 꼭두각시 춤을 추게 된다. 확고한 정치철학이 없는 정치는 일관성을 지켜낼 수 없으며, 우왕좌왕하다 결국 자기 합리화에 급급하게 된다. 그러다 어느 순간 자기도 모르게 기회주의자가 돼 있음을 알게 된다.

불안한 정국

문종이 죽고 열두 살 꼬마 단종이 대통령에 오르자 정국은 불안해진다. 정국政局. 무슨 뜻인가? '정계의 상황 또는 정계의 형편'을 뜻한다. 그렇다면 한 국가의 '정국의 불안정', '정치의 불안정'이 왜 문제가 되나? 어떤 국가의 정국이 불안하다는 것은 그 나라가 사회적 갈등을 해결하는 안정적인 시스템을 갖추고 있지 못함을 의미한다.

이해관계가 엇갈리는 수많은 사람이 함께 어울려 살아야 하는 사회에서 갈등은 필연적이다. 문제는 이 사회적 갈등을 '어떻게' 해결하느냐다. 즉 '말'로 해결하느냐, '칼'로 해결하느냐의 문제다. 선진 민주국가에선 사회적 갈등을 국회에서 대화와 토론을 통해 '말'로 해결한다.

정국 불안과 안보 불안은 국력을 갉아먹는다

정국이 불안하다는 것은 사회적 갈등을 대화와 토론이 아닌 테러, 살육, 폭력의 방식으로 해결하는 상황을 의미한다. 이는 필연적으로 인간과 인간 사이의 신뢰 관계를 파괴하고, 치안 불안을 야기한다. 아울러 모든 개인의 삶을 예측 불가능한 운명에 내던져지게 한다. 사회적 에너지를 한 곳으로 집중할 수도 없다. 언제 죽을지 모르는데 무슨 놈의 미래를 꿈꿀 것이며, 사회적 에너지를 모을 수 있겠는가? 또한 신뢰 관계가 파괴된 이런 사회에서는 금융, 물류, 교통, 통신이 정상적으로 작동될 수 없다. 그런 나라에 누가 투자를 하고 여행을 가겠는가?

한 국가의 '정국이 안정' 되어야, 즉 사회적 갈등을 해결하는 시스템이 안정적으로 잘 정비돼 있어야만 사회적 에너지를 모을 수 있고, 그 사회적 에너지를 모아 경제적 성장도 이룰 수 있는 것이고, 경제적 성장을 이루어야 월드컵도 치르고 올림픽도 치르고, G20 국제회의도 치를 수 있는 것이다. 사회 안정, 치안 안정도 모두 정치적 안정에서 출발한다. 그래서 한 나라의 정치적 안정은 그 나라가 선진국인지 아닌지를 가늠하는 으뜸 잣대이다. 경영학에서 해외투자의 제1 조건은 '투자하려는 국가의 정국 안정'이다. 연일 수십 명, 수백 명이 사망하는 폭탄 테러가 일어나고 계엄령이 발동돼 있는 파키스탄, 아프칸, 중동 등지의 국가가 성장하지 못하는 것도 정치가 불안하기 때문이다.

우리나라 정치가 후진적이라고 연일 언론에서 떠들어 대지만, 민주주의제 도입 50여 년 만에 이 정도의 정치적 안정을 이루어 낸 것도 기적이라고 볼 수 있다. 아직은 모든 사회적 갈등을 '대화와 토론'을 통해 해결할 정도의 수준에 이르지 못했지만, 그래도 대부분은 국회에서 대화와 토론을 통해 해결되고 있다. 이해관계가 극단적으로 갈리는 극소수의 사안의 경우에도, 국회에서 몸싸움을 할지언정 테러나 칼부림을 하진 않는다. 영국은 의회에서 의원들 간에 칼부림도 있었던 것에 비하면, 우리는 짧은 의정사에 비추어 볼 때 양반 축에 든다고 할 수 있다.

대신파와 왕족파

1452년 문종이 죽자 정국은 싸~하게 얼어붙는다. 대통령 단종은 허수아비다. 정계는 크게 대신파派와 왕족파派로 나뉘었다. 대신파는 문종의 유지를 받든 소위 '고명 대신'인 황보인과 김종서가 주류로서 권력을 장악했고, 같은 대신파지만 황보인과 김종서의 권력 독점때문에 권력에서 소외된 다수의 집현전 학자들은 대신파의 비주류를 형성한다. 한편 왕족파는 세종의 둘째 아들 수양대군파당시 36세와 셋째아들 안평대군파당시 35세로 나뉜다.

권력을 장악한 고명 대신파는 세력이 약한 안평대군과 결합했다. 아무리 선왕先王의 유지를 받든 고명 대신이라지만, 조선은 엄연한 왕권국가다. 그러나 왕은 겨우 초딩 5학년 열두 살에 불과했고, 왕권국가인 조선에서 왕실의 실력자를 등에 업지 않고서는, 그 권력 행사는 한계가 있을수밖에 없다. 그렇다면 왜 수양대군이 아닌 안평대군이었을까? 강성인수양대군이 부담스러웠던 것이다.

정치적 결단은 아무나 하는 게 아니다

1453년 10월, 37세의 혈기방장血氣方壯한 수양대군 이유는 결단을 한다. 정치인의 정치적 결단은 아무나 할 수 있는 것이 아니다. 어느 날 갑자기, "내가 대통령 선거에 나가겠다. 당 대표 경선에 출마하겠다. 원내 대표 경선에 출마하겠다" 등등 전격 선언한다고 그게 다 결단이 되는 게 아니다. 정치인의 정치적 결단은 지금까지의 정치행위에 대한 총체적 평가를 의미한다. 정치력이 없다든지, 정치적 업적이나 역량이 없는 사람은 결단을 할 수도 없으며, 설령 결단한다 한들, 그 결단이 곧 정치적 죽음이 되는 경우가 허다하다. 하물며 최고의 정치적 결단인 쿠데타야 오죽하겠는가? 이건 정치적 죽음을 넘어 '육신의 생명'을 걸고 하는 행위다. 쿠데타를 결단하고 성공시킬 수 있었던 것은 수양대군의 정치적 역량만큼은 뛰어났음을 반증하는 것이다.

수양대군의 계유정난, 김종서의 죽음으로 상황 끝

수양대군의 쿠데타를 '계유정난'이라고 한다. 계유년의 어지러움난을 평정정했다, 뭐 그런 뜻이다. 누구부터 없애야 할까? 그렇다. '무력군사력'부터 제거해야 한다. 쿠데타의 제1원칙이다. 수양대군은 병권을 쥔 김종서부터 없앴다. 김종서의 죽음으로 쿠데타의 긴장감은 확 떨어졌다. 김종서의 죽음은 수양대군의 실권 장악을 의미한다. 고명 대신파를 줄줄이 죽인 후, 이들 고명 대신파와 친하게 어울린 자신의 최대 정적政敵이자 한 살 터울 친동생 안평대군 이용을 죽였다.

친형제를 죽이고 친조카를 죽이고……. 선수끼리 촌스럽게 이런 걸로 욕하진 말자. 이미 태종 이방원 편에서도 언급했지만, 왕조국가에서 아버지와 아들은 일반 사가私家에서와 같은 부자관계가 아니다. 이들 관계는 대통령과 차기 대통령의 관계다. 정치인 관계다. 왕조국가에서는 왕자들도 형제 이전에 정치적 경쟁자다. 민주주의제도가 정착된 지금은 선거라는 국민의 심판을 통해 정치적으로 죽고 죽이는 것이고, 민주주의제도가 정착되지 않은 조선시대에는 '자연적 생명'을 제거하여 정치 생명을 끊는 것이다. 어떻게 형제끼리, 부자간에 그럴 수 있나 생각할 거 없다.

역사는 승리자의 기록

친동생 둘과 친조카까지 죽였는데 세조는 역사의 주류로 평가 받고, 소수파 비주류 정치인이었다는 이유로 겨우 이복동생 하나 죽였는데 왕 대접 못 받고 광해 '군'이라고 불리는 왕도 있다. 심지어는 정치적 역량이 출중했던 자기 친아들소현세자, 며느리, 친손자 둘을 죽인, 조선을 넘어 전 세계 인류 역사상 최고의 무능력하고 잔인한 대통령이었던 자는 '어질 인仁' 자를 써서 인조라고 부른다. 이에 대해서는 후술할 것이다. 이처럼 누구의 시각에서 보느냐, 어떤 정치적 이념에 입각하고 있느냐에 따라 역사의 평가는 천차만별이다.

세조는 쿠데타 직후 자기 사람들을 떼거지로 공신으로 임명한다. 이때 공신으로 임명된 자들을 '정난공신'이라 한다. 난을 평정한 공신이란 뜻이다. 요직에 '자기 사람을 심음'으로서 권력의 기반을 다진 것이다.

권력 기반 다지기

이처럼 권력의 기반을 다지는 것은 매우, 아니 가장 중요한 일이다. "권력 다 내놓겠다. 국세청, 검찰, 국정원을 권력의 도구로 이용하지 않겠다"고 했던 참여정부는 낭만적이고 순진했다. 그들은 역사도 몰랐고 현실정치도 몰랐다. 권력기관을 권력기관으로 활용 안 하면 뭐하겠단 건가? 나중엔 아예 "권력이 시장으로 넘어갔다"는 충격적인 말까지 했다.

국민은 권력을 사용하지 말라고 주문하는 게 아니다. 국민의 주문은 권력을 '제대로' 사용하라는 것이다.

'자율과 개혁'은 개념모순이고 형용모순이다. 서로 어울릴 수 없는 말이다. 양洋의 동서東西와 시대時代의 고금古今을 막론하고 그런 것은 존재하지 않는다. 모든 개혁은 '타율적'이다. '견제와 균형의 원리'에 입각한 타율 개혁만이 있을 뿐이지 '자율개혁'은 존재하지 않는다. 전두환은 SS501 불러다가 팔순 잔치하면서 아직까지 떵떵거리며 살아 있는데, 노무현은 왜 비명에 몸을 던져야 했나? 자신의 권력 기반을 다진 사람과 다지지 못한 사람의 차이인 것이다.

한명회의 나라

세조의 책사, 한명회

태조 이성계에게 정도전이 있었고, 태종 이방원에게 하륜이 있었다면, 세조에게는 한명회와 신숙주가 있었다. 어찌된 것이, 갈수록 책사의 수준이 현저하게 떨어진다. 그만큼 나라 꼴도 몰락해 가는 것이다. 하륜을 정도전과 비교하는 것도 무리이고, 또 한명회와 신숙주를 하륜과 비교하는 것도 무리다. 나아가 정도전과 한명회 무리를 비교하는 것은 정도전에 대한 모욕이다. 정도전이 자다가 벌떡 일어날 것이다. 이런 띠발 놈들이 누구랑 비교하고 지랄이야~ 하고 말이다. 한명회는 잔대가리는 뛰어났으나 양아치에 불과했고, 신숙주는 공부는 잘했으나 양지만 골라 다닌 원조 '처세의 달인' 이었다.

한명회의 사위 – 예종, 성종

한명회 얘기에 앞서 세조의 자식들을 먼저 보자. 세조에게는 차기 대통령으로 맏아들 의경세자^{덕종}가 있었으나, 의경세자는 자신의 둘째 아들 자을산군 ^{이혈}이 태어난 두 달만인 1457년 스무 살의 젊은 나이에 죽고 만다. 그래서 의경세자의 바로 아래 동생인 해양대군^{당시 8세}을 새로운 세자로 임명한다. 한명회는 자신의 셋째 딸을 새로운 세자 해양대군^{이황}과 혼인시켰다. 이렇게 한명회와 세조는 혁명 동지에서 사돈이 됐다.

해양대군은 예종이 된다. 한명회는 나아가 막내딸을 세조의 장손자^{죽은 의경세자의 아들} 이혈과 혼인시키는데, 이혈은 예종 다음 대통령 성종이 된다. 한명회는 자기 딸 2명을 영부인으로 만든 것이다. 이처럼 예종과 성종은 작은 아버지와 조카의 관계다. 예종의 죽은 형의 아들이 바로 성종인 것이다.

족내혼

여기서 잠깐. 그렇다면 한명회의 두 딸 사이의 촌수는 어떻게 되나? 친정에선 언니 동생이고, 시댁에 가면 숙모와 조카며느리의 관계가 된다. 성종^{이혈}의 입장에서 보면, 성종은 '작은 엄마^{숙모}의 여동생'과 혼인을 한 것이다. 일반 백성들이 족내 혼인한다면 눈에 쌍심지를 키고 '쌍놈'이라고 하는 놈들이, 지들은 지들끼리 족내혼을 하고 자빠졌던 것이다.

한반도는 고려 중반까지 족내혼을 하다가, 고려 말 원나라가 "니들은 형제끼리 결혼도 하냐? 이런 쌍놈들 봐라~" 하고 금지시켰는데, 종주국의 간섭이 없어서일까? 국가 권력을 자기 집안에서만 틀어쥐고 싶어서였을까? 근친혼^{족내혼}을 왜 했을까? 그렇다. 권력유지의 수단이었다. 피가 안 섞인 놈과는 권력을 나누지 않겠다는 심오한 뜻이 담겨져 있다. 하여 튼 공익公益 관념이라고는 쥐뿔도 없는 놈들이었다. 이게 그 잘난 조선 사대부들의 수준이었다. 한명회는, 둘째 딸은 신숙주의 며느리로 보냈다.

여기서 근친혼에 관한 전문가의 '품위 있는' 견해를 읽고 가자. 서강대학교 이종욱 교수의 글이다.

그러면 골품제 사회인 신라에서 근친혼이 보편적으로 이루어진 이유는 무엇일까? 이와 관련하여 하와이와 이집트, 잉카에서 이루어졌던 남매가 혼인을 하는 왕실 근친혼에 주목할 필요가 있다. 왕들은 그의 누이를 아내로 맞이함으로써 신성함을 얻고 그 지위를 유지할 수 있었다. 또 재산이 다른 집안으로 넘어가는 것을 막을 수 있었다. **근친혼의 숨은 기능은 바로 지배 세력의 유지에 있었다.** 신라보다는 고려가, 고려보다는 조선에서 지배 세력의 혼인 범위가 넓어지긴 했지만, 그렇더라도 조선의 양반들은 양반끼리만 혼인을 하였다. 이종욱著, 『화랑세기로 본 신라인 이야기』, 102p, 김영사刊.

외교 전문가이자 원조 처세의 달인 신숙주

신숙주. 전남 나주 출신. 그는 언어의 천재였다. 중국어, 일본어 등 7개 국어에 능통했고, 동남아 말도 다 했단다. 자연히 외교통이 되었다. 세종 때 고시과거에 3등으로 합격해 세종, 문종, 단종, 세조, 예종, 성종에 이르는 6대의 임금을 섬겼다. 캬~. 이 얼마나 기막힌 처세술인가? 이런 능력도 타고나야지, 연습한다고 되겠는가? 나 같은 놈은 죽었다 깨어나도 못한다. 박정희, 전두환, 노태우, 김영삼, 김대중, 노무현, 이명박 정권까지 장수를 누린 고건, 한승수도 울고 갈 인물이다. 원조 '처세의 달인'이다. '무릅쓰는' 법이 없었다. 최항도 마찬가지였다. 호의호식하고 평생을 양지에서 편하게 살았으므로 인생은 즐거웠겠으나, 본받을 건 없다고 본다. 정인지, 최항과 함께 세종의 유언을 정면으로 배신하고 세조에게 붙은 인물이기도 하다.

한명회, 신숙주, 정인지, 최항, 서거정, 이극돈 등은 훈구파의 상징이 된다. 역성혁명파가 집권한 지 70여 년 만에 조선은 훈구파가 뿌리를 내리면서 "of the 훈구파, by the 훈구파, for the 훈구파" 정치가 이루어진다. 즉 이제부터 나라 꼴이 서서히 개판으로 들어가기 시작한다는 뜻이다.

기울기 시작하는 조선

어떤 왕조국가도 건국 100년쯤이면 전성기이고, 200~300년이면 그 왕조는 망하고 새로운 왕조가 들어서는 것이 신진대사에 좋다는 것이 역사가들의 일반적인 견해다. 중국 왕조는 짧게는 100년, 길어봤자 300년을 못 갔다. 그래서 중국이 발전한 것이다.

조선의 전성기는 태종의 왕권 강화를 기반으로 세종, 문종까지가 전성기였고1455년까지로 건국 후 약 65년, 세조, 예종, 성종1490년대까지로 건국 후 약 100년은 그것을 유지하기에 급급했나. 그 이후는 몰락이다. 1592년조선 건국 200년 되는 해 임진왜란으로 조선은 '나라도 아니었음'이 확인된다. 부질없는 가정이지만, 세종이 아버지 태종처럼 전제 독재 체제를 강화하고 문종에게 왕권을 물려주었다면, 그리고 문종이 좀 더 오래 살았다면 조선은 역사상 최전성기를 구가했을 것이다.

세조는 쿠데타에 성공해 정권을 잡긴 했지만, 정권의 정통성에 대한 끊임없는 도전에 시달려야 했다. 자기 아버지 세종이 '장자상속원칙'을 뿌리내리려고 그렇게 애를 썼는데, 그것을 뒤집었던 것이 정치적으론 엄청난 부담이었다. 게다가 조선은 수직적 질서 체계인 성리학을 국가이념으로 채택하고 있는 나라가 아니던가? 그래서 세조는 집권 기간 내내 '단종'을 복위시키려는 쿠데타에 시달린다. 굵직한 것만 봐도 이징옥의 난1453, 사육신의 난1455, 자신의 친동생인 금성대군의 난1457, 이시애의 난1467 등이 있었다. 정권의 정통성에 대한 끊임없는 저항에 직면해야 했던 '전두환 정권'과도 같았다. 정국이 안정될 리 없었다.

사육신의 난 등 정국 불안의 불씨
– 단종을 죽여야 정국이 안정된다

사육신의 난은 핵심주동자인 집현전 성삼문의 우유부단함 때문에 실패했다. 회사 사장이든 정치인이든 어느 조직이든, 지도자의 판단은 100% 옳고 늦은 것보단, 70% 옳고 빨라야 한다. 거사는 '단칼에 전광석화같이' 해야 하는 법인데, 책상물림이라 그랬던가? 삼문은 완벽한 '때'를 찾다가 실기하고 만다. 삼문이 결정적 시기를 놓치자, 같은 집현전 동지이자 고시 후배 김질은 성삼문을 배신하고 자신의 장인 정창손에게 음모의 전모를 밝힌다. 정창손은 거사에 성공하면 국무총리영의정에 임명하기로 내정됐던 사람이다. 김질과 정창손의 배신으로 거사에 가담한 자는 모조리 죽는다. 소위 '사육신의 난'이다. 이 사건으로 세조는 단종을 서울에 두어서는 안 되겠다고 결심한다. 그래서 조카를 강원도로 쫓아 보낸다.

그 후 자신의 여섯째 동생 금성대군이 또 단종을 복위시키려는 쿠데타를 모의하다 발각된다. 이처럼 단종은 자신의 의지와는 무관하게 끊임없이 정국 불안의 불씨가 되고 만다. 이때 단종을 죽여야 정국이 안정된다고 세조를 뽐뿌질한 인물이 누구냐? 바로 태종의 장남이자 세종의 친형이자 세조의 큰삼촌 양녕대군이다.

양녕은 어느덧 왕실의 최고 어른이 돼 있었다. 자신의 친동생세종의 아들인 세조 정권의 안정을 위해, 자기 친동생의 손자인 단종을 죽일 것을 주장한 것이다. 마지못해(?) 세조는 단종을 죽인다. 금성대군도 세트로 죽인다. 결국 세조는 친동생 둘을 죽이고, 친조카까지 죽인 것이다. 아! 권력의 비정함.

정통성 없는 정권

일련의 쿠데타 음모가 끊이지 않았고, 이를 진압한 세력들을 우대할 필요가 있었으니, 세조 시절에는 공신이 끊임없이 늘어났다. 결국 공신에게 나누어 줄 토지가 없어서 과전법에서 직전법현직에게만 수조권, 즉 세금을 거둘 수 있는 권리를 주는 것으로 바꾸었다. 과전법을 직전법으로 바꾼 것이 세조의 업적이라고 평가하지만, 이런 사연을 알고 보면 뭐 업적이라고 할 것도 없다. 그렇게 할 수밖에 없지 않았겠나. 세조는 겉으로만 무소불위의 전제권력을 행사했을 뿐, 실상은 '훈구파 공신늘의 세상'이 된 것이다. 백성은 송곳 하나 꽂을 땅뙈기도 없는데, 훈구대신들은 서울과 경기도의 땅을 다 갈라 먹었다. 재주는 세조가 부리고 '부동산과 정치자금'은 훈구대신들에게로 빨려 들어갔다.

훈구와 외척을 통제하지 못한 세조

세조는 성삼문의 내란예비음모 사건을 마무리 짓고 반정부투쟁의 근거지인 집현전을 없애버렸다. 법 무시하는 놈들이 제일 싫어하는 게 뭔지 아나? 바로 '불법과 폭력' 이다. MB가 제일 싫어하는 것도 '불법과 폭력' 이다. 그래서였을까? 세조도 '경국대전' 이라는 법전을 편찬하기 시작한다세조의 손자 성종 때 완성된다. 세조는 또한 중앙집권체제를 강화한다. 그나마 세조가 한 일 중 가장 큰 업적이라고 볼 수 있다. 지방의 토호들이 임의적으로 지배하는 지역을 중앙의 '나와바리' 로 접수시킨 것이다. 그러다가 반란이 일어났는데, 세조 말 '이시애의 난' 이 그것이다. 이건 예종편에서 얘기하자.

세조의 결정적 실수는 '외척' 의 정치 세력화를 조장했다는 점이다. 외척이 뭔가? 왕의 마누라 집안을 뜻한다. 태종은 자신의 처가를 쑥대밭으로 만들고, 세종의 사돈을 죽여 없애고, 외척들이 왕실 그림자도 못 밟게 했는데, 세조는 할아버지 태종의 뜻을 몰랐는지, 사실상 2인자인 한명회와 사돈을 맺으며 그의 권력을 무한대로 키워 주었다.

원상제 도입 – 한명회의 나라

사람이 무한대로 살면 얼마나 좋겠나? 그러나 세조도 늙어 병들고, 공신들은 기하급수적으로 늘어나자, 이것들이 도대체 통제가 되지 않았다. 이젠 이놈들이 세조한테도 엉기기 시작한다. 결국 세조 말년, 세조는 몸이 맛이 가자, 국정을 차기 대통령 예종과 훈구대신들의 대표선수인 한명회, 신숙주가 상의해서 처리하는 제도를 도입했는데, 이를 '원상제' 라고 한다.

말이 좋아 예종과 훈구대신원상대신이 상의하는 것이지, 어린 핏덩이가 노회한 한명회, 신숙주 등 원상대신을 어떻게 당하겠는가? 한명회와 신숙주, 혁명동지이자 사돈인 이 두 인간은 "형님 먼저~ 아우 먼저~" 하면서 조선을 다 말아잡수신다. 이처럼 왕권王權은 또 신권臣權에 농락됐다.

결국 세조의 '전제정치 또는 왕권강화책'은 껍데기만 왕권 강화였다. 태종은 공신을 우대하기는 했지만, 제 분수 모르고 깝치는 놈은 얄짤 없이 죽었다. 그러나 세조는 '공신의 손바닥에 놀아난 꼴'이 되고 말았다. 그렇게 권력에 눈이 멀었던 세조도 겨우 재위 13년, 사실상 전권을 휘두른 건 겨우 10여 년. 아! 권불십년權不十年이로다. 겨우 10년 권력 휘두르려고 동생 둘을 죽이고 그 어린 조카를 죽였던가? 이 얼마나 비정하단 말인가? 늘그막에 반성해서였을까? 스무 살 꽃다운 나이에 죽은 자신의 장남 의경세자가 생각나서였을까? 세조는 불교에 귀의한다. 전두환도 임기 마치고 백담사에 유배된 것을 보면, 세조와 전두환은 닮은 꼴이다. 이제 권력은 왕에서 신하에게 넘어간다. 왕의 시대는 가고 '재상의 시대', '대신의 시대'가 오는 것이다.

예종 이황(1450~1469)

세조의 업보

예종睿宗. 세조의 차남이자 한명회의 셋째 사위. 휘는 황.
향년 20세(1450~1469년). 재위 1468~1469년까지 1년 2개월.
띠동갑 형(의경세자)과 같은 나이인 스무 살에 죽음.

조선 국왕 중 두 번째로 짧은 재위

세조는 아들이 둘 있었는데 차기 대통령이던 첫째 의경세자가 스무 살
에 죽자, 차남인 여덟 살 해양대군이황이 새로운 세자가 됐다. 이 해양대
군이 19세에 대통령에 오르니 그가 바로 예종이다. 그런데 예종이황은 1
년 남짓 재위하다 스무 살에 의문사(?) 한다. 결국 세조의 아들 둘이 모두
스무 살에 요절한 것이다. 세조의 부인은 정희왕후 윤씨다. 그녀는 성종
때 조선 최초로 수렴청정을 하는 여인이 된다. 정희왕후 윤씨는 다음 성
종 편에서 얘기하자.

조선 12대 대통령 인종이 8개월 재위로 조선 대통령 중 가장 짧은 재
위를 기록했고, 2등이 바로 예종이다. 14개월, 짧은 재위기간이었으므로

치적이 있을 수도 없다.

훈구의 정치 공작, 남이南怡의 옥

한국 정치는 한 치 앞을 내다볼 수 없을 정도로 역동적이 아니던가? 기대를 배신하지 않고 이 짧은 치세에도 사건은 터진다. 조선 초 최대의 정치 공작 사건이 벌어지는데 바로 '남이의 옥'이다. 남이가 누구인가? 태종 이방원의 외손자다. 결론부터 말하면, 남이의 옥이란 훈구 세력이 정치 공작을 통해 새로운 정계의 실력자로 떠오른 남이를 제거한, 정적政敵 제거 사건이다.

아~. 정치 공작은 이승만, 박정희, 전두환만 한 것이 아니었구나. 그렇다. 정치가 존재하는 한 정치 공작은 존재한다. 나쁜 것도 아니다. 어느 나라든 애초부터 정보기관은 그런 거 하라고 만든 기관이다. "우리는 음지에서 일하고 양지를 지향한다"고 하지 않던가? 인간사에 선의의 거짓말이 필요하듯, 공익을 위한 정치 공작도 필요하다. 이는 선악의 문제가 아니다. 다만, 공익을 위한 것이 아니라 사익을 위한 것이라면 문제다.

남이 장군과 이준, 이시애의 난을 진압하다

세조가 죽기 1년 전1467, 조선 초 최대 내란인 '이시애의 난'이 발생한다. 세조가 중앙집권을 강화하자 함경도지방의 유지였던 이시애가 반란을 일으킨 것이다. 중앙집권 강화가 무엇인가? 지방에 왕의 수족인 지방관을 파견하여 그 지방을 접수하고 중앙의 통제를 받도록 하는 것이다. 이때 그 지방에서 그동안 '오야붕' 행세를 하던 자가 순순히 권력을 내놓으면 좋으련만, 그렇지 않은 경우도 있다. "니가 뭔데? 와 남의 나와바리를 찝쩍거리노?" 하면서 말이다. 이시애가 그랬다.

이를 진압한 것이 누구냐? 바로 세조의 동생 중 유일하게 세조의 집권을 찬성했던 임영대군이구의 아들 '구성군 이준'과 태종의 외손자 '남이' 장군이다. 구성군은 세조의 조카요, 남이는 세조의 외사촌이다. 그렇다면 예종과 구성군은 4촌 형제 사이이고, 남이는 예종의 5촌 아저씨. 나이는 구성군과 남이 둘 다 1441년생으로 동갑이었다.

조선 초기 최대의 난을 진압했다는 것은, 이 난을 진압한 자들이 정계의 스타로 부상했다는 것을 의미한다. 걸프전의 영웅이었던 콜린 파월 국무장관은 미국 대통령 후보로까지 언급되지 않았던가? 제2차 세계대전의 영웅 아이젠하워가 미 34대 대통령이 됐듯 말이다. 동서양과 고금古今을 막론, 전쟁은 '새로운 정치스타'와 '벼락부자'를 양산해 내는 통로이기도 하다.

세조의 총애를 받았던 남이

구성군 이준, 남이 등이 이시애의 난을 통해 스타 정치인이 됐다. 남이는 외사촌형 세조의 총애를 받아, 이시애의 난을 진압한 27세의 나이로 국방부장관병조판서에 오른다. 이들이 정계의 실력자로 떠오르면 누가 배가 아플까? 바로 '형식상 왕과 권력을 반분하고 있고, 실제는 권력을 다~ 쥐고 있는' 훈구 세력원상대신 = 한명회, 신숙주이다.

예종 역시 이상하게 5촌 아저씨인 남이가 마음에 안 들었다. 사촌형인 구성군은 몸을 한껏 낮추면서 신중하게 몸을 사리는데, 남이는 능력도 뛰어나고 맺힌 구석이 없는 데다 거침이 없었다. 아버지 세조에게 주눅

들어 사는 자신과 달리, 세조의 사랑을 듬뿍 받는 것도 싫었다. 무과에 장원급제한 장군으로 상무적 기개도 뛰어났다. 게다가 비록 친손자가 아닌 외손자이긴 하지만, 태종 이방원의 피가 흐르지 않는가?

훈구, 정적政敵 남이 제거로 날아오르다
– 정치력이 미숙했던 남이

예나 지금이나 정치인은, 갑자기 '떳을 때' 조심해야 한다. 남이가 정계의 실력자로 떠오르자, 예종과 훈구대신들은 이심전심으로 남이를 그냥 두면 안 되겠다는 생각을 한다. 예종과 훈구를 적으로 만들었다는 것 자체가 남이의 정치력이 미숙했음을 반증한다. 세조가 죽자 훈구 세력원상대신은 예종의 묵인하에 정치 공작을 펼친다. 총대는 유자광이 멨고 한명회와 신숙주는 배후조종자다. 그렇게 남이를 역모로 엮어 죽였다. 남이의 죽음으로 조선의 상무적 기개도 죽는다. 대궐집 아랫목에 첩년 끼고 앉아서 '실천은 없고 이빨만 까대는 사대부의 시대'가 되는 것이다. 앞에서는 충이 어쩌고 효가 어쩌고 하다가, 정작 전쟁이 터지면 임금부터 줄줄이 도망가는 나라가 된다. 예종의 사촌형 구성군 이준은 어찌되나? 다음 성종 편에서 보자.

결국 남이의 옥은 한명회, 신숙주 등의 훈구 세력이 '이시애의 난' 평정을 통해 등장한 신흥 정치 세력을 제거한 사건이다. 한명회 등 훈구 세력의 권력독점은 더욱 강화된다. 예종도 갑자기 죽는다. 이제 왕은 한명회가 임명한다. 명실공히 조선은 신하의 나라, 귀족 국가가 됐다. 신라와 고려처럼 말이다.

남이는 거침이 없고 시원시원했으나, 노회한 한명회, 신숙주를 상대하기엔 정치력이 미숙했다. 힘이 약하면 일정 정도 세력이 모일 때까지는 굽힐 줄도 알아야 하는 것이 바로 정치다. 자신의 세력을 모으지 못하면, 상대 세력이 뭉치지 못하도록 이간질이라도 했어야 한다. 그래서 시간을 벌어야 했다. 남이는 정치를 몰랐다.

서북지방 차별

이시애의 난은 표면적으론 '중앙권력 vs 지방권력' 간의 싸움이었다. 그러나 그 이면에는 지방 차별에 대한 분노가 숨어 있었다. 이시애는 "남쪽 놈들이 북쪽 사람들 씨를 말린다"고 선동했다. 함경도지방에 대한 차별이 없었다면 이러한 선동은 먹히지 않았을 것이다. '광주민주화항쟁'이 민주화에 대한 열망도 있었지만 "김대중을 석방하라"는 호남의 한도 숨어 있었음을 부인할 수 없다. 1811년 홍경래의 난도 서북차별에 대한 반란이었고, 황해도 출신 이승만도 뿌리 깊은 서북지방 차별 때문에 과거에서 번번이 낙방하자 상투 자르고 배재학당에 입학해서 미국을 동경하지 않았나? 그리고 보면 이승만을 친미주의자라고 욕할 것도 없다. 자기 민족을 포용은커녕, 소 돼지 취급하고, 가문의 이익만 챙기기 바빴던 조선왕조 탓이 더 컸으니.

실제 함경도지방과 서북지방은 가장 오랜 세월 차별의 대상이었다. 또한 이성계는 본인이 함경도 출신이면서도 자기 고향 사람을 아예 인간 취급 안 했다. 그래서 북쪽 사람들은 살기 위해 빈번히 여진족, 명나라, 청나라에 투항을 하기도 했다. 이중환의 『택리지』에 평안도와 함경도를 언급한 부분을 보자.

태조가 나라를 창건하고는 "서북지방 사람은 높은 벼슬에 임용하지 말라"는 명을 내렸다. 그 까닭에 평안도와 함경도에는 300년 이래로 높은 벼슬을 한 사람이 없었다. 또 나라의 풍속이 문벌을 중하게 여겨서 서울 사대부는 서북지방 사람과 혼인을 하지 않았다. 서북 사람도 또한 감히 서울 사대부와 더불어 동등하게 생각하지 않았다. **그리하여 두 도에는 드디어 사대부가 없게 되었고, 서울 사대부로서 거기에 가서 사는 자가 없었다. 이런 까닭으로 서북 방면인 함경, 평안 두 도는 살 만한 곳이 못된다.** 이이화著, 「한국사 이야기15」, 151p, 한길사刊.

서북지방의 차별은 조선 500년 내내 지속된다. 그 결과 임진왜란 당시에도 의병 하나 없었고, 오히려 일본군에 합세하기도 했다. 병자호란 때도 마찬가지였다. 영남의 호남지역 차별이 박정희가 만들어놓은 '근래의 것'이라고 주장하나물론 박정희가 호남을 차별한 것은 맞다, 한반도에서 지역 차별은 늘 있었다. 조선 500년 내내 황해도 이북은 인간 취급을 못 받았으며 오죽했으면 고려의 500년 수도 개경인들이 '개경 상인'이 되었을까?, 조선 중기 정여립의 난 이후 호남은 반역향이 되고, 조선 후기 이인좌의 난 이후 경상도도 반역향이 된다. 결국 서울, 경기, 충청도만 주구장창 다 해먹은 것이다.

성종 이혈(1457~1494) Ⅰ

훈구 권력의 절정기

성종成宗. 세조의 장손자(세조의 장남 의경세자의 2남) &
예종의 조카 & 한명회의 막내 사위. 휘는 혈.
향년 38세(1457~1494년). 재위 1469~1494년까지 25년.
조선 전성기 뒷부분을 특징 없이 보낸 대통령.

신하가 왕을 낙점하는 세상

세조가 죽고 차남 예종이 대통령에 즉위한 지 불과 1년 남짓. 예종도
의문의 죽음을 당한다. 세조의 장남의경세자과 차남예종이 모두 스무 살에
죽은 것이다. 세조가 조카 단종을 죽인 벌을 받은 걸까? 의경세자와 예종
은 사촌형인 단종과 비슷한 나이에 죽었다. 남편 세조도 죽고, 두 아들도
죽었지만, 세조의 아내 정희왕후 윤씨는 아직 살아 있다당시 52세.

예종이 죽자, 차기 대통령 물망에 오른 자는 예종의 아들 제안군4세,
예종의 죽은 형인 의경세자의 장남 월산군16세, 의경세자의 차남 자을산
군13세 등이었다. 예종의 아들 제안군과 의경세자의 아들 월산군 중 누가
1순위인가? 직전 대통령인 예종의 아들 제안군이 1순위고, 한 끗 차로

월산군이 2순위였다.

그러나 대통령 자리는 1순위인 제안군도 아니고, 2순위인 월산군도 아닌, 3순위 자을산군에게 돌아갔다. 우째 이런 일이? 왜 그랬을까? 그건 바로 자을산군 이혈이 바로 한명회의 사위였기 때문이다. 물론 표면적으로 제안군은 어리고, 월산군은 병약하다는 이유였다. 그러나 왕조국가에서 어리다고 대통령이 될 수 없다는 게 말이 되나? 그리고 어차피 스무 살 이전에는 수렴청정하는 것은 매한가지인데, 네 살짜리나 열세 살짜리나 열여섯 살짜리나 그게 그거 아닌가?

한명회, 자신의 사위 자을산군(성종)을 왕으로 낙점하다

한명회, 신숙주 등 원상대신과 세조의 부인이자 의경세자와 예종의 엄마인 정희왕후 윤씨 등이 '청와대 3자 회동'을 통해 차기 대통령을 성종이혈으로 합의하였고, 드디어 조선은 신하가 왕을 낙점하는 시대로 접어들었다.

정희왕후로서는, 세조 말년부터 예종까지 '원상제'를 통해 사실상 실권을 쥐고 흔들었던 한명회 등 원상대신을 무시할 수 없었고, 어차피 제안군이든, 월산군이든, 자을산군이든 똑같은 손주들이니, 누가 대통령이 되든 큰 문제가 아니라고 생각했을 것이다. 사돈한명회의 체면도 있으니, 기왕이면 손주 중 한명회의 사위인 자을산군을 대통령에 앉히는 것도 나쁠 게 없다고 생각했을 것이다. 이니, 오히려 '사실상 대통령'의 권한을 행사하고 있는 한명회의 사위를 대통령에 앉히는 것이, 모두의 목숨을 보전하는 길이라고 믿었을지도 모른다. 그야말로 최적의 해결책인 것이다.

성종은 이렇게 자신의 작은 아버지이자 손윗 동서였던 예종의 뒤를 이어 보위에 오르니, 그의 나이 열세 살 때였다. 한명회로서는 예종, 성종이 모두 자신의 사위였으니, 2대에 거쳐 대통령의 장인이 된 셈이다.

이제 정희왕후 윤씨는 조선 최초로 자신의 손자인 성종을 수렴청정한다. 그러나 형식상 수렴청정이고, 사실상 원상대신 한명회와 신숙주가 결정한 것을 정희왕후가 OK하는 것이었다. 글을 모르는 것으로 알려진 정희왕후가 무슨 나랏일을 결정했겠는가? 그저 "아녀자가 뭘 알겠습니까~ 경들이 알아서 원만하게 처리하시구려~"소리나 했겠지. 성종의 할머니인 정희왕후 윤씨는 손주를 위한 일이라면 무엇이든 하는 자애로운 할머니였다고 전해진다.

안정적으로 몰락하는 조선

이로써 훈구파원상대신 득세는 절정에 이른다. 드디어 정도전이 꿈꾸었던 재상중심주의, 내각책임제 시대가 열렸다. 왕은 상징적 존재에 지나지 않는다. 훈구 세상이 됐다. 다만 정도전이 꿈꾼 재상중심주의는 '백성을 위한 혁명적인 것'이었다면, 한명회, 신숙주가 완성한 그것은 '지들 배때기 채우기 위한 것'이었다는 점에서 너무 달랐다. 일국의 재상이라고 해서 모두 정도전 같진 않았던 것이다.

이제 조선은 '보수적이고 안정적'이 된다. 보수가 보수의 상태를 유지하기 위해서는 적절한 변화를 수반해야만 한다. 반대로 보수가 보수적인 상태를 유지하기 위해 보수적으로 있으면 몰락한다. 그래서 역사는 좌와 우의 변증법적 조화 속에서 발전하는 것이 아니겠는가? 적절한 변화가 수반되지 않는 안정의 끝은 몰락이다. 난 성종 때가 보수가 보수적인 상태를 유지하기 위해 보수적으로 안주했던 시기라고 본다. 이런 이유로 많은 역사가들이 성종이혈을 '뛰어난 도학 군주'라고 긍정적으로 평가하는 것에 대해, 나는 "그저 웃지요~"다. 대체 성종이 한 나라의 지도자로서 어떤 점이 뛰어났는지, 난 모르겠다.

도학군주 성종

물론 성종이 공부를 잘했던 유학자이자 도학 군주임에는 틀림없다. 그러나 늘 말하지만, 공부 잘하는 덕목과 정치인의 덕목은 존재의 평면이 다른, 즉 질이 다른 것이다. 착하고 공부 잘하는 덕목은 개인으로서 좋은 덕목일지 모르나, 공익의 대표자인 정치인의 덕목으로선 좋을 것도 나쁠 것도 아니다. 공부 잘하는 놈이야 해마다, 철철이, 널리지 않았는가?

그러나 위대한 지도자는 몇십 년, 아니 몇백 년에 한 명 나올까 말까 한다. 성종은 그저 얌전하게 자기 처신 잘하다 죽은 사람에 불과할 뿐, 일국의 '지도자'로서 미래를 내다보는 혜안 같은 것은 눈꼽만큼도 없었다는 것이 내 생각이다. 물론 성종만 그런 것도 아니니 성종만 욕할 것은 아니지만, 그렇다고 성종을 특별하게 위대한 왕이라고 생각하는 것도 웃긴 얘기란 것이다.

성종 시대는 '좋게 얘기하면' 태평성대였다. 하지만 사대부만의 태평성대를 뜻한다. 사학계의 평가도 그렇다. 조선의 전성기였다는 평가다. 재야 사학자 이이화의 서술을 보지.

> 그는 역사가의 평판대로 자질이 뛰어났다. 어린 나이에 아무리 더워도 경연 시간을 어기지 않고 열심히 공부했으며 여러 대비들을 한결같이 정성으로 극진하게 섬겼다. 이이화著,「한국사 이야기10」, 34p, 한길사刊

뭐 공부 잘하고 효성이 지극했다는 뻔~한 얘기다. 세조 때 시작한 『경국대전』과 『동국통감』이 완성돼, 법학과 역사학 등의 인문학이 꽃을 피웠다. 할아버지 세조가 없앤 집현전을 홍문관으로 부활시켰다.

과학기술 등 실용학문 몰락 시작

그러나 세종과 문종이 꽃을 피웠던 국방력과 실용학문은 몰락하기 시작한다. 거들떠도 안 봤다. 어떻게 된 게 조선 대통령은 해외로 영토를 넓혀 보겠다든지, 해외시장을 개척해 보겠다든지 하는 야심 있는 놈이 하나도 없었다. 정말 단 한 명도 없었다. 강력한 해양대국이었으며 동남아인을 적극적으로 귀화시켰던 국제 무역국 고려만도 못하다. 고구려의 광대토대왕과 비교하면 쪽팔리는 수준이고, 그저 공자, 맹자나 붙잡고 "도리란 무엇인가?" 이딴 소리나 하고 있으면 뛰어난 대통령이었다고 한다.

성종 시절은 훈구대신들에겐 태평성대였으며 지 배때기 채우기 가장 좋았던 시절이었지만, 국력은 서서히 몰락해 가고 있었다. 훈구대신들은 군사권과 인사권을 틀어쥐고, 허구한 날 단합대회를 열어 술 퍼마시고, 수많은 토지와 노비를 소유하면서 그야말로 '태평성대'를 보냈다. 성종? 열세 살 핏덩이가 뭘 할 수 있겠는가? 허수아비다.

열세 살에 대통령의 자리에 오른 성종이 열두 살에 대통령의 자리에 오른 단종과 무슨 차이가 있어서, 성종은 잘 먹고 잘 살다 죽고, 단종은 피눈물을 흘리면서 죽어야 했는지는 앞서 적은 대로다. 성종은 엄마인수대비, 할머니정희왕후가 줄줄이 살아 있었다. 무엇보다도 군사권과 인사권을 장악한 조선의 최고 실권자인 '한명회'가 성종의 장인이다.

왕의 나라가 아닌, 신하의 나라를 만들자 - 세자의 조기교육

훈구대신은 세조 시절 표면적으로는 숨도 제대로 못 쉬었다. 그러나 세조 막판에 훈구대신들은 서서히 그 세력을 키워 대통령으로부터 권력을 반半쯤 이양받아, 즉 대통령과 총리가 나랏일을 협의하여 처리하는 '원상제'를 도입했다. 그리고 세조가 죽자 원상제를 통해 원상들의 정치적 이익을 적극적으로 반영했다. 그런데 얌전할 것으로 생각했던 예종이 어찌된 일인가? 이놈도 지 애비를 닮아서인지, 세조 못지않게 한 성질했다. 자신의 5촌 아저씨인 남이를 제거하는데 눈 하나 깜짝하지 않았다. 훈구들은 잠시 '식겁' 한다. 몸을 사린다. 그 아비에 그 자식이라고 하지 않던가? 그런데 천만다행(?)으로 예종은 일찍 죽어준다. 예종은 독살 당했다는 의심을 품는 역사가들도 있다.

어쨌든 세조와 예종을 거치면서 훈구대신들은 이심전심으로 다짐했다. 왕들 비위 맞추느라 더러워서 못살겠다고. 그래, 훈구의 세상을 만들자. 그래서 훈구의 대표선수인 한명회와 신숙주는 세조의 처 정희왕후 윤씨와 회동을 통해, 한명회의 사위인 성종을 대통령에 임명했고, 이들은 유교정치의 부활을 목표로 열세 살 성종에게 '주입식 군주 수업'을 시켰다.

이처럼 대통령에게 '유학儒學' 과목을 조기교육시켜 자신들의 입맛에 맞도록 세뇌시키는 것을 전문용어로 경연經筵이라고 하는데, 성종은 이 경연에 꼬박꼬박 참석했다. 임금의 도가 어쩌고 예가 저쩌고~. 성종은 3순위에 불과한 자신을 왕으로 만들어 준 장인한명회 등 훈구대신과 할머니 정희왕후를 위해서, 머리띠 두르고 군말 없이 '야간 자율학습'까지 하면서 열심히 공부했다. 야자를 째는 법이 없었다. 한명회의 조기교육 탓에 성종은 '유교원리에 충실한 도학 군주'로 성장했다. 성종이 유학에 뛰어난 '도학 군주'였다는 얘긴 대충 이런 얘기다.

여기서 잠깐. 유교 원리에 충실한 도학 정치가 뭔가? 결론만 말하자면 '왕권강화 방지, 신권 강화'를 뜻한다군약신강. 그 상징이 바로 '경연과 대간'의 강화였다. 즉 경연은 임금을 유교정치에 맞도록 세뇌시키는 교육이었고, 대간은 임금에 대한 시비였다. 이를 못마땅하게 생각한 태종과 세조는 경연과 대간을 약화시켰으나 폐지하지는 않았다. 그러나 연산군은 이를 아예 폐지해 버렸다.

▌조선은 신하의 나라, 즉 귀족 국가였다

이처럼 조선은 세조 이후에는 신권 국가였다. 그리고 뒤로 가면 갈수록 '왕'은 오늘날 의원내각제에서의 왕보다도 힘이 없는 존재가 된다. 나중에는 굴러다니는 '전주 이씨' 중에서 아무 놈이나 왕으로 갖다 앉히기도 했다강화도에서 농사짓고 살다가 영문도 모른 채 졸지에 대통령이 된 철종이 그랬다. 이처럼 조선은 철저히 '사대부의 나라, 신하의 나라'였다. 성종이 유교 원리에 충실한 도학 군주였다는 얘기는, 성종은 '사대부들의 나와바리토지, 노비'를 건드리지 않았고, 사대부들의 비위를 맞추면서 대통령 노릇하다 죽었다는 얘기다. 역사는 승리자의 기록이고, 우리 역사의 주류는 사림파 사대부들이었으니, 당연히 좋게 써주지 않았겠나? 사대부들의 나와바리를 건드린 연산군은? 당연히 '개 같은 놈'이 되는 거다.

예종 편에서 잠깐 얘기했던 구성군 이준을 기억하는가? 바로 세조의 동생 중 유일하게 자신의 집권을 찬성했던 임영대군의 아들로 '이시애의 난'을 진압한 세조의 조카가 구성군 이준임을 앞서 얘기했다. 이시애의 난 진압을 통해 구성군과 함께 정계의 스타로 떠오른 남이는 훈구대신들이 정치 공작을 통해 제거했다. 그런데 구성군은 남이와 달리 처신이 매우 신중하고, 권력의 생리를 아는 인물이었다. 쉽사리 훈구대신들에게 죽음을 당할 빌미를 제공하지 않았다.

훈구파, 절정의 권력을 누리다

그럼에도 불구하고 정희왕후 윤씨, 한명회 등 훈구대신은 구성군 이준이 제2의 수양대군이 될까 봐 두려웠다. 그래서 이준을 귀양 보내 혹시 모를 쿠데타의 싹을 아예 잘라버렸다. 이처럼 권력도 써 본 놈이 뻔뻔하게 잘 쓰는 모양이다. 이로써 조선 개국 80여 년 만에 훈구에게 아스팔트가 깔린다. 훈구에 대항할 만한 정치 세력이 아무도 없었다. 왕, 왕족, 대신들은 돌아가면서 서로 사돈을 맺고, 지들끼리 다 말아먹는 시대가 된 것이다.

성종이 스무 살 되던 해성종 7년 정희왕후는 수렴을 거두고, 성종은 친정을 선포한다. 사람이 100만 년 살면 얼마나 좋겠는가? 그러나 사람의 목숨은 유한한 것. 굳이 제거하지 않아도 자연사 함으로써 제거되는 경우도 있는데, 한명회와 신숙주가 그랬다. 훈구의 거목 신숙주가 성종이 19세 때1475, 한명회는 그로부터 12년 후인 성종이 31세 때 죽는다.

미래에 대한 통찰력도, 배짱도 없었던 성종

성종의 목을 쥐고 있던 훈구의 두 거목 한명회와 신숙주가 죽었다. 성종은 31세의 연부역강한 창창한 나이. 자~. 이제부터 내 세상 만들어 보자? 그러나 홍세화가 "사람은 변증법의 유일한 예외"라 하지 않았던가?

사람의 성정은 변하지 않는 모양이다. 성종은 자기 세상을 만들 그릇이 되지 못했다. 그만한 배짱도 없거니와 미래에 대한 통찰력도 없었다. 유교라는 학문 자체가 순치 교육인데, 어려서부터 순치 교육을 받은 사람이 배짱이니 통찰력이니 그런 덕목이 있을 수 있겠나? 이래도 한세상 저래도 한세상인걸, 그냥 편하게 살면 되지. 그는 그저 공부 잘하고, 약간의 성깔도 있었으나 일 벌이기를 싫어하고, 잘 참고 견디는 그런 사람이었다.

성종 때 특기할 만한 사실은, 바로 사림士林의 등장과 자신의 아내이자 아들 연산군의 엄마인 폐비 윤씨를 죽인 일이다.

성종 이혈(1457~1494) II

말도 많고 탈도 많은
사림의 등장

사림土林이 등장하다

성종은 신숙주와 한명회가 죽고 대통령으로서 자신의 틀이 잡히기 시작하자 조정에 득실거리는 훈구대신을 견제하려 했다. 그래서 훈구대신을 견제해 줄 정치 세력으로 사림을 등용하는 정치적 결단을 내리고 사림을 사헌부감사원와 사간원언론기관, 즉 대간臺諫에 기용한다. 결국 '총리와 장차관'은 훈구대신으로 쫙 깔려 있고, 이들을 감찰하고 시비하는 '감사원과 언론기관'에는 사림파로 쫙 깔아 놓은 것이다. 이로써 '대신훈구파 vs 대간사림파'의 구도가 성립됐다. 드디어 훈구만 득실거리던 조정에 힘의 균형이 이루어졌다.

성종은 훈구 견제를 위해 무인, 역관, 의관도 등용했으나, 그들 스스로 문인에게 주눅이 들어 별반 실효를 거두지 못했다. 그래서 발탁한 것이 사림의 원조인 김종직이었다. 그리고 '전국민의 유교생활화 캠페인'을 실시했다. 마치 1970년대 새마을운동처럼 열녀문 만들고, 현수막 걸고, 광고 때리고, 효부상 만들고, 주인 잘 섬기는 노비에게 상도 주고……. 강력한 억불숭유정책. 사림士林이 뭔가? 사학계의 태두 이기백 교수의 설명을 보자.

> 사림이란 지방에 근거지를 가지고 있는 **재야의 독서인군**讀書人群을 일컫는 말이다. 이들은 경제적으로 중소지주층에 속하며 중앙정계보다는 향촌에서 유향소, 향청을 통하여 영향력을 행사하여 오던 세력이었다. 이들은 사장詞章보다는 경학經學을 중시하였고, 경학의 기본정신은 수기치인에 있다고 생각하였다. 이같이 자신의 **도덕적 수양을 중요시** 하는 입장에 서고 보면 자연히 훈구 세력의 비리에 대한 현실비판적 경향을 나타나게 되었다. 이기백著,「한국사신론」, 227p, 일조각刊.

사림파士林派. 우선 이름부터 간지난다. 뭔가 있어 보이지 않나? 지사志士적 풍모가 느껴지지 않나? 더군다나 재야의 독서인군이란다. 책 읽고 토론하는 무리라. 1980년대 민주화 운동을 주름잡던 재야인사의 포스가 느껴지지 않나?

훈구와 사림

고등학교 때는 훈구파는 썩을 대로 썩은 놈들이고 사림파는 청렴결백하고 백성만 생각하는 무지 멋진 세력인 줄 알았다. 그러나, 결론적으로 사림보단 훈구가 100배는 낫다는 게 내 생각이다. 똑같은 성리학자지만 훈구의 원조인 정도전, 남은은 진취적이고 자주적이었으며 실용적이었다. 그러나 사림은 처음부터 끝까지 교조적, 사대적이고, 명분만 찾았으며 옹졸했고 찌질했다. 훈구는 불교, 도교, 풍수사상, 민간신앙 등 '자기와 다른 것'도 포용할 줄 알았으나, 사림에게 '유교儒敎 아닌 것은 모두 이단'이었다.

훈구가 사장에 능하고 사림이 경학이 능했다는 얘기는 훈구는 현실문제 해결능력, 실무능력이 뛰어났고, 사림은 현실문제에는 관심이 없고 입만 살아서 말만 많았다는 얘기다. 이처럼 훈구는 경세의 학문이었다. 공론에 빠지기 쉬운 경학을 경계하고 실학을 수용하였다. 그러나 사림의 학문은 경학과 실학을 구분하여 실학을 잡학으로 멀리했다. 경학에 편중했고 자신들을 사류士類로 칭하였다. 그래서 실학은 중인계층이 세습하는 학문으로 굳어졌다. 교과서적 표현은 이렇다.

사림정치가 진전됨에 따라 성리학은 점차 경세적 기능보다는 관념적인 이기론 중심으로 발전하는 경향을 보였다. 1990. 국사 국정교과서, 182p.

훈구도 집권 80년 만에 썩을 대로 썩은 것은 움직일 수 없는 사실이다. 그렇다면 사림은 어땠는가? 사림은 깨끗했나? 천만의 말씀. 더 더러웠다. 아니, 더럽다는 표현으론 모자란다. 동서양의 역사상 가장 '악질'이었다.

조선을 골로 보낸 악질 성리학자 집단, 사림

물론 사림도 등장 초기엔 참신했다. 등장 초기에 참신하지 않은 얼굴이 어딨나? 훈구 역시 등장 초기엔 참신한 신진 사대부 세력이었다. 386도 정치권에 수혈됐을 때는 참신했다. 다 그런 거 아닌가?

성종 때 등장하기 시작한 사림은, 몇 번의 권력투쟁사화을 거쳐, 130여 년 후인 1623년, 인조의 쿠데타인조반정로 영구 집권에 성공한 후, 지들끼리 죽고 죽이는 붕당정치, 외척정치, 세도정치로 업그레이드되면서 조선을 아주 그냥 골로 보내 버렸다.

영국에서 지하철이 다니고 주식시장이 활성화되고, 아르헨티나에서 에스컬레이터가 오르내릴 때도, 이미 망해 없어진 명나라 바짓가랑이 붙잡고, 도리가 어쩌고, 공자가 어쩌고, 아녀자의 길이 어쩌고 떠들던 놈들이 바로 '사림'이다. 이들의 집권 기간 동안 도로 사정 하나 달라지지 않았다.

입만 열면 충이 어쩌고 나라가 어쩌고 하는 놈들이, 전쟁만 나면 제일 먼저 도망쳤다. 단 한 번도 외세에 맞서 싸워 본적이 없는 집단이 바로 사림파 성리학자들이다. '노블레스 오블리주'는 개코도 없었고, 대가리에 공익公益이라는 관념은 아예 존재하지 않았다. 죽으나 사나 오로지 '자신과 가문의 이익'만이 존재할 뿐이었다. 나라와 정권이 망해도 '자신과 가문'만 망하지 않으면 됐다. 그게 '사림'이었다.

사림은 성리학 외의 어학, 천문지리, 의학, 과학, 농학, 기상학 등 실생활에 절실하게 필요한 학문을 모두 쌍놈의 학문으로 여겼다. 노동도 천시했다. 오직 앉아서 도道가 어쩌니, 이理가 어쩌니, 기氣가 어쩌니, 예禮가 어쩌니만 떠들었던 백해무익한 정치집단이었다.

성종, 부인 윤씨(훗날 연산군의 엄마)를 버리다

성종은 한명회의 딸을 첫째 부인중전으로 맞이하고, 둘째 부인으로 윤씨를, 셋째 부인으로 또 다른 윤씨를 맞이했다. 둘째 부인 윤씨는 어렵게 자란 반면, 셋째 부인 윤씨는 할머니의 족친으로 부유하게 성장했다. 성종 5년 중전 한씨가 죽자, 둘째 부인 윤씨에게 기회가 왔다. 성종을 구워삶고, 조신하고 단아한 행동으로 시할머니정희왕후, 시엄마인수대비까지 구워삶아 중전의 자리에 오르고, 연산군을 낳는다.

그런데 '두 번째 부인 윤씨'는 중전에 오르자마자 돌변하여 성종과 시엄마, 시할머니 사이를 헐뜯고 강짜를 부리기 시작한다. 특히 질투가 도를 지나쳤다. 남편을 두드려 패기도 했다. 이 부분도 드라마의 단골 소재다. 여차저차해서 결국엔 '서인폐비왕비에서 쫓겨나 평민이 됨'되어 궁궐에서 쫓겨난다. 그리고 '셋째 부인 윤씨'가 새로운 중전이 된다그녀가 정현왕후 윤씨다. 이 '정현왕후 윤씨'의 아들이 진성대군으로 후에 중종이 된다. 따라서 연산군과 중종은 모두 성종의 아들이다. 성종은 차라리 죽여서 후환을 없애는 것이 낫다는 생각에 폐비 윤씨에게 사약을 내린다.

당대의 두뇌 임사홍, 폐비에 반대하다

둘째 부인인 윤씨 폐비에 반대한 사람이 바로 예종과 성종의 사돈 '임사홍'이다예종 딸 + 임시홍 아들, 성송 딸 + 임사홍 아들. 임사홍은 훈구파로 성종의 총애를 받았다. 간신으로 알려져 있지만, 그건 사림파 성리학자들의 평가일 뿐이다.

비상한 두뇌, 당대 으뜸의 명필, 발군의 중국어 실력, 의학, 천문지리 등 잡학에 능통, 자신감 넘치는 성격, 한때 김종직보다 더 바른 말을 하는 신하였다. 그러나 한편으로 그는 대간사림파들과 대립했다. 사림파 성리학자들의 눈엔 '어학, 의학, 천문지리'는 쌍것들이나 하는 잡학에 불과했고, 잡학에 능한 놈은 '이단이고 간신'이었다. 잡학에 능한 간신이 대통령을 홀리고 있다는 게 사림파의 주장이었다. 대간사림들은 임사홍을 간신이라 탄핵했고, 이에 훈구의 핵심인 임사홍마저 날아가자, 대간들은 더욱 기고만장해졌다. 사림들의 그 대책 없는 기고만장은 30여 년 후 조광조에 의해 절정을 이룬다.

사림, 임사홍을 간신으로 몰아 탄핵하다

사헌부감사원와 사간원언론기관을 장악한 사림들은 '견강부회식 비판, 짜내기식 비판, 폐쇄적 비판, 안하무인식 비판'을 계속해서 성종을 짜증스럽게 했다. 나아가 비판의 대상을 훈구에서 왕으로 확대하기 시작한다. 이놈들은 '훈구를 견제하라'는 대통령의 깊은 뜻을 헤아리지 못하고, 총구를 대통령에게 겨눈 것이다. 분수 모르고 설치던 사림들은 성종의 아들 연산군에게 아주 제대로 죽는다.

사림들의 조직적 탄핵에 의해 자리를 잃은 임사홍은 성종 때는 더 이상 등용되지 못하고 22년간 유배 생활을 한다. 1~2년도 아니고 22년을 그랬다. 그랬으니 사림에 대한 원한이 오죽했으랴? 임사홍은 성종의 아들 연산군 시대에 다시 등장한다. 그러나 이미 늦은 일. 한때 아무리 화려한 정치인이었다 한들 37세에 정계에서 밀려나 59세에 재등장한다고 뭘 할 수 있었겠는가? 연산군의 '삐끼' 노릇하다 62세에 죽는다. 아까운 인물 하나가 사림들의 되지도 않는 시비에 휩쓸려 재능을 국가에 기여하지도 못하고 죽은 것이다.

그렇다고 훈구가 잘했다는 것도 아니다. 이 시절 훈구는 불법적 토지 집적과 불법 정치자금 조성으로 썩을 대로 썩었다. 그러나 사림도 등장 초기에는 훈구대신에 비해 참신한 세력이었으나, 이들도 신권(臣權)이 왕권을 압도하자 자기들끼리 피튀기는 감투 쟁탈전을 벌여 썩을 때까지 썩어 갔다. 백성들 입장에선 똑같은 놈들이었단 얘기다. 난 양비론을 가장 싫어하는데, 결론은 양비론이 됐다. ㅋ. 그래도 굳이 하나 찍으라고 한다면, 사림보단 훈구의 손을 들어준다. 훈구는 역성혁명을 성공시켜 조선을 명나라에 이은 세계 2위의 과학 국방 강국으로 만들었던 능력 있던 세력이다. 물론 집권 80여 년 만에 썩어갔지만 말이다. 사림은? 이놈들은 욕먹을 일밖에 없다. 사림파가 득세하니, 욕은 두고두고 계속하자.

조선, 변화를 거부하는 '수직적 질서체계' 성리학에 빠지다

15세기 말 사림들의 끊임없는 정계진출 기도와 함께 그 잘난, 백해무익한, 정말 아~무 데도 쓸모없는 성리학이 발전하기 시작한다. 이 성리학으로의 집중이야말로 조선의 심장에 비수를 꽂는 것이었다. 이 인간들이 밥 먹고 할 일이 없으니 주리론이 어쩌고 주기론이 어쩌고 되지도 않는, 인생에 전혀 도움 안 되는, 답 없는 말만 해대기 시작했다.

이 인간들이 주절거리는 주기론과 주리론에 관한 변태섭 교수의 교과서 내용을 인용하려 했으니, 지금 봐노 도대체 뭔 얘긴지, 한글은 한글인데 읽어도 이해 안 되는 심정, 이해되나? 인용을 포기한다.

지들끼리 그렇게 떠드는 것은 그렇다 치자. 그런데 이 인간들은 지들과 생각이 다르면 모두 이단이고 죽여 없애야 할 대상이었다. 과학, 수학, 의학, 천문학, 예술, 어학은 모두 쓰레기였고 죽여야 할 대상이었다.

그리고 세상과도 문을 닫았다. 이 점, 같은 성리학자지만 훈구와 사림의 차이였다. 훈구는 'simply different'를 인정했다면, 사림은 인정하지 않았다.

성리학의 핵심적 명제는 '수직적 질서체계'라는 점이다. '평등'의 이념과는 상극이다. 따라서 그들은 이 세상 모든 것을 '줄을 세워야' 직성이 풀린다. 중국은 아버지의 나라이고 조선은 자식의 나라다. 자식이 아버지에게 대들면 안 되듯, 조선이 중국에게 대드는 것은 천하의 질서를 어지럽히는 일이다. 따라서 사림의 입장에선 아버지의 나라 명나라에 대든 정도전은 천하의 간신이었다. 사람도 줄을 세워야 했다. 사농공상 순으로. 이런 수직적 질서 체계는 필연적으로 사회역동성을 떨어뜨린다. 오늘날도 우리는 여전히 줄을 세워야 직성이 풀린다. 대학도 SKY부터 줄을 세워야 하고, 고등학교도 특목고–자사고–일반고–전문계고로 줄을 세워야 하고, 아파트도 삼성 래미안을 필두로 줄을 세워야 하고, 사람도 스펙에 따라 줄을 세워야 한다. 조선시대는 '성리학'의 이름으로, 오늘날은 '자유경쟁'의 이념으로 줄을 세운다. 다른 점이 있다면 조선시대는 타고난 것을 운명으로 수용해야 했다면, 오늘날은 자신의 노력으로 새로운 줄을 잡을 수 있다는 것인데, 과연 그럴까?

참고, 참고, 또 참은 들장미 소년 성종

성종은 사림들의 날선 비판에 욱하기도 했으나, 저지르지는 못했다. 들장미 소녀 캔디도 아니면서 참고 참고 또 꾹꾹 참았다. 아들 연산군은 그런 아버지를 이해할 수 없었다. "우리 아버지는 왜 참을까? 개기는 놈들은 싹 죽여버리지, 왜 저렇게 꾹꾹 참을까?" 그리 생각한 것이다.

성종은 공부도 잘했지만, 한량 기질이 있어서 시와 그림을 좋아했고 여자도 밝혔다. 그렇게라도 풀지 않으면 견디지 못해서였을까? 그러나 성종은 한창 나이인 38세에 눈을 감는다. 성종이 죽은 것이 1494년. 성종과 훈구 세력이 그렇게 신선놀음하고 있을 때, 우리보다 한참을 뒤졌던 야만족 유럽은 1492년 신대륙을 발견하고 급속하게 발전한다. 50년 만에 나라 형편이 이렇게 뒤바뀌는 것이다.

이때 성종의 아들 '융'이 연산군이란 이름으로 등장한다.

제 3 장

쇠락

연산군 이융(1476~1506)

제멋대로 살다 간 연예인

연산군燕山君. 성종의 장남이자, 중종의 이복형 & 처고모부. 휘는 융.
향년 31세(1476~1506년). 재위 1494~1506년까지 12년.
원도 한도 없이 제멋대로 살다가 죽은 인간.

▌나는 아버지 성종과는 다르다

▌ 성종은 자신이 지나치게 조기교육에 시달린지라, 아들인 이융연산군은
여덟 살이 되도록 성균관 입학을 방치했다. 지긋지긋한 수험생 생활도
그렇거니와, 그렇게 공부해 본들 "인생은 거기서 거기"라고 생각했을 것
이다. 결국 열두 살 되던 해에 융을 성균관에 입학시켰다. 융은 장난기가
많기는 했지만 별 특징 없는, 칭찬할 것도 없고 문제아도 아닌 평범한 아
이였다. 연산군이 공부를 싫어한 것은 사실이지만, 그렇다고 맹탕도 아
니었다.

아버지 성종은 대간사림파들의 공격에 대해 무슨 일이 있어도 참고 참았
다. 원래 성격이 그런 스타일이었고, 조기교육 탓에 도학 군주로 만들어

졌으니, 성질을 낼 수도 없었다. 대신 '여자, 술, 그림'으로 스트레스를 풀었다. 융은 아버지 성종이 사소한 일로 대간들에게 공격을 받고, 대꾸도 못하고 스트레스 받는 것을 이해할 수 없었다. 특히 성종 때 훈구의 핵심 임사홍이 대간들의 탄핵에 의해 날아가자, 대간들은 권력의 핵심으로 성장했고, 권력의 맛을 알게 된 대간들은 "이대로 영원히"를 외치며 더욱 기고만장해졌다. 어린 융은 자신도 모르는 사이에 "저놈들 그냥 뒤선 안 되겠구나~"는 생각을 하게 됐다. "난 절대 아버지처럼은 안 살 거야~" 하고 말이다.

성종이 사림들의 공격에 스트레스를 견디지 못하고 38세에 죽자, 아들 융은 열아홉의 나이로 보위에 오른다. 그가 연산군이다. 연산군은 재위 12년 동안 아버지와는 정반대로, 그야말로 제멋대로 살다가 죽었다. 원도 없고 한도 없이 할 짓, 못할 짓 다~ 하고 죽었다. 업적? 글쎄~. 아. 딱 하나 있다. 뒤쪽에서 언급할 것이다.

사림, 끝없이 징징대다

연산군이 집권했음에도 대간을 장악한 사림들의 안하무인식 비판은 사사건건, 끊임없이 계속되었다. 연산군은 사림들의 시비에 무슨 일이 있어도 꾹꾹 참기만 했던 아버지 성종과는 그 성정이 달랐다. 연산군은 "이 새끼들이 도대체 누가 왕이고 누가 신하야~" 하면서 이를 갈았다. 대통령에 즉위한 지 4년이 지나도록 자신이 무슨 일을 할 때마다 대간들은 사사건건 "아니되옵니다~~"만을 외쳐대니, 연산으로선 환장할 노릇이었다. 딱히 반대논리가 있는 것도 아니었다. 그냥 "저놈은 간신이다"만 줄기차게 외쳐댔다.

그러나 득달같이 달려들어 물어뜯는 사림을 당해내기에는, 연산군은 힘이 미약했다. 강경일변도의 대간사림파을 견제하기 위해 연산군은 대신 훈구파들과 손을 잡았다. 이제 그 유명한 사화士禍가 시작된다. 사화란 말 그대로 '사림들이 화를 입은 것'을 말한다. 크게 네 번의 사화가 진행된다. 즉 무오사화, 갑자사화는 연산군 때, 기묘사화는 중종 때, 을사사화는 명종 때에 거쳐 약 50년 사이에 네 번의 사화가 있게 된다.

무오사화 – 연산군의 차도살인借刀殺人

무오사화라~. 무오년1498에 일어난 사림의 화. 사림들이 주제 파악 못하고 나대다가 무오년에 골로 간 사건을 뜻한다. 사화는 드라마의 단골 스토리이므로 자세한 내용은 드라마를 참고하시고. 결론만 요약정리하자면 유자광, 이극돈 등 훈구 세력이 이런저런 사건을 들어 '연산군'을 충동하여 사림파를 모함했고, 그 결과 사림파들이 싹쓸이된 사건이다.

그러나 유자광의 충동질에 연산군이 속아서 사림을 싹쓸이한 것은 이 사건의 본질이 아니다. 연산군은 뭐 바보였겠는가. 이 사건의 본질은, 오히려 연산군이 훈구를 활용하여 분수 모르고 개기던 사림파 대간들을 싹쓸이하고 왕권을 강화한 것이다. 차도살인借刀殺人. 중원의 최고수들만 할 수 있다는 그 기법을 연산이 한 것이다. 문제는 연산군이 왕권을 강화하여 나랏일을 돌보는 데 그 힘을 쓴 것이 아니고 '술, 여자'에 빠져서 살았다는 점이다.

어쨌든 연산은 어려서부터 꿈꾸던 '사림 싹쓸이'를 이룬 것이다. 무오사화1498로 사림을 정리한 후 갑자사화1504가 있기 전까지 6년은 태평성대라고도 불릴 수 있을만큼 무난했다. 또라이라는 지금의 평가와 달리 연산군은 카리스마도 있었고, 정치 감각도 있었고, 냉정했고, 힘을 빌릴 줄도 알았고, 때를 기다릴 줄도 알았다. 문제는 술과 여자에 돈을 너무 들이부었다는 것. 언제나 모든 사단은 '돈' 문제에서 시작한다. 갑자사화의 시작이다.

1504년갑자년 연산군은 돌변한다. 갑자기 자기 새엄마들성종의 후궁 엄숙의와 정소용을 몽둥이로 패고, 그 자식들이봉, 이항/연산군의 이복동생로 하여금 그들의 생모를 몽둥이로 팰 것을 강요한 것이다. 그렇게 자기 새엄마들을 죽인다. 그 아들들도 죽인다. 그리고 자신의 할머니이자 성종의 생모인 인수대비를 '헤딩'으로 들이받는다. 인수대비는 그 충격으로 한 달 후 사망한다. 소위 갑자사화가 시작됐다.

▌ 갑자사화 – 연산군, 군권君權에 도전하는 신권臣權을 척살

갑자사화는 연산군의 생모 윤씨 복위문제로 야기되어 훈구와 사림이 피해를 입은 사건으로 알려져 있다. 그러나 이 역시 본질은 왕권에 도전하는 신권에 대한 연산군의 응징이었다. 표면적인 문제는 엄마였으나, 실질적인 문제는 돈이었다. 무오사화로 사림들을 제거한 후 시비하는 놈들이 없으니 연산군과 훈구로선 태평성대였다. 문제는 연산군은 수시로 '미스 조선 선발대회'를 개최하고, 청와대 안에 '국립 룸살롱'을 만들어 전국의 이쁜 처녀들은 다 청와대로 불러와 데리고 살았으니, 돈이 모자라게 된 것이다이때 뽑힌 여자를 '흥청'이라고 하는데, 1만 명 가까이 됐다고 한다. 어떤 놈은 한 명도 못 끼고 사는데 어떤 놈은 1만 명을 끼고 살았으니. '흥청망청'은 여기서 유래한 말이다.

돈이 모자라자 연산은 훈구 세력의 토지와 노비를 접수하려고 했는데, 이에 대해 훈구들이 반발한 것이다. 연산군의 입장에선 "이 새끼들이~

왕이 까라면 깔 것이지 어디서 개기고 지랄이야~"는 것이었고, 훈구들의 입장에선 "지가 왕이면 왕이지 왜 남의 땅을 내놓으라고 지랄이야~" 하는 것이었다. 연산군이 참을 리 없었다. '죽은 엄마폐비 윤씨 사건'을 빙자하여 '사림은 물론 훈구까지' 몽땅 싹쓸이한 것이다. 이것이 갑자사화다.

갑자사화 – 연산군 극본, 주연, 촬영, 편집, 감독

무오사화가 '유자광 주연, 연산군 감독'이었다면 갑자사화는 '연산군 극본, 주연, 촬영, 편집, 감독'이었고, 알려진 것과 달리 임사홍은 엑스트라에 지나지 않았다. 무오사화가 '훈구+연산군 vs 사림' 간 대결이었다면, 갑자사화는 '연산군 vs 훈구+사림' 간 대결이었다.

연산은 훈구를 이용하여 사림을 제거한 후무오사화, 훈구까지 적으로 만들었다갑자사화. 거듭된 사화로 자신의 권력 기반을 계속 파괴한 것이다. 과유불급. 정치가 세력 없이 가능한가? 절대 불가능하다. 웬만해선 절대라는 말은 안 쓰는데, 이건 절대 불가능하다. 정치의 가장 중요한 팩터factor는 '세력'이다. 이 세력이 '명분'과 '지도자'와 결합했을 때 비로소 권력 획득에 근접할 수 있는 것이다. 세력 없는 정치는 끝까지 가 본들 '박찬종'이다.

연산은 결국 죽음을 재촉한 것이다. 연산이 사림을 제거했으면 훈구를 권력 기반으로 삼아야 했다. 그러나 그는 훈구까지 싹쓸이해 버렸다. 연산은 정적을 제거할 줄만 알았지, 자기 사람을 심고 그 권력을 유지할 줄 몰랐다. 누차 말하지만, 이처럼 권력을 장악한 후 자기 사람 심기는 너무너무 중요한 것이다. 갑자사화 후 불과 2년 만에 연산군은 사림과 훈구

연합에 의해 죽는다.

거듭된 사화로 자신의 정치 기반을 허물어 버린 연산군

폭력적인 사화에 의해 싹쓸이 된 훈구와 사림은 결합한다. "이 개쉐이 ~ 지가 왕이면 다여~" 하고 말이다. 어제의 적이 오늘의 동지가 됐다. 놀랄 것 없다. 정치판에서 적의 적은 동지가 아니던가? 진보신당 대표 노회찬도 세종시 문제와 관련하여 '박근혜와도 연대할 수 있다' 고 하지 않던가? 정치는 그런 것이다. "어떻게 박근혜와 연대를?" 하고 생각할 필요 없다. 세력이 약하면 특정정책을 매개로 '반대 세력' 과도 연대하여 정국을 자신에게 유리한 국면으로 반전시키든지, 돌파하는 것이 유능한 정치인의 덕목이다. '유연한 486' 들처럼 한미 FTA 찬성하고 해외 파병 찬성한다고 해서 '유연한 진보' 가 되는 게 아니다. 그래서 '지역등권론' 을 매개로 JP와 연대하여 정권을 쥐고 그 누구도 상상하지 못했던 '남북 화해' 의 씨앗을 뿌렸던 DJ가 '정치인으로서' 위대한 것이다.

절대왕권을 꿈꾼 연산 vs 왕은 제1 사대부에 불과하다(성리학자들)

양 사화를 통해 연산군이 꿈꾼 것은 '절대왕권' 이었다. 중국식의 황제를 꿈꾼 것이다. 그러나 성리학에 기반한 유교정치의 기본은 '신권 강화' 다. 성리학 교과서에 따르면 인간을 계층별로 사농공상으로 구분한다. 그리고 정치는 제1 신분인 사대부만이 할 수 있는 것이며 왕은 '사대부 중의 제1 사대부' 에 지나지 않았다. 아무리 왕이라도 제1 사대부는 다른 여러 사대부와 같이 상의해서 일을 처리해야 하는 것이 성리학에 충실한 유교정치였다. 제1 사대부가 도리를 제대로 하지 못하면? "갈아치울 수도 있다"는 게 성리학자들의 생각이었다. 그게 유교적 왕도정치였다. 쉽게 말하자면 왕 혼자 다 해먹는 건 못 보겠다는 것이다.

그런데 연산은 이를 거부했다. 유교정치를 거부한 것이다. 유교정치 거부까지는 좋았다. 되지도 않는 이빨만 까대면서 사사건건 시비만 하는 사림들을 찍어 누른 것은 백번 잘한 일이다. 그러나 그렇게 피를 보면서 획득한 권력을 '술 처먹고 여색질 하는 데' 썼다. 그게 연산의 한계였다. 획득한 권력으로 백성의 숟가락 하나라도 늘렸으면 연산군이 그렇게 허망하게 실각하진 않았을 것이다.

연산의 카바레 동지, 임숭재

연산은 시인이자 가수였고 화가였으며 연기자였다. 재능 면에선 아마 '조영남' 같은 연예인이었으리라. 그러니 그 당시 사림들의 눈에는 얼마나 쌍놈으로 보였겠나. 연산과 카바레 동지가 바로 임사홍의 아들 임숭재였다. 임숭재는 연산과 친하게 어울리면서, 억울하게 쫓겨난 아버지 임사홍의 컴백을 간청했다.

결국 연산 9년 임사홍은 59세의 나이로 정계에 컴백한다. 그래서 얻은 직책이 '채홍사'. 한때 조선의 손꼽히던 인재가, 사림들의 되지도 않는 끊임없는 시비로 22년을 야인으로 지내다가, 죽기 3년 전에 다시 등장해서 '여자를 골라 임금에게 진상' 하는 일이나 했던 것이다. 2000년이 10년이나 지났는데도, 아직도 "빨갱이다", "이념적 판결이다", "좌파 판사다"는 말이 공공연하게 통하는 세상인 것을 보면, 우리 민족에겐 되지도 않는 말로 시비하고 모함하고 땡깡부리는 사림의 피가 흐르는 모양이다. 구제불능이다. 언제까지 빨갱이 타령할는지.

박정희의 국립 룸살롱 – 안가

연산의 국립 룸살롱 이후, 근세에 이를 승계한 자가 바로 박정희다. 안가安家. 풀이하면 안전한 가옥. 박정희가 여자 끼고 술 마셨던 곳이 바로 안가다. 지금도 삼청동 뒤쪽으로 가면 고급 한정식집들이 있는데, 그게 다 예전 안가 터다. 박정희가 만든 '국립 룸살롱'이다. 개인적으로 권력자가 안가를 활용하는 것은 나쁘다고 보지 않는다. 지나치지만 않다면 말이다. 뭐 일반인들도 룸살롱 가지 않는가?

박정희의 '채홍사'는 중앙정보부 의전과장 박선호 대령이었다. 명문 서울고, 육사를 나와 조국 근대화를 위해 이 한 몸 바치겠다는 각오로 군문軍門에 들어선 일류 엘리트 장교가, 권력자의 여자나 골라 바치고 살았으니 스스로 얼마나 한심했겠는가? 자식 보기 부끄러워서 더 이상 일을 못하겠다고 사표를 내도 중앙정보부에선 "그래도 너밖에 없지 않느냐" 하면서 주저앉혔단다. 결국 자신의 은사이자 직속상관인 김재규 중앙정보부장과 10·26 거사에 참여했다가 체포, 형장의 이슬로 사라졌다. 아~ 권력은 무상한 것이야. 청와대 행사에 연예인 동원하는 짓은 DJ 때에 와서야 비로소 없어졌다고 전해진다.

연산군은 수많은 국기일왕족과 왕비들의 제삿날을 폐지했다. 연산군의 유일한 업적이다. 연산군의 연인은 그 유명한 '장녹수'. 그녀는 창녀 출신이었다. 왕과 창녀의 신분을 뛰어넘은 사랑. ㅋ. 눈물 난다.

중종 이역(1488~1544) Ⅰ

원조 무.능.력.

중종中宗. 성종의 차남 & 연산군의 이복동생 & 신수근의 사위. 휘는 역.
향년 57세. 재위 1506~1544년까지 39년.
조선의 원조 무능력 대통령.

지도자는 '결단하는 자'이다

지도자의 리더십은 어떻게 생겨나는 것일까? 리더십은 어느 날 하늘
에서 뚝~ 떨어지는 것이 아니다. 바로 결단의 축적을 통해 리더십은 탄
생한다. 옳은 의사결정을 적절한 타이밍에 해 주는 것이야말로 지도자의
가장 중요한 업무다. 지도자는 이 결단을 통해 세상에 이름을 알리는 것
이고, 결단을 통해 자신이 추구하고자 하는 가치이념=철학를 드러내고 평가
받는 것이며, 감동적인 결단을 통해 '세력'을 모으기 시작하는 것이다.
크고 작은 '결단'이 집적돼야만 비로소 지도자의 리더십이 생길 수 있다.
요컨대, 지도자는 '결단하는 자'이다. 결단해야 할 순간에 결단하지 못하
는 자는 지도자도 아니다. 중종이 그랬다.

조선의 대표적인 무능력한 왕을 꼽자면 중종11대을 필두로, 중종의 아들 명종13대, 중종의 서손자 선조14대, 선조의 서손자 인조16대, 고종26대을 꼽을 수 있다. 물론 내 개인적인 평가다.

조선의 원조 무능력, 중종

중종은 조선의 무능력한 왕 Big5 중 '원조 무능력'이라고 할 수 있다. 이들 무능력자 Big5의 임기만 170년이 넘는다. 제일 무능력한 놈들이 명줄은 길어서, 한 명당 30년도 더 해처먹었다. 정말 신기하게도 무능력한 왕들이 임기가 길었다. 특히 유럽 야만족들이 신대륙을 발견하고, 세계일주를 하고, 식민지를 개척하면서 눈부시게 성장하던 1500~1650년 사이에, 조선은 중종부터 인조까지 '빙신 쪼다 같은 놈들'이 왕이라고 앉아 있었다. 그 150년 사이에 광해군 15년 집권, 인종 8개월 집권한 시절을 제외하면, 중종, 명종, 선조, 인조가 나라를 말아먹은 셈이다.

신하들의 쿠데타, 중종반정

이방원이 아버지 이성계를 밀어낸 제1차 왕자의 난1398이 조선 최초의 쿠데타이다. 두 번째는 수양대군이 단종을 밀어낸 계유정난1453, 세 번째가 바로 중종반정1506이다. 그러나 중종반정은 앞의 두 개와 성격이 다르다. 이방원과 수양대군의 쿠데타는 욍자가 수도한 것이지만, 중종반정은 신하들이 쿠데타를 일으켜 왕을 제거하고, 중종을 바지사장으로 앉힌 것이다. 핏줄을 제1 원칙으로 하는 성리학 국가에서 왕손이 아닌 신하들이 쿠데타를 통해 왕을 지들 입맛에 맞는 애로 바꿔 버린 것이다.

반정反正이 뭔가? "잘못된 것을 바로 잡는다"는 뜻이다. 쿠데타를 뜻한다. 중종반정의 핵심 3인방은 박원종경기도지사/성종 형수의 처남, 성희안전 행안부차관/이조참의, 유순정현 행안부장관/이조판서이다. 이들을 '반정 3정승' 이라 한다. 이들은 사전에 연산군의 총애를 받던 현직 장차관들에게서 모두 쿠데타 참여를 내락内諾받았다. 이걸로 끝이다. 싱겁게 정권은 뒤집혔다.

연산은 겉으로만 전제권력을 행사했을 뿐, 그의 권력은 아무 세력 없는 사상누각에 불과했다. 쿠데타 성공 후 정현왕후 윤씨성종의 셋째 부인의 윤허를 받아, 성종의 차남이자 정현왕후 윤씨의 아들인 진성대군 이역을 대통령 자리에 앉히니 그가 바로 중종당시 19세이다. 중종반정으로 인해 조선은 '왕권王權 < 넘사벽 < 신권臣權' 의 관계가 되었으며, 이후의 왕들은 쪼다 같은 놈들로 채워진다.

연산과 함께 죽은 임사홍

여기서 잠깐. 위에서 연산의 총애를 받던 현직 관료들이 모두 쿠데타에 동의했다고 했는데, 의리 없이, 과연 그럴 수 있는가? 게다가 그들은 입만 열면 "충이 어쩌고 신하의 길이 어쩌고~" 징징대던 성리학자들 아닌가? 그럴 수 있나? 그럴 수 있다. 관료라는 것들이 그렇다.

연산 말년, 이미 정계에는 거사가 있을 거라는 풍문이 돌았다. 누구 하나가 불씨만 당기면 거사는 성공할 수 있을 거라는 예상도 다했다. 그렇게 되면 누가 겁날까? 바로 연산의 총애를 받았던 현직 관료들이다. 그들은 사색이 되었다. 쿠데타가 성공하면 연산과 더불어 자신들이 '모가지 뎅강' 1순위이기 때문이다. 그러나 천만다행(?)으로 반정 세력들은 이들에게도 선을 대 "니들도 참여할래?" 하는 제안을 했고 "당근 참여해야쥐~" 하고 화답한 것이다.

이처럼 연산의 총애를 받았던 현직 관료들도 모두 줄을 바꿔 타 거사에 얼굴을 비추었다. 시대의 고금을 막론, 줄을 바꿔타는 재주는 거의 'animal spirit' 경지에 이른 세력이 바로 '관료' 다. 차라리 연산군과 함께 깨끗하게 죽은, 사람들이 그렇게 간신이라고 씹어댄 임사홍, 신수근이 정녕 충신이 아닐까?

▌ MB 품에 안긴 참여정부의 남자들

참여정부에서 MB 품에 안긴 관료들을 보라. 임채진 검찰총장, 이 인간은 정권이 바뀌자 MB 정권하에서 참여정부 심장에 칼을 겨누었다. 차라리 사표 쓰고 말지 그게 인간이 할 짓인가? 한상률 전 국세청장, 이 인간도 '박연차 게이트'의 불을 당기고 미국으로 도망쳐서 귀국을 거부하다, 2011년에야 귀국했다. 한덕수 총리, 이 양반은 참여정부에서 총리까지 지낸 인사가, MB가 주미대사 시켜 준다니까 바로 넙죽 받아서 워싱턴으로 날아가, MB와 함께 한미 FTA 축배를 들었다. 김성호 전 법무부장관은 MB 정권의 최고 핵심 요직인 국정원장에 앉았다. 윤진식 전 산자부장관은 MB 정권의 청와대 정책실장을 지내고 보궐선거에 출마해 현재 한나라당 의원이다. 참여정부에서 금감원장을 지낸 윤증현은 강만수 후임으로 MB 정권 재경부장관을 지냈고, 박병원 전 재경부 차관은 MB의 대통령 경제수석으로 갔다. 그러니 참여정부와 MB 정부의 재벌 및 경제정책이 대동소이한 것이다. 행정의 달인이라던 참여정부의 초대 총리 겸 대통령 권한대행을 했던 고건은 MB 정권에서 무슨 위원장인가 하고 있고, 유명환은 MB 정권에서 외교부장관 하다 '똥돼지 파문'으로 물러났다. 참여정부의 통상교섭본부장 김현종은 삼성전자 해외법무 사장으로 갔고, 김종훈은 MB 정권의 총애를 받으며 2011년까지 통상교섭본부장을 했다. 참여정부의 농업통상정책관이었던 민동석은 MB 정부에서 쇠고기 협상 대표를 지내더니, 외교부 차관으로 영전했다. 농민에 대한 복지제도였던 추곡수매제를 '화끈하게 폐지'하고 이에 항의하는 농민을 때려 죽였던 참여정부의 경찰청장 허준영은, 경찰청장에서 짤린 후 일찌감치 한나라당에 투항해 2011년까지 코레일 사장직에 있었다. 전북 출신 김장수는 국방장관 시켜 줬더니 한나라당에서 전국구 국회의원 하고 있다. 김희옥은 헌재재판관 퇴임 후 동국대 총장으로 가서 학과 구조조정에 반대하는 학생들을 퇴학시키는 짓이나 하고 있다. 사람이 없었다는 변명은 제발 하지 마라. 그런 변명은 준비가 안 됐다는 자기 고백에 지나지 않는다. 좋은 사람 널렸다. 참여정부가 아무리 개혁적이었다고 한들 저런 인사들과 뭘 할 수 있었겠는가?

참여정부는 권력을 쓸 줄 몰랐다. 도덕적 순결주의와 기계적 평등주의에 매몰돼 자기 세력은 하나도 못 심었다. 정권을 잡고 보니 분 단위로 정책에 관한 의사결정 요구가 밀려오고, 자기 세력이 없으니 급한 대로 관료와 재벌연구소에 의지해야 했다. 그렇게 '관료'의 치마폭과 '삼성경제연구소' 손바닥에서 5년간 좌표 없이 방황하다 정권 재창출에 실패하고 말았다.

중종, 청와대 입성 후 마누라를 버리다

중종이 대통령에 즉위한 후 제일 먼저 한 일은 자신의 부인 신씨를 폐위하고 내쫓은 일이다. 중종의 부인 신씨가 연산군의 처남 신수근의 딸이었기 때문이다. 족보가 헷갈린다. 하나하나 정리해 보자.

연산이융과 중종이역은 둘 다 성종의 아들로 이복형제지간이다. 신수근은 여동생은 연산에게, 딸은 중종에게 시집을 보냈다. 결국 연산은 중종의 이복형이자 처고모부인 셈이다. 신수근은 결정적인 반정反正 순간에 딸중종 편에 서지 않고 여동생연산 편에 서서, 연산과 함께 죽음을 맞이했다. 당연히 연산의 부인이었던 자신의 여동생도 폐비가 되었고, 또 당연히 연산의 아들이자 자신의 외조카인 세자 '이황당시 8세'도 죽어야 했다. 거기다 신임 대통령 중종의 부인이자 자기 딸은 '신수근의 딸'이라는 이유로 폐비가 되는 아픔을 맛봐야 했다. 줄 한 번 잘못 서서 가문이 망한 것이다.

쿠데타 이후, 달라진 것은 아무 것도 없다

반정의 목적은 "연산 시대의 적폐를 일소한다"는 것인데, 결국 청와대와 내각은 연산 때나 중종 때나 그놈이 그놈이었다. 임사홍과 신수근만 죽고 나머지 얼굴은 그대로다. 즉 '연산 시대의 훈구대신과 중종의 반정 공신쿠데타 동지'이 결합하여 돈과 권력과 여자를 독점한다.

이처럼 사람은 그대로, 제도는 다시 연산 이전으로 돌아간다. 즉 '유교정치의 부활'이다. 경연도 부활한다. 'Anything but 연산'이다. 사헌부감사원와 사간원언론기관도 부활했다. 이들 대간은 신진 사림파들로 채워진다. 연산 시절엔 찍 소리 못했던 대간들의 힘이 다시 강해지기 시작하고, 대간들은 유자광을 날려 버린다.

연산 시절, 무오사화를 통해 사림파 정치인을 난도질했던 주연배우인 유자광을 사림들은 잊지 않고 탄핵하여 유배 보낸 것이다. 물론 유자광이 잘한 것은 없다. 다만 탄핵에 합리적인 이유가 있는 것도 아니라는 게 늘 문제다. 사림의 탄핵은 "유자광은 서자의 신분이고 간신이옵니다 ~~~" 수준인 것이다. 인간을 계급으로 나누어 차별하는 성리학에 기반한 카스트 국가 조선에서 "서자의 신분이다"는 얘기는 요즘 말로 치면 "빨갱이다~"는 것과 비슷한 말이다. 유자광은 유배지에서 죽는다.

중종의 정치 – 되는 것도 없고 안 되는 것도 없다

중종은 자신의 띠동갑 이복형 연산의 위세에 눌려 숨소리조차 내지 않고 19년을 살아왔다. 벙어리, 소경, 봉사로 19년의 세월을 보냈다. 그것만이 자신과 엄마의 목숨을 보전하는 길이라고 생각했다. 중종 집권 초기 정권이 아직 안착되지 않은 상황에서 여기저기서 자잘한 쿠데타 기도 사건이 끊이질 않았으나, 박원종, 성희안, 유순정 등 반정 3공신과 훈구 세력 덕에 왕권은 유지할 수 있었다.

세월이 주는 힘도 있는 법. 사람이 살다 보면, 흔치는 않지만, 문제를 해결하지 않고 깔아뭉개고 있는 사이에 자연스럽게 일이 해결되는 경우가 있는데, 중종의 경우가 그랬다. 중종은 결단력은 개코도 없어서 무슨 일이든 일단 뭉개고 보는 스타일이었다. 한승수, 고건처럼 되는 일도 없고 그렇다고 안 되는 일도 없고, 세월만 흐른다.

어느덧 집권 8년이 되자 중종은 한 것도 없이 자연스럽게, 세월의 힘으로 왕권이 서서히 안정돼 갔다. 그리고 불과 집권 8년 만에 박원종, 성희안, 유순정 등 반정 3공신이 차례로 자연사 하면서 자연스럽게 세력교체가 이루어진다. 반정 3공신이 죽고 권력의 공백기가 생기자 이제 말도 많고 탈도 많았던 '조광조'가 등장한다.

중종 이역(1488~1544) Ⅱ

사림, 합리적 대화가
불가능했던 정치 세력

조광조의 등장 – 보수성 + 급진성 + 폐쇄성 = 현실감각 제로

조광조1482~1519. 향년 38세. 사람들은 그가 무지 엄청난 민생개혁을
시도하다 모함을 당하여 젊은 나이에 죽은 아까운 인재라고 생각하지만,
그야말로 착각이다. 물론 그는 급진적이었다. 그러나 '보수적' 이념을 급
진 과격하게 실현하려다 죽은 것이지, '민생개혁이나 진보적 가치'를
급진 과격하게 시노하다가 죽은 것은 절대 아니란 거다. 오종록의 글을
보자.

조광조는 유교를 정치와 교화의 근본으로 삼아야 한다는 지치주의至治
主義에 입각한 왕도정치 실현을 역설하였다. 그런데 그의 왕도정치론,

도학정치론은 **사회 현실의 개혁보다는 사림 세력의 정치적 지위 확보를 우선**시하였다. 오종록 등 著, 『역사의 길목에 선 31인의 선택』, 158p, 푸른역사刊.

조광조의 정치철학은 보수적이고 폐쇄적이었다. 취약한 국제 감각, 안중에도 없는 민생 감각은 거의 벽창호 수준이다. 민생은 도탄에 빠져 당장 내일 끼니가 걱정인데 '주자가례'나 떠들면서 일반 백성도 꼬박 꼬박 제사 지내고, 과부는 재혼도 하지 말 것이며~ 어쩌고저쩌고했던 것이다. 왜놈은 삼포왜란을 일으키고, 일본 본토에선 오다 노부나가와 도요토미 히데요시가 세력을 확장하고 있고, 북쪽은 여진족의 침범이 빈번한데, 부패 정치인의 상징인 훈구파 신숙주 수준만큼이라도 국제 정세를 파악한 사림파는 한 놈도 없었다.

조광조, 도로 사정 하나 나아진 것 없이 정계만 헤집어 놓았다

조광조는 4년 동안 아무런 성과도 없이 중앙 정계만 헤집어 놓았다. 외교도 경제도 정치도 몰랐던 사람이다. 오히려 보수적인 내용의 사회개혁을 '급진적'으로 시도했다. 유교적 도덕국가를 정치적 목표로 삼은 조광조가 한 일이라곤 향약 보급, 소격서 폐지, 현량과 설치뿐이었다. '전국민의 유교생활화'를 강요했을 뿐, 민생 문제는 개코도 관심 없었다.

위의 언급한 것들이 민생과 무슨 관계가 있나? 백성들에게 상부상조를 강조하는 향약을 보급했다는데, 도우려면 '있는 놈'들이 도와줘야지, 손가락 빨고 있는 놈들끼리 무슨 얼어죽을 상부상조인가? 소격서 폐지가 민생과 무슨 관계가 있나? 현량과 실시도 자신의 권력 기반을 마련하기 위한 것이었을 뿐 민생과 아무 관련 없는 일이다. 그야말로 책상물림의 한계를 벗어나지 못했다. 그에 대한 사학자 이이화의 평가를 보자.

> 조광조는 기생을 끼고 놀거나 술을 마시는 잔치 자리에서도 표정 하나 변하는 일이 없이 초연했다. 정직하고 근엄하고 정숙했다. 누구도 감히 그 앞에서 농짓거리나 허튼소리를 하지 못했다. 그의 용모는 준수했으며 학식은 두루 통달했다. **조광조는 자신이 비루하다고 여기는 재상을 길에서 만나면 인사도 하지 않고 지나쳤다.** 중종은 처음엔 이들에게 강론을 받는 것을 즐겼는데, 차츰 염증을 냈다. 조광조는 강론을 하거나 건의를 올릴 때는 조금도 빈틈을 보이지 않았다. **말을 할 때는 임금을 쏘아보며 격한 어조로 어린 애 다루듯 했다.** 이이화著, 『한국사 이야기10』, 67~68p, 한길사刊.

한마디로 '재수 없는 인간'이란 얘기다. 정치도 사람이 하는 일인데, 이렇게 빡빡해서야 어디 사람이 모이고 세력이 만들어지겠는가? 지 눈에 재수 없다고 윗사람에게 인사도 안 하는 게 말이 되나?

내 사전에 예외란 없다

조광조는 29세에 고시에 합격, 성균관에 입학했다가, 34세에 관직에 나가 초고속 승진을 거듭한다. 그가 공부를 잘했음에는 틀림이 없다. 그러나 정계를 주름잡은 지 불과 4년, 38세에 죽임을 당한다. 정치력이 한참 미숙했음을 뜻한다. 중종과 조광조의 동지관계가 금간 것은 소격서 폐지 문제였다. 소격서는 천재지변이 생겼을 때 도교식 제례를 지내는 관청이었으나, 유교국가를 꿈꾸었던 조광조에게 유교가 아닌 것은 모두 이단이었다. 그는 소격서 폐지를 주장했다. 그러나 소격서는 있어도 그만 없어도 그만인 곳이다. 이게 민생과 무슨 관련이 있나? 또한 성리학 질서에 반한다며 불교행사인 기신재의 폐지를 주장했고, 궁중 연회에서 쓰는 여자 연예인을 남자로 바꾸자고 주장하여 이를 관철시켰다. 남자와 여자가 어울려 사는 것이 인간사의 이치 아니던가? 조광조에게는 용납이 안 됐다. 나아가 중종에게 성리학 과외를 강권하다시피 했다. 이처럼 별로 중요한 문제도 아닌 것을 폐지 또는 강권하며 궐문 앞에 밤새 꿇어 앉아 징징대니, 중종은 '질리고' 말았다.

사림士林, 합리적 대화가 불가능했던 정치 세력

대간을 장악한 조광조 세력은 어느새 대신들도 넘보지 못할 정도로 그 세력이 강해졌다. 대법원 앞에서 "빨갱이 판사 물러가라~" 외쳐대는 노인네들, '고엽제', '자유' 자 들어가는 이상한 단체들 봤나? 그들과 합리적인 대화가 되나? 안 된다. "자유의 적에게는 자유를 줄 수 없다"는 법언이 있다. 그들은 '자유의 적'에 해당하는 자들이다. 여튼, 말 안 통하는 놈들이 떵깡부리면 도리가 없다.

임금의 도가 어쩌고, 덕이 어쩌고 되지도 않는 똑같은 말을 앵무새처럼 반복하면서 임금 앞에서 강짜부리면, 그것도 하루이틀이지, 견디겠는가? 돌아버리는 거다. 조광조가 그런 식이었다. 조광조를 따르는 무리들도 '가치를 독점'하고 분수없이 설쳐댔다. 그들은 자기 편 아니면 모두 적이었다. 조광조는 현량과를 도입, 과거시험을 우회하여 요직에 자기 사람을 심었다. 요즘말로 하면 '낙하산 인사'였다. 현량과는 훈구와의 정치투쟁 수단이었을 뿐, 민생과는 개코도 관련 없었다.

기묘사화 - 중종, 조광조를 죽이다

정책적으론 논쟁할 수 있어도, 인간적으론 룸살롱도 같이 가고, 술도 한잔할 수 있고, 친하게 지낼 수도 있는 것이 인간사 아닌가? 이들은 조광조의 라이벌이었던 '남곤' 같은 유능한 인사도 훈구라는 이름으로 낙인찍어 적으로 만들었다. 조광조 세력은 통제 불가능할 정도로 커졌다. 사림들의 '견강부회식 비판, 폐쇄적 비판, 쥐어짜기식 비판, 안하무인식 비판'은 절정에 달했다. 중종은 이에 급박한 위기를 느꼈다. 중종은 남곤, 홍경주 등과 함께 조광조를 죽인다. 기묘사화다1519.

사실 중종은 말이 대통령이지, 쿠데타에 성공한 공신들이 내세운 '바지사장'에 불과했다. 자신의 부인을 쿠데타 반대파에 가담한 신수근의 딸이라는 이유로 내쫓아야 했다. 중종은 훈구 세력에 겹겹이 둘러싸여 숨조차 마음대로 쉬기 힘들었다. 이런 상황에서 중종이 사림과 조광조를 발탁한 정치적 목적은 끊임없이 비대해지고 있는 훈구를 견제하기 위함이었다. "광조야! 훈구 놈들 좀 견제하고 내 체면 좀 세워도~" 그런 거였다. 그리고 조광조의 기세로는 그것을 해 줄 것으로 보였다. 그런데 이놈이 저를 발탁해 준 깊은 뜻을 헤아리지 못하고 분수없이 나댔다. 이처럼 중종의 조광조 발탁 목적은 왕권강화에 있었으나, 조광조는 '성리학에 입각한 도덕정치의 실현'에 목적을 두었고, 중종도 자신과 같은 생각을 하고 있다고 순진하게 믿었다. 동상이몽異夢이라. 중종은 조광조를 버릴 수밖에 없었다. 중종이 조광조를 배신했다고 하나, 애초부터 중종은 조광조를 믿지 않았다. 중종은 아무도 믿지 않았다. 오종록의 글을 보자.

그러나 **중종의 본심은 철인哲人군주가 되는 데 있지 않았고, 따라서 조광**

조를 철두철미하게 신임한 것도 아니었다. 사실 철인군주는 아무나 될 수 있는 것이 아니었다. 학자관료라 할 수 있는 문신들이 국가운영을 주도한 조선 사회에서, 세종과 정조 두 군주 정도가 뛰어난 학문능력으로 관료집단을 이끌어갔지만, 그들도 철인군주라 하긴 어렵다. 사실 **과거의 정치와 당시 중국의 정치현실에 비추어 봐도 꼭 철인군주라야 강력한 왕권을 행사하는 것도 아니었다.** 앞의 책, 151p.

준비 안 된 정치인, 조광조

조광조의 시도 중 그나마 개혁이라고 할 만한 것이 딱 하나 있다. 바로 토지개혁을 시도한 것이다. 조광조 등 사림은 정전제, 한전제 등을 공론화하려 했다. 노태우가 만든 '택지소유상한에관한법률'을 500년 전에 조광조가 주장한 것이다. 그러나 기득권자인 훈구 세력의 반발 때문에 토지개혁이 무산되자 '위훈 삭제'를 주장하면서 정치적 승부수를 던졌다.

즉 공신들이 터무니없이 너무 많으니, 이를 다시 심사하여 부적격한 공신들의 토지를 환수하여, 미흡하나마 토지개혁과 유사한 성과를 거두고자 한 것이다. 조광조는 중종을 강하게 압박했고, 이 시도가 성공하여 위훈 삭제된 공신들은 토지를 토해냈다. 공신들의 75%가 삭제됐다. 그러나 이는 조광조의 일시적인 승리에 불과했다.

조광조에 이를 갈고 있던 훈구는 불과 4일 만에 반격한다. 그리고 중종과 훈구는 '주초위왕'이라는 정치 공작을 통해 조광조를 제거한다기묘사화. 중종의 입장에선, 자신을 대통령으로 만들어 준 것은 조광조가 아니라 엄연히 훈구 세력이었고 현실적인 정치 기반도 훈구 세력이었다. 게다가 자신의 이복형 연산군도 훈구의 나와바리토지와 노비를 건드리다 죽지 않았던가? 이놈이 지금 나보고 죽으라는 얘기 아닌가?

물론 이 당시 훈구가 부패했던 것은 '움직일 수 없는 사실'이다. 그래서 조광조의 위훈 삭제토지개혁에 백성들이 환호했다고도 한다. 그러나 조광조에게는 사실 토지개혁의 의지도 능력도 없었지만, 백 보를 양보해서 만약 조광조의 토지개혁이 성공했다면 민생은 나아졌을까? 정말 백성들의 삶은 나아졌을까? 난 그럴 리 없다고 본다. 그저 땅 주인이 '훈구에서 사림으로' 바뀌었을 뿐이다.

조광조의 개혁은 백성과 무관한 귀족끼리의 권력 다툼에 불과

조광조의 '땅을 균등하게 나누어 갖자'는 정전제는 사대부들끼리, 즉 훈구만 독점하지 말고 사림들도 같이 나누어 갖자는 얘기지, 일반 백성에게 돌려주자는 얘기가 아니다. 땅의 소유한도를 제한하자는 한전제도 대규모 땅을 소유하고 있는 훈구 세력을 겨냥해 '간 보면서 한번 던져 본 말'이지 그럴 의지도 역량도 안 됐다. 사실 이런 주장도 후배 사림 세력의 강경 주장에 밀려 어쩔 수 없이 던져 본 말이었다. 백성들이 환호했다는 것은 '오바'고 승리자의 기록일 뿐이다. 백성들이 뭐가 좋아서 환호했겠는가? '사림파 사대부들'이나 환호했겠지. 사림파 정치인을 너무 삐딱하게 보는 거 아니냐고? 천만의 말씀~. 인조반정 이후 영원히 정권을 잡게 된 사림파 사대부들은 사소한 일로 시도를 숙고 죽이면서 '땅과 돈과 여자'를 독점, 훈구와는 비교할 수 없을 정도로 악랄하게 백성과 나라를 골로 보냈다. 결코 삐딱한 게 아니다.

조광조 집단 같았던 열린우리당

난 조광조처럼 자기 외엔 모두 이단으로 간주하는 안하무인 정치 세력은 국민 속에 뿌리를 내릴 수 없다고 생각한다. 열린우리당 시절 친노 세력들은 자신 아니면 이단이었다. 가치를 독점했고 폐쇄적이었다. 특히 민주당에 대해 가혹했다. 정작 본인들은 한나라당 출신, 자민련, 국민신당, 국민통합21, 심지어는 민정당 출신까지, 온갖 잡탕 세력이 모였으면서 말이다. 150석 넘는 거대 정당이 3년 만에 국민의 외면을 받았다. 역사에 남을 기록이다.

또한 난 조광조처럼 공부 많이 하고 '행동 없이 이빨만' 까는 정치인을 가장 위험하게 생각한다. 열린우리당은 사람만이 희망이라느니, 상식이 어쩌니 하면서 꼭짓점 댄스 추고 부산하기만 했지, 행동은 드물었다. 조광조도 도로 사정 하나 바꾸지 못하고 정계에서 제거됐듯, 열린우리당도 의무급식은 물론, 준비물 없는 학교 하나도 못 만들고 기간당원제로 권력투쟁하다가 정계에서 사라졌다.

참여정부의 업적이 뭔가?

난 대학 시절 노태우 정권을 그렇게 욕했다. 노태우 정권은 단순한 투쟁 대상이 아니라 '타도 대상'이었다. 광주를 피로 물들이고 정권을 잡은 전두환의 아류였기 때문이다. 그런데 지금 40대 중반에 들어서, 한발 떨어져서 감정 빼고 담백하게 생각해 보니, 노태우 정권이 그렇게 나쁜 정권은 아니었다.물론 광주민주화항쟁에 연루된 부분은 제외하자. 친노 세력은 우리 편이니 좋고, 노태우는 저쪽 편이니 나쁜 놈이라는 21세기판 당쟁을 하지 말고, 냉정하게 따져보자는 거다.

노태우는

- 임동원을 발탁하여 남북관계의 헌법이라고 할 수 있는 '남북기본합의서'를 만들었다. 임동원은 DJ 정권에서도 발탁돼 햇볕정책을 기초하고 남북정상회담을 이끌어 냈다.

- 대북 비둘기파이자 외교 실용주의자 박철언을 발탁하여 북방외교를 주도했다. 그렇게 '빨갱이' 동구 공산국가와 외교통상관계를 수립하여 수출의 활로를 열었다.

- 미국과의 관계를 부드럽게 유지하면서도, 미래를 내다보고 한중외교관계를 수립했다. 이 덕분에 경쟁력이 약해 한계 상황에 직면해 있던 중소기업들이 중국 진출로 활로를 찾은 사례가 허다하다. 이 과정에서 노태우는 국익을 위해 대만과의 수교를 냉정하게 끊었다.

- 5,000년 역사상 손꼽을 수 있는 토지개혁입법인 '택지소유상한에 관한법률'과 '토지초과이득세법'을 만들었다.

- 노태우가 착공한 일산, 분당 신도시는 현재 우리나라를 대표하는 신도시로 우뚝섰다.

- 서해안고속도로, 경부고속철도KTX, 인천국제공항 모두 노태우가 착공했다. 20년이 지난 지금, 이들 모두 지금 우리 경제의 동맥이 됐고, 인천공항은 세계 제일의 국제공항이 됐다.

- 국민의 기본권 수호기관으로 헌법재판소를 출범시켰다1988. 12.

- 지방자치 선거를 부활시켰다물론 DJ의 단식투쟁 때문에 할 수 없이 한 것이긴 하지만.

- 의무교육을 중학교로 확대하고, 의료보험을 전 국민에게 확대하고, 국민연금을 시작했다.

이상은 좋든 싫든 팩트다.

물론 노태우도 잘못한 것 많다. 3당 야합했고, 노동 탄압했고, 부동산 가격 폭등했고 등등. 그러나 참여정부 때는 부동산 폭등 안 했나? 참여정부는 노동탄압 안 했나? 김진숙 씨가 매달렸던 크레인에서 참여정부 시절 죽은 노동자가 2명이다. MB 정권이라서 '역설적으로' 김진숙 씨는 언론의 조명이라도 받았지만, 참여정부 때 죽은 노동자는 아무 관심도 못 받고 '쓸쓸하게' 죽었다. "죽음이 투쟁 수단이 되는 시대는 지났다"면서 노동자에게 상처를 준 것도 참여정부이고, 비정규직을 합법화한 것도 참여정부이고, 농민에 대한 복지제도였던 추곡수매제 폐지하고 이에 반발하는 농민단체를 가혹하게 대했던 정권도 참여정부 이해찬 총리 시절이었다.

지금은 달라졌나?

난 참여정부의 업적이 무엇인지 모르겠다. 그냥 하는 소리가 아니라, 정말 모르겠다. 참여정부가 끝난 후 20년 지났을 때, 2028년쯤 됐을 때, "아! 지나고 보니 정말 이건 참여정부가 잘했어" 하고 생각할 수 있는 업적이 있나? 권위주의 해체? 씨바 씨바하면서 돌아다니는 게 참여정부 업적인가? 그게 무슨 참여정부의 업적인가? 흐르는 세월과 IT기술 발달이 그렇게 만든 것이지. 소통? 한미 FTA 반대 시위에 엄단을 천명하고 강경진압한 것도 한명숙, 한덕수 총리 시절의 참여정부였다. '명박산성'도 이미 참여정부에서 하던 짓이다. 전시작전권 회수? 노태우는 '평시작전권 회수' 했다. 노태우가 평시작전권을 회수했으니, 참여정부가 전시작전권을 회수할 수 있었던 거다. 참여정부가 무지하게 자주적으로 전시작전권 회수한 것처럼 말하지만, 노태우도 그 정도는 했다는 거다. 그나마도 정권 재창출에 실패해서 도루묵이 됐지만.

한참을 생각해 보니 참여정부 업적이 몇 개 있기는 있다. 기초노령연금법 만들어 일정 요건에 해당하는 65세 이상의 어르신들에게 매달 일정액의 연금을 지급한 것, 대법관에 우리 사람 몇 명 앉힌 것, 행정수도 이전한 것, 이건 참여정부의 업적이다. 그러나 너무 초라하다.

참여정부는 나라를 운영할 기본 준비나 청사진, 정책 순위, 정무적 판단 등이 준비되지 않았다. 그들은 입만 열면 사람만이 희망이니 어쩌니 했지만, 그들은 일관되게 서민, 노동자들을 외면했다. 선민選民의식도 보였다. "집권 세력이 되고자 하는 정치인은 희망의 버스를 타면 안 된다"는 뉴라이트 찜 쪄 먹는 젊은 친노 정치인의 발언도 전혀 놀라울 게 아니다.

'이상적인 것'과 '현실에서 가능한 것'의 간극을 좁히는 것이 현실 정치다. 그러기 위해선 우선 '무엇이 이상적인 것인가'에 대한 명확한 목표가 있어야 했다. 그러나 참여정부는 그조차 불분명했다. 정치개혁? 상식? 사람? 기간당원? 희망? 알맹이 없는 구호만 나열했다. 민노당이 무상급식을 얘기하면 "니들은 언제까지 그렇게 살래" 하는 식으로 비아냥댔다. 지금은 다른가? 이제는 달라졌나? 지금은 준비됐나? 믿어도 되나? '혁신' 같은 거 말고, 정치분야, 경제분야, 조세분야, 외교안보분야, 사법분야, 사회분야, 교육과학분야, 의료, 주택 등 복지분야, 기타 생활개혁분야에 걸쳐 국민의 마음을 사로잡을 수 있는 구체적 정책대안이 준비돼 있느냐는 말이다.

중종의 처세술 : 신하를 믿지 않는다

신하에 의해 쫓겨난 이복형 연산군을 보고 자란 중종은 신하를 완전히 믿지 못하였다. 중종은 자신을 보호해 줄 세력이 필요했고, 그 필요에 따라 박원종 → 성희안 → 조광조 → 남곤 → 김안로 등으로 교체했을 뿐이었다. 박원종과 성희안은 병사했고, 권력의 공백기에 정광필과 조광조 중 조광조를 선택하여 속성 승진시켰으나, 조광조가 분수를 모르고 세력이 커지자 조광조의 라이벌 남곤을 이용하여 조광조를 제거했다. 남곤은 깔끔한 일처리와 현실적인 감각으로 영의정에 기용됐으나 얼마 못 가서 병사했다. 결국 자신의 새로운 방패막이를 물색하던 중, 남곤과 비슷한 유형인 사돈 김안로를 등용하게 됐다중종 딸+김안로 아들.

남곤 유형이라 생각하고 발탁한 김안로가 중종의 생각과 달리 정치적이고 머리가 뛰어나 갖가지 방법으로 반대파를 숙청하고 세력을 키워나가자, 중종은 또다시 김안로를 제거했다. 중종은 이들을 제거할 때는 하룻밤 사이에 전광석화같이 냉정하게 제거했다. 이놈은 매사에 우유부단하다가 제거할 때만 전광석화 같았다. 미약한 왕권으로부터 전주 이씨 가문을 지켜내기 위해, 신하들의 세력을 키워주고 제거하고를 반복, 돌려막기 하면서 왕권을 유지했던 것이다.

『명심보감』「성심」편에 이런 말이 있다. '의인물용 용인물의疑人勿用 用人勿疑' 의문스러운 사람은 애초에 쓰지 말고, 일단 기용한 사람은 의심하지 말라. 이것이 사람을 쓰는 기본 원칙이다. 그러나 중종은 정반대였다. 자신의 목숨을 보전하기 위해서 그랬다. 나라 꼴이 어찌 되었겠나?

삼포왜란 - 조선의 쇄국에 대한 일본의 반발

중종 때 삼포왜란이 발생했다1510. 삼포는 지금의 부산, 진해, 울산을 말한다. 조선은 세종 이후 교린交隣의 예로서, 가구 수와 나와바리에 엄격한 제한을 두어 쪽발이들을 부산, 울산, 진해에 거주하게 하고 장사무역를 할 수 있도록 허락했다. 이러한 외교통상관계가 소위 '교린질서'라는 것이다.

아무것도 못하게 하면 전쟁날 수도 있으니, 제한된 범위에 머무르면서 장사할 수 있도록 해준 것이다. 뭐 요즘으로 치면 '경제자유구역' 같은 것을 설정한 것이다. 이때 3포에서 거주가 허락된 일본인은 겨우 30가구, 206명으로 제한돼 있었다. 문제는 인구가 늘어나면 융통성 있게 이를 조정해 주어야 하는데 그대로였다는 점이다. 인구는 늘어나는데 206명 제한은 너무 적은 숫자였고, 사실상 음성적으로 거주하는 자가 3,000명이 넘었다고 한다.

이들 쪽발이들과 조선인들이 곳곳에서 다툼을 일으켰다. 이게 골치였다. 장사하려면 당연히 '나와바리 싸움'이 있지 않았겠나? 그러다가 크게 싸움이 났으니 삼포왜란이다1510. 이를 진압한 조선은, 조선과 거래할 수 있는 세견선 숫자를 50척 → 25척으로, 거래할 수 있는 미곡의 상한선을 200섬 → 100섬으로 줄였다1512 임신약조. 세종 때 맺은 계해약조보다 거래를 더 제한한 것이다. 이처럼 중종은 쇄국 때문에 전쟁이 났는데, 더 강한 쇄국으로 대응했다.

중종, 소심하고 피곤한 스타일

중종은 부지런했다. 그러나 그것뿐이었고 무능력했다. 부지런한데 무능력하다? 한마디로 아랫사람 피곤하게 하는 스타일이다. 그리고 연산군의 폭정에 살얼음판을 걷듯 청소년기를 보낸 탓인지 소심했다. 미래를 내다보는 안목 같은 건 애시당초 없었다. 그래서 업적도 없다. 그의 재위 39년 동안 조선은 제자리걸음이었다. '무려' 40년 동안 아무것도 한 일이 없기도 쉽지 않을 텐데, 정말 아무것도 없다. 더 나쁜 건, 무능력이 중종에서 끝난 게 아니라, 그의 아들 명종과 손자 선조까지 대통령이 됐다는 점이다. 아! 불쌍한 조선.

중종 때 조선 최고의 연예인 황진이가 활약했다.

인종 이호(1515~1545)

가장 짧은 재위

인종仁宗. 중종의 장남. 휘는 호.
향년 31세(1515~1545년). 재위 1544~1545년까지 8개월.

▌착했던 세자와 표독했던 의붓 엄마

▌인종 이호는 착하고 영특했다. 세 살 때 천자문을 떼 신동 소리를 들었
으며, 여섯 살 때 세자로 책봉됐고, 서른 살에 대통령에 즉위했으나, 하
늘도 무심하지. 너무 짧은 재위였다. 8개월. 무능력한 아버지중종는 39년
을 해먹고, 똘똘한 자식놈은 8개월 만에 죽고. 아마 조선이 안 되려는 모
양이다.

인종이호과 그 다음 대통령 명종이환 시대의 키워드는 '문정왕후' 다. 인
종의 엄마 장경왕후는 인종을 낳고 일주일 만에 죽었다. 멍청했던 중종
이 새 마누라를 들였는데, 그 여자가 바로 문정왕후명종의 엄마다. 인종과
명종은 중종을 아버지로 하는 이복형제인 것이다.

중종은 무능력한데다 여자 보는 눈도 없었다. 하필 문정왕후였을까. 여자 하나 잘못 들어오는 바람에 집안 꼴이 골로 갔다. 나라 꼴도 같이 골로 갔다. 인종의 새엄마 문정왕후, 이 인간은 정말 골때리는 인간으로 표독하고 성질 더럽기로 유명했다. 1534년 문정왕후가 아들 이환을 생산하자 '자기 아들 대통령 만들기' 프로젝트에 착수한다. 차기 대통령은 이미 '이호'로 정해졌는데도 말이다. 방법도 '궁궐 암투'에 어울리는 세련된 방식이 아니라, 표독스럽고 눈에 뵈는 게 없는 수준으로 무작정 들이댔다.

대윤과 소윤의 권력투쟁 – 소윤의 승리(을사사화)

이때 세자 이호를 보호하겠다고 나선 이가 있으니, 이호의 외삼촌 윤임이다. 그러자 이환 쪽에서는 "너만 외삼촌이 있냐? 나도 있다. 그것도 둘이나~" 하고 응수했는데, 윤원로, 윤원형이 바로 이환의 외삼촌들이다. 이호의 외삼촌을 '대윤', 이환의 외삼촌을 '소윤'이라 한다. 모두 성이 파평 윤尹씨였기 때문에 그리 부른 것이다. 세자 이호를 지키려는 '대윤'과, 기존 세자를 폐하고 이환을 새로운 세자로 삼으려는 '소윤'의 경쟁은 10여 년간 불을 뿜었다.

이호가 콩쥐였다면, 문정왕후는 팥쥐 엄마였다. 이 착하디 착한 이호는 틈만 나면 자신을 죽이려 드는 계모 문정왕후를 지극 정성으로 모셨다. 그리고 열아홉 살이나 어린 이복동생 경원대군 이환을 우애로 대했다.

인종은 즉위한 후 여덟 달 만에 죽는다. 아이도 없었다. 인종이 즉위한 8개월 동안은 인종의 외삼촌 윤임대윤이 정권을 잡는다. 그러나 8개월 만에 인종이 죽자 '대윤파'들도 당황한다. 있을 수 없는 권력의 공백기가 생긴 것이다. 차기 대통령을 누구로 세울까? 대윤파는 소윤파에게 타협안을 제시한다. 자신들과 가까운 희빈 홍씨의 아들 봉성군을 무리해서 신임 대통령으로 밀지 않을 테니, 우리 이쯤에서 서로 화해하자고. 소윤파는 거부한다. 드세기 그지없는 문정왕후가 이 기회를 놓칠 리 없다. 문정왕후의 아들 경원대군이 보위에 오르니, 그가 인종의 이복동생 명종이다. 겨우 열두 살. 그리고 대윤파에 대한 피의 숙청이 일어나니, 바로 을사사화다[1545]. 요컨대 중종의 배다른 아들 인종과 명종의 왕위 승계전의 결과로 일어난 것이 바로 을사사화다.

인종은 새엄마인 문정왕후 일파에게 암살당했다는 것이 유력한 견해다. 더 깊은 관심이 있는 사람은 『조선왕 독살 사건』[이덕일 著, 다산초당刊]을 참고하시라.

명종 이환(1534~1567)

표독스러운 엄마의
쪼다 같은 아들

명종明宗. 중종의 차남 & 인종의 이복동생. 휘는 환.
향년 34세(1534~1567년). 재위 1545~1567년까지 22년.
'쪼다 같은 놈.'

문정왕후의 늦둥이, 명종

누구든 "저놈 참 한심하다"고 생각되는 남자들이 있을 것이다. 내가
생각하는 한심한 놈의 최고봉은 나이 들어서도 지 엄마 치마폭에서 벗어
나지 못하는 놈들이다. 종류는 두 가지다. 뭘 하든지 무조건 엄마한테 결
재 받아야 할 수 있는 유형, 다른 하나는 엄마 말이라면 절대 거역 못하
는 유형. 그래도 후자는 효자 소리나 들을 여지가 있지만, 전자는 그야말
로 '빙신 쪼다 같은 놈'이다. 그런데 하물며 그런 놈이 한 나라의 대통령
이라면? 할 말 없는 거다. 성질 더러운 치맛바람 엄마에 빙신쪼다 같은
아들. 바로 '문정왕후와 명종'이다.

대개 엄마가 드세고 성질 더러운 경우, 그래서 가장의 권위까지 깔아

뭉개면서 남편까지 쥐고 사는 경우, 그 아들들은 '소심하고 의기소침하게' 자라는 경우가 많다. 이 경우 그 아들들은 '나쁘게' 성장할 가능성보다는 '한심하게' 성장할 가능성이 크다. 나쁜 사람과 한심한 사람의 차이는 곰곰이 생각해 보시라.

명종은 중종의 차남이자 인종의 이복동생이다. 중종의 두 번째 부인인 문정왕후가 35세의 나이에 어렵게 생산한 아들이 바로 명종이다. 이미 차기 대통령으로 책봉된 인종이 있었으나, 문정왕후의 눈에는 뵈는 게 없었다. 자기 아들을 대통령으로 만들기 위해서 별 미친 짓을 다 했다. 문정왕후는 자기 아들을 대통령 만드는 것이 삶의 목표이자 꿈이었고, 그 꿈 때문에 결국 자신을 지극정성으로 받드는 착한 인종을 독살(?)하는 패륜을 저지른다.

원조 치맛바람 문정왕후, 정권을 잡다

그리고 명종이 즉위하니 열두 살. 당연히 문정왕후가 수렴청정한다. 조선 최초로 여성인 문정왕후가 대통령 권한을 실질적으로 행사한 것이다. 그것도 20년을. 사실상 대통령은 문정왕후이고, 문정왕후의 남동생 윤원형소윤파과 그의 룸살롱 마담 출신 애인 정난정의 시대가 됐다.

문정왕후는 등극하자마자 전임 대통령을 따르던 대윤파를 제거한다. 즉 수윤파가 대윤파를 몰아낸 것이다. 을사사화1545. 나아가 문정왕후의 남동생 윤원형은 자기와 사이가 안 좋은 친형 윤원로를 모함하여 죽인다. 그 누나에 그 동생이었다.

윤원형은 자신과 누나에게 조금이라도 삐딱한 놈들은 정치 공작을 통해 다 없애 버렸다. 문정왕후와 윤원형의 집권 동안 그렇게 죽인 사대부들이 500~600명이었다고 한다. 지 배때기 채우려고 정치인 수백 명을 죽였으니 참……. 할 말 없다.

▌국방력 약화
명종 재위 22년 중 8년은 문정왕후가 '공식적'으로 섭정을 했고, 나머지 14년 중 12년도 문정왕후가 '사실상 통치'했다. 명종이 성년이 돼서도 문정왕후가 통치한 것이다. 문정왕후가 죽자 비로소 명종이 권력을 행사할 수 있었으나, 명종은 병약했고, 그렇지 않았어도 권력의 추는 이미 대신들에게 넘어간 후였다. 성년이 돼서도 지 엄마 치마폭에 쌓여 사는 '빙신 쪼다 같은 놈'을 누가 대통령이라고 생각하겠는가? 어떤 놈이 이런 놈한데 밝을 명자를 써서 명종明宗이라고 했는지 알 수가 없다.

문정왕후가 집권하는 동안 국방력이 형편없이 약해졌다. 을미왜변으로 전주까지 침략당하는 고통을 겪고 백성들의 삶은 피폐해져 갔다. 임꺽정의 난도 일어났다. 도요토미 히데요시가 일본 본토를 정복하고 있는 와중에, 문정왕후는 점이나 치러 다니고 있었다. 그녀에 관한 「명종실록」의 서술을 보자.

윤씨는 성질이 굳세고 모질었지만 문자를 해득했다. 하지만 온갖 부정과 비리를 저질러 사직의 죄인이 되었다. 기강이 깡그리 무너지고 나라의 형세가 문드러져 장차 구제하지 못할 지경이었다. **나라가 망하지 않는 것이 다행이었다.** 윤원형이 권세를 쥐고 뒤흔든 지 20년 사이, 조정의 정사는 혼탁했고 염치는 깡그리 쓸려버렸다. 민생은 도탄에 빠지고 나라의 명맥은 문드러졌다. 종묘와 사직이 망하지 않은 것이 다행이었다. 이이화著, 『한국사 이야기10』, 78~80p에서 재인용, 한길사刊.

▍여성 섭정

문정왕후와 윤원형은 지 배때기 채우는 데 20년을 보냈다. 룸살롱 마담 출신 윤원형의 애인 정난정도 사실상 영부인의 권력을 휘둘렀다. 문정왕후는 나라 재산을 점치는 데 갖다 바쳤다. 조선시대에 여자가 섭정한 경우가 딱 네 번 있다. 성종의 할머니 정희왕후, 명종 엄마 문정왕후, 순조의 증조할머니 정순왕후, 고종 이재황과 권력을 반분한 그의 마누라 민자영민비/명성황후. 정희왕후를 빼고는 모두 다 개판이었다.

정희왕후는 형식상 수렴청정이었고 사실상 한명회가 실권을 행사했으니, 여성이 실권을 행사했다고 보긴 어렵다. 명종 엄마 문정왕후는 실권을 행사했고, 제대로 나라 꼴을 '개판'으로 만들었다. 점치는 비용을 국고에서 과다하게 지출해 나라 재산을 거덜냈다. 순조의 증조할머니 정순왕후는 'anything but 정조' 노선을 취해 그나마 쥐꼬리만큼 존재했던 정조의 개혁을 모두 뒤집었다. 뮤지컬 〈명성황후〉로 알려진 '민자영' 양은 더 가관이다. 점치는 데 나랏돈 거덜내는 것도 모자라, 이 인간은 '럭셔리'라면 환장을 했다. 꼭 버스 타고 다니는 것들이 차 따지는 것처럼, 어렵게 자라서 돈맛을 알았는지 사치하고 지 배때기 채우는 데는 사람들도 '족탈불급足脫不及'이었다. 멍청한 남편 고종과 골빈 명품족 민자영이 부부가 같이 '쌍으로' 말아먹었다. "내가 조선의 국모다~"하고 외치는 장면에선 한마디 해 주고 싶다. "니 뽕이다!"

퇴계 이황 – 별 볼 일 없는 사람

명종대 활약했던 학자로는 퇴계 이황1501~1570이 있다. 경북 안동 출생. 1,000원권 지폐의 모델이다. 그가 공부 잘했고 효성이 지극했고 이런 빤~한 얘기는 선수끼리 이젠 그만하고한승수나 고건, 정운찬도 공부 잘하고 효성이 지극하지 않았겠나~. 그가 죽도록 성리학을 연구하여, 이기발호설이 어쩌니 사단칠정이 어쩌니 하는 건 내 인식능력과 지적수준으로는 지금 읽어도 무슨 말이지 모르겠으니 넘어가고, 그에 대한 평가는 이렇다.

> 그는 양반 중심의 신분제도를 강화하고 노비법을 엄격히 해 질서를 바로 잡아야 한다는 주장을 내세워 **신분 차별을 옹호**했다. 이러한 세계관을 가진 그는 누구보다도 **성실하게 국가에 조세를 바치는 모범**을 보였다. 그는 지주로서 국가 질서를 존중했다. 이런 관점에서 농민봉기 세력을 철저히 다스려야 한다고 주장했다. 그의 이론은 철저하게 주자학에 토대를 두었으며 성리학 수준을 진전시켰다는 평가를 받았다. 하지만 그의 철학적 사변은 **보수 세력을 옹호하는 도구가 되었으며, 지배 세력의 이론을 강화**시켰다. 이이화著, 『한국사 이야기10』, 141p, 한길사刊.

후대 사람들은 이황을 재야에 묻혀 절의를 지키고 학문을 업으로 삼은 사림의 영수로 추앙한다. 그러나 그는 사화士禍의 시대에 뒤에 물러서서 백해무익한 성리학 공부나 하고 있었던 얌전한 교수에 불과했다. 그게 나쁘다는 얘긴 아니지만 역사적 인물로 추앙할 것도 아니란 거다.

을묘왜변 – 일본의 일개 섬, 대마도에게 박살나다

1512년 중종이 임신약조로 세견선歲遣船을 50척 → 25척으로 감축하고 교역량을 줄이자, 경제적 곤경에 처한 왜놈들이 조선 전라도 지역을 침입해 노략질을 한다. 이게 바로 을묘왜변이다1555.

이 을묘왜변으로 인해 전라도 정예군이 일본 일개 섬에 불과한 대마도 왜구들에게 박살났다. 조선 정부는 후원군을 보내 겨우 왜구의 침입을 진압했다. 그 해 10월 대마도주對馬島主가 노략질한 왜구의 목을 잘라 보내어 사죄하고 세견선의 증가를 호소해 오자, 조선은 세견선을 5척 늘려 주었고25척 → 30척, 이러한 상태가 임진왜란 전까지 계속되었다.

즉 대마도에서 조선과 거래할 수 있는 상선의 숫자가 '50척1443 세종 계해약조 → 25척1512 중종 임신약조 → 30척1555 명종 을묘왜변' 으로 변화한 것이다. 이 을묘왜변을 계기로 비 상설기구였던 비변사가 상설기구화돼 흥선대원군 집권 시까지 상시 운용된다.

이처럼 왜구의 침입은 '무역 확대'를 요구하기 위함이었다. 자유무역 확대는 침략과 동전의 양면이며 전쟁을 통해 시작됐다. 전쟁을 통해 시작된 자유무역이 19세기에는 제국주의의 옷을 입고, 21세기에는 FTA의 옷을 입고 역사의 고비마다 우리 앞에 나타났다. 왜구는 먹고 살기 위해 무식하게 침략했다면, 서구 제국주의는 애덤 스미스라는 정치철학자의 '보이지 않는 손 이론'과 데이비드 리카르도의 '비교우위론'을 전파하며 세련되게 침략했을 뿐, 침략이라는 점은 차이가 없다. 하권의 강화도조약 편에서 자세히 언급하겠다.

계속되는 쇄국 - 조선은 쇄국, 일본은 해외진출

당시 일본은 대만, 필리핀, 인도네시아, 브루나이, 시암태국, 캄보디아, 말레이 반도에 활발하게 진출했다. 이들 국가의 주요 도시에 일본인 거주지, 일본인 무역항이 있었다. 그리고 일본은 인도네시아를 지배한 네덜란드, 필리핀을 지배한 스페인과 교류했다. 일본은 이미 당시 세계 최강 스페인, 포르투갈, 네덜란드와 교류를 하고 있던 것이다.

일본의 경우 대마도인들은 조선과 무역을 하지 않고는 생존 자체가 불가능했다. 대마도는 일본 본토와 한반도를 잇는 무역의 거점이었으며 교린 질서의 창구 역할을 했다. 이들 왜구들은 조선을 자기 집 드나들듯 뻔질나게 드나들었고, 생존을 위해 필사적으로 조선말을 배우고 조선에 관련된 정보를 빼내는 데 혈안이었다. 이렇게 시간이 지나면서 대마도에는 조선 사정에 밝은 인재들이 넘쳐났고, 이들은 임진왜란 당시 통역과 길잡이로서 요긴하게 활약했다.

이 당시 조선은 뭘하고 있었을까? 일본이 어떻게 변해가고 있는지도 모르고 그저 '개 같은 성리학'을 붙들고 세월만 보내고 있었다. 이게 조선 최고위 사림파 관료들의 수준이었다. 조선과 무역을 해야만 먹고 살수 있는 쪽발이 상인들은 불만을 품게 되고, 삼포왜란1510, 을묘왜변1555을 일으키며 40년 후 임진왜란1592을 예고하고 있었다. 그래도 조선은 태평하다.

흔히 쇄국하면 흥선대원군 이하응을 떠올리지만, 쇄국은 조선 초기부터 시작된 정부의 일관된 대외정책이었다. 즉 이방원의 대마도 정벌1419, 계해약조세종, 1443, 임신약조1512 등으로 쇄국이 지속되었다.

그렇게 드셌던 문정왕후도 세월 앞에선 무력했다. 문정왕후가 죽자 윤원형과 명종도 급격하게 몰락한다. 권력의 기반이 얼마나 취약했는지를 알려주는 대목이다. 명종의 아들은 일찍 죽었다. 다른 자식이 없었다. 결국 아버지인 중종의 여섯 번째 마누라인 창빈 안씨의 2남인 덕흥군의 셋째 아들 '하성군 이균선조'이 어영부영 차기로 낙점됐다.

제 4 장

전쟁과
중화질서

선조 이균(1552~1608) I

무능력 + 질투 + 콤플렉스 + 변덕

선조宣祖. 명종의 조카(명종의 이복동생 덕흥군의 아들) & 중종의 서손庶孫. 휘는 균.
향년 57세(1552~1608년). 재위 1567~1608년까지 41년.
무능력 + 질투 + 콤플렉스 + 변덕의 화신.

땅에 떨어진 권력의 정통성
– 쪼다 같은 놈 눈엔 쪼다 같은 놈만 보이는 법

아들 하나가 일찍 죽고 후사가 없었던 명종은 청와대에 출입하는 왕족
들 중에서 하성군 이균을 이뻐했다. 하성군 이균은 명종의 이복동생덕흥군
의 셋째 아들이었다. 그러니 법적으론 명종의 조카이고 중종의 손자인
셈이다. 끼리끼리 모이는 법. 쪼다 같은 명종의 눈에 들었으니, 그놈 또
한 얼마나 한심한 놈이었겠나.

그를 따르는 수하를 보면 지도자의 됨됨이를 알 수 있다. 지도자의 수
준은 따르는 자들의 수준과 정확히 일치한다. DJ와 YS의 아래에서 수많
은 국회의원과 장차관이 나온 것은, 그만큼 DJ와 YS의 정치적 역량이 뛰

어났음을 의미한다. 지금은 그런 시대가 지났다고? 그건 정치를 모르는 말씀이다. 그런 시대가 지난 것이 아니라, 그런 지도자가 없을 뿐이다. 즉 야당 지도자의 공백기인 것이지, 지도자를 중심으로 당대의 지사와 학자들이 모이는 시대가 지난 것이 아니란 말씀이외다.

선조 이균. 중종의 여섯째 마누라인 창빈 안씨의 2남인 덕흥군의 셋째 아들이다. 중종의 첫째, 둘째, 셋째도 아닌 무려 여섯째 마누라의, 그것도 장남도 아닌 차남의, 거기서도 셋째 아들이다. 중종의 손자이긴 하지만 적손嫡孫에선 구만리나 떨어진 서손庶孫이, '핏줄을 제1 원칙'으로 삼는 성리학적 왕조국가의 대통령이 된 거다. 이로서 조선 건국 이래 처음으로 적자嫡子가 아닌, 서자庶子도 아닌, 적손嫡孫도 아닌, '서손庶孫'이 왕위를 잇게 됐다. 이는 성리학 질서의 중대한 위반이며, 따라서 곧 국가 체제의 위협이다. 아무나 갖다 앉힌 거다. 대통령 수업도 받은 적 없고, 세자대통령 당선자 시절은 고사하고 정치인 생활도 해 본 적이 없는 사람이 덜컥 대통령이 된 것이다. 권력의 정통성이 땅에 떨어진 거다.

콤플렉스, 질투, 변덕

개인적으로 콤플렉스가 심한 사람은 질색이다. 왜? 대책이 없기 때문이다. 보통 윗사람이 무능력한 경우에 아랫사람은 나름대로 그 무능력에 적응하여 일을 진행하면 된다. 문제는 윗사람이 무능력한 데다 콤플렉스와 질투까지 심한 경우, 이 경우엔 대책이 없다. 아랫사람의 입장에선, 윗사람 복이 지지리도 없다고밖에 볼 수 없다. 선조 이균이 그랬다. 중종이 무능력에 머물렀다면, 중종의 서손자 선조는 무능력에 추가하여 시기심, 콤플렉스까지 심했고, 선조의 서손자 인조는 무능력과 콤플렉스에 더하여 잔인하기까지 했다.

하여튼 선조는 조선 역사상 인조와 더불어 가장 무능력하고 질투심이 강했던 대통령이었고 재위 기간도 41년이나 됐다. 41년이면 "박정희 집권기간 × 2" 하고도 5년을 더해야 한다. 그러나 41년 내내 한 일이 아무것도 없다. 중종 + 명종중종 아들 + 선조중종의 서손자 = 100년. 무능력한 왕 셋이 100년 넘게 집권하면서 조선은 식물인간 상태에 빠진다. 그 이후 광해군이 회광반조의 기운을 보였으나 인조반정서인당 쿠데타으로 조선은 확인 사살 당하게 된다. 인조반정은 후술하겠다. 선조 때의 3대 키워드는 ▲ 당쟁의 시작 ▲ 기축옥사 ▲ 임진왜란조일전쟁이다.

▎당쟁의 시작 – 사림끼리 죽고 죽이기

성종 시절 중앙 정계에 진출한 사림들은 네 차례의 사화를 거치면서도 끈질기게 살아남아 중앙 정계에 똬리를 틀었다. 세월 앞에 장사 없는 법. 개국 공신인 훈구 세력들도 더 이상 집권 아젠다를 제시하지 못하면서 자연스럽게 세력이 소멸하고, 이렇게 사림들은 중앙 정계 등장 70여 년 만에 정계를 장악한다. 이제부터 제대로 사림들의 시대다. 사림들의 시대가 되었지만 죽고 죽이는 권력 다툼은 없어지지 않는다. 아니, 본격적으로 지들끼리 죽고 죽이기 시작한다. '당쟁의 시대'가 열린 것이다. 요컨대 사화士禍가 '사림에 대한' 공격이었다면, 당쟁黨爭은 '사림들끼리' 죽고 죽이는 싸움이었다.

▎조광조의 신원伸寃 – 이제 우리 모두 사림파다

선조는 16세에 보위에 올랐다. 직전 대통령 명종의 처 인순왕후가 수

렴했으나, 시엄마 문정왕후가 하도 욕을 먹어서였을까. 인순왕후는 7개월 만에 수렴을 거두고, 선조는 17세에 친정을 시작한다. 그 백그라운드엔 사림이 대거 중앙 정계에 진출하여 척신 정치를 견제훈구대신을 누르고 외척들을 견제해줌으로써 가능했다. 선조는 즉위 후 이율곡의 간청을 받아 조광조를 신원했다. 신원伸寃. 사사롭게는 가슴에 맺힌 원한을 풀어준다는 뜻이지만, 나랏일로서의 그 의미는 훨씬 더 무겁다.

DJ 정부와 참여정부가 '과거사 진상조사위원회'를 만들어 민주화 운동 인사들을 신원해 준 것은, 이제 대한민국은 더이상 독재 국가가 아니라 민주주의 국가라는 것을 공식화하는 의미를 갖는다. 따라서 박정희, 전두환의 후손인 한나라당이 아무리 독재 시절로 돌아가고 싶어도 거기에는 일정한 한계가 있을 수밖에 없다. 마찬가지로 선조가 조광조를 신원한 것은 정치적으로 조선은 '사림파의 나라'라는 것을 공식적으로 인정하는 정치 행위이다. 이제 중앙 정계는 모두 사림파들로 채워진다. 1970년대 리차드 닉슨은 "지금 우리는 모두 케인스주의자다" 하고 말했듯, 이제 우리는 모두 사림파 성리학자가 됐다.

그렇다면 지금까지 조선의 주류였던 훈구들은 다 몰락했나? 에이~ 그건 아니다. 세상에 그런 게 어딨나. 훈구의 후손들도 시대의 조류에 발맞춰 사림파 성리학자로 변신하여 중앙정계에 대를 이어 얼굴을 내민다. 지금은 안 그런가? 일제시대 일본에 충성했던 조선인들은 모두 반미주의자反美主義者였다. 당시 일본과 미국은 서로 적대국가였기 때문이다결국 일본은 1945년 미국에게 원자폭탄 맞고 죽다 살아나지 않았나. 그러나 오늘날, 그 친일파의 후손들은 모두 친미주의자 아니던가? 친일파 아버지는 반미, 그 아들들은 친미. 세상은 그런 거다. 주류는 어떤 세상이 돼도 계속 주류인 것이다.

이제 사림들이 정권을 장악했으니, 본격적으로 당쟁이 시작된다. 당쟁이 나쁜 것은 공익公益이나 나랏일에 목숨을 건 게 아니라, 사익私益을 두고 목숨을 걸었기 때문이다. 조선 후기 실학자 성호 이익李瀷은 당쟁을 "이익利益은 하나인데 사람이 셋이면 셋으로 갈리고, 넷이면 넷으로 갈리고, 다섯이면 다섯으로 갈렸다"고 표현했다.

▍사림의 계보

사림은 크게 4개의 정당으로 나뉜다자세히 나누면 열몇 개로 갈리는데, 어휴~ 학자도 아닌데 그거 알아서 뭐하랴~. 우선 동인東人과 서인西人으로 갈리고, 동인은 다시 남인과 북인으로, 서인은 다시 노론과 소론으로 갈린다. 결국 노론당서인, 소론당서인, 남인당동인, 북인당동인으로 갈리는데, 1623년 인조반정 이후 2010년 오늘날까지 우리 역사의 주류는 서인당과 그 후손들이다.

성리학자들은 모두 보수적이다. 성리학 자체가 변화를 거부하는 보수적, 수직적 질서 체계다. 그러나 굳이 보수성을 따져보자면 노론 〉 소론 〉 남인 〉 북인 순서다. 즉 서인노론당이 가장 보수적이고, 그나마 북인당이 가장 진보적이라고 할 수 있다. 그러나 북인당마저 광해군 이후 역사에서 사라진다. 그렇다면? 영남 남인이 가장 진보적이라는 것이다. 그러나 다시 말하지만, 진보적이라고 해봤자 사림파 성리학자 수준에서의 진보이니 기대할 건 없다. 서인노론당 애들보단 쥐꼬리만큼 나았다는 얘기다.

▍서인당에 의한 동인당 제거 – 기축옥사, 호남 사림 풍비박산나다

동서 분당은 1575년 이조전랑이라는 행정자치부 요직을 두고 김효원

동인 vs 심의겸서인이 분열한데서 시작했다. 이후 정국은 동인東人당이 주도하게 된다. 동인당의 세력이 커지자 선조는 '기축옥사'라는 조선 역사상 최대의 옥사 사건을 일으키면서 동인당을 제거하고 서인당을 등용한다. 이처럼 조선은 대통령과 여러 정당 간 제휴와 정치 공작을 통한 배신을 거듭하면서 정국이 유지됐다.

기축옥사정여립 모반 사건. 1589년부터 3년여에 걸쳐 서인당의 총재 정철이 동인을 제거하기 위해 조작한 '조선 최대의 정치 공작 사건'이다. 정철이 누구인가? 조선 가사문학의 한 획을 그은 관동별곡의 시인詩人 정철. 바로 그 정철로 시인 겸 서인당의 총재였다. 정철은 기축옥사를 통해 본격적인 당쟁의 시대를 여는 역사의 오점을 남겼다. 전주 출신 정여립이 내란 음모를 꾀했다는 이유로 서인들은 동인당 정치인과 호남 사림의 씨를 말렸다. 이 '정여립 모반 사건'이라는 게 뭐 대단한 게 아니다. 정여립이라는 정치인이 호남에서 동아리 조직해서 사람들과 어울렸다는 것인데, 그걸 내란 음모로 엮어서 생난리를 친 것이다. 전두환이 DJ를 내란 음모로 엮었듯이 말이다. 사람이 살다보면 산악회도 가입하고 동호회도 가입하고 술 한잔하면서 대통령 욕도 할 수 있는 거 아닌가? 정작 이유는 다른 데 있었다.

원래 정여립은 서인당에서 정치생활을 시작했는데 서인당을 탈당하고 농인당에 입당했다. 동교동계로 정치생활을 시작했다가 고향인 상도동계로 돌아간 마산 출신 강삼재처럼 말이다. 서인당에선 정여립을 배신자로 정조준하고 있다가 내란 음모로 엮은 것이다. 정여립과 함께 호남 명문가 출신 이발도 풍비박산났다. 이 옥사로 인해 3년여에 걸쳐 동인당 정치인과 호남 출신 사림파 정치인 등 1,000여 명이 죽고 희생되었다. 이

기축옥사 이후 호남은 반역향의 모함을 쓰고 벼슬길이 막힌다. 이때부터 호남은 어쩔 수 없이 예향藝鄕 예술가들의 고장이 되고, 후세 동학혁명의 근원이 된다.

서인당의 실각 - 정철의 건저의 사건

기축옥사로 집권 여당이 된 서인당은 얼마 못 가서 동인당에 정권을 내준다. 집권여당인 서인당 총재 정철이 광해군을 세자로 책봉하자고 주장했는데, 이에 대해 선조 이 등신 같은 놈이 "내 나이가 창창한데 무슨 벌써 차기 대통령을 정하느냐"면서 승질을 낸 것이다. 문종은 여덟 살 때 세자에 책봉돼 20년 넘게 차기 대통령으로 있었는데, 선조의 아들 광해군은 벌써 열여섯이다.

정철의 건의가 사리에 어긋난 건 아니나, 변덕쟁이 선조는 정철을 내칠 생각으로 생트집을 잡은 것이다. 그래서 정철이 실각한다. 이것이 소위 정철의 '세자 건저의' 사건이다. 정철은 가사문학에 기여하고 청렴하긴 했으나 술 주정뱅이 싸움닭이었고, 주위에 따르는 사람이 없었다. 이때 동인당은 서인당 총재 정철의 처벌에 대한 입장 차이로 북인비주류 강경파/정철을 죽여버리자과 남인주류 온건파/그럴 거 뭐 있냐으로 갈린다. 이처럼 선조의 변덕에 따라 동인당이 집권 여당이 되기도, 서인당이 집권 여당이 되기도 하길 반복했다.

이율곡

이율곡. 5,000원권 지폐의 모델. 동·서 대립의 격화 속에서 어느 학파에도 속하지 아니한 이율곡은 국방개혁, 민생개혁을 외쳐댔으나, 정치적 기반이 없어 실패하고 만다. 정치적 기반이라는 게 이렇게 중요하다. 이이는 어느 정파에 가담하지 않았고 동·서 화합을 위해 애썼으나, 후세에 어찌어찌하다 보니 서인의 영수로 자리 잡게 되고 말았다. 이이는 동서당 양쪽 정치인을 화해시키려 했으나, 은근히 서인의 편을 들었다는 것이 서인당의 총재로 추대되는 빌미가 됐다.

이이는 공부의 천재였으나, 검정고시를 통해 고시에 합격한지라 학맥과 인맥이 없었다. 그리고 지나치게 공부를 잘해서였을까? 그를 따르는 세력이 없었다. 정치의 기본은 세력이지 정책이 아니다. 결국 율곡은 공부만 잘했지 현실 정치인으로서는 실패한 것이다. "○냐, ×냐"를 묻는데, "난 △다" 하고 대답하는 것은 DJ 정도는 되어야 가능한 것이다. 자기 세력이 있는 사람이나 그러는 것이지, 세력은 쥐뿔도 없는 자가 어설프게 중도를 자임하며 동서당을 중재한다고 한들 그게 되겠는가? 정치생명만 단축시키는 짓이다.

선조 이균(1552~1608) Ⅱ

조일전쟁,
도망치기 바쁜 지배 세력

▎조일전쟁

▎자~. 이제 전쟁으로 들어가 보자. 임진왜란1592. 임진년에 일어난 왜놈들의 난리. 요즘은 이를 조일전쟁이라고 부른다. 임진왜란은 단지 조선과 일본의 전쟁이 아니라 명나라도 얽힌 전쟁이었으며, 당시 동북아 국제 정치질서를 송두리째 뒤흔든 국제전쟁이었다는 의미에서이다. 마치 6·25전쟁을 한국전쟁으로 칭하자고 하듯이, 임진왜란도 조일전쟁이라 명칭하자는 주장이다. 나도 이 견해에 찬동하지만, 뭐 학자들 논쟁이니 넘어가고.

당시 조선은 기축옥사가 한창이었고, 서인당과 동인당 정치인들은 서로 정치 공작하기 숨 가빴다. 권리만 있고 의무는 없는 카스트의 제1 신분인 양반이 밥 먹고 할 일이 뭐 있었겠나? 정치 공작이라도 해야지. 조선에선 지들끼리 정치 공작이 난무할 때, 이웃 일본과 북쪽 여진족, 종주국 명나라의 정세는 어떠했을까?

사림들은 지들끼리 싸우기 바빠서 이런 것을 파악할 생각은 꿈에도 하지 못했다. 사림들은 그들이 썩었다고 그렇게 씹어댔던 훈구파의 상징 신숙주의 발끝에도 미치지 못했다. 외교에 관심 가질 일이 뭐 있겠나? "세상은 명나라를 중심으로 한 '글로벌 스탠다드'로 움직이고 있으니, 우리는 삿된 마음 없이 명나라에 충성하면 자연스럽게 평안해질 것이다" 하는 게 당시 사림들 수준이었다. 외교에 관심 가질 일이 뭐 있겠나? 썩은 것은 똑같지만 훈구는 능력이라도 있었지, 사림들은 능력도 없었다.

당시 동북아 정세는 종주국 명나라가 기울면서 만주에선 여진족_{만주족} 누루하치가 영웅으로 떠오르고 있었고, 일본은 100년에 걸친 전국시대의 혼란을 오다 노부나가 → 도요토미 히데요시가 평정하고 동북아 침략의 기회를 엿보고 있었다. 한반도 주변 강국의 권력 교체기에 돌입한 것이다. 원명 패권 교체기에 한반도가 얼마나 전란의 고통과 수탈을 당했던가? 또다시 패권국가의 권력 교체기라는 중차대한 시기가 다가오는데, 조선의 정치인들은 여전히 성리학 교과서 붙들고 "믿습니다"를 외치고 있다.

전쟁 원인

도요토미 히데요시_{풍신수길}. 100년 넘게 진행된 일본의 전국시대를 평정한 인물이다. 이 쪽발이 풍신수길은 왜 전쟁을 생각했을까?

첫째, 봉건 영주들을 찍어 눌러서 자신이 정권을 잡았지만, 아직 이들을 완벽하게 장악하진 못했다. 게다가 이들은 무력도 갖고 있어 언제든 자기에게 칼을 들이댈 가능성이 있었다. 따라서 이들에게 나누어 줄 전리품이 있어야 하는데……. 그렇다. "일본은 좁고, 세상은 넓다." 무력을 가지고 할 짓은 전쟁밖에 없다. 우선 쇄국 200년째인 조선을 돌파해야 한다. 둘째, 풍신수길과 봉건영주들에게 돈을 대 주던 상인들이 더 큰 무역을 원하는데, 그건 중국, 인도와의 무역이다. 이들의 요구를 들어주어야 했다. 셋째, 풍신수길은 개인적으로도 세계 정복의 야망이 있었다. 조선은 상대가 아니다. 명나라와 인도가 목표였다. 조선은 그냥 '정명가도征明假道', 명나라를 정복하러 가는 길에 붙어 있는 오솔길에 불과했다. 결국 '풍신수길 + 봉건영주 + 상인' 들의 이해관계가 일치돼 전쟁은 시작된다.

전쟁 2년 전1590, 조선에서는 일본에 통신사를 보냈는데 서인당 소속인 정사 황윤길은 "전쟁은 일어날 것"이라고 보고했고, 동인당 소속 부사 김성일은 "전쟁은 없을 것"이라고 서로 상반된 보고를 했다는 얘긴 너무나 유명하다. 그랬다. 지금 본국에선 한창 정치 공작으로 동인당과 서인당이 서로가 서로를 죽이는 일이 벌어지고 있는데, 저쪽에서 검다고 하면 나는 희다고 해야 하는 것이 정치의 생리 아닌가? 외국까지 가서도 그랬다. 전쟁 앞에서도 국익보다는 소속 정당의 당리당략이 중요했다. 지금은 안 그런가? 조일전쟁 400여 년이 지난 오늘날에도, 한미 FTA를 두고 똑같은 일이 반복되고 있다.

참여정부 시절 한미 FTA 체결 여부에 대해 한나라당과 열린우리당은 찬성, 민노당과 시민단체는 반대 입장이었다. 논쟁이 격화되자 그렇다면 과연 "미국과 FTA를 체결한 멕시코 경제는 어떻게 변했는지, 우리가 직접 가서 보자. 그러면 누구의 입장이 옳은지 명확해질 것 아닌가?" 그래서 국회의원 몇 명이 멕시코까지 갔다. 갔다 온 결과는? 임진왜란 때와 똑같다. 한나라당과 열린우리당 국회의원들은 "멕시코 경제는 미-멕시코간 FTA체결을 계기로 눈부시게 발전하고 있다"고 보고했고, 민노당 국회의원과 정태인은 "멕시코 경제는 미국의 하청업체로 전락했고, 멕시코시티에는 노숙자가 넘쳐났다"고 보고했다.

풍신수길은 전쟁을 준비하기 위해 대규모 간첩단을 파견하여 조선의 정세, 지리, 요충로 등을 완벽하게 파악한다. 드디어 1592년 4월 13일. 전쟁은 터진다. 조선 정부는 패닉 상태에 빠진다. 공식적으로 1598년까지 7년간 두 차례에 걸쳐 침입한다. 두 번째 침입을 정유재란1597 2차 조일전쟁이라고 한다.

전쟁은 없었다 - 20일 만에 서울 함락

전쟁 경과를 보자. 4월 13일, 전쟁이 터졌다. 그 후 단 20일 만에, 즉 5월 3일에 서울을 내준다. 서울에서 부산까지 428km이니, 하루에 22km씩 치고 올라온 셈이다. 차도, 탱크도 없던 시절 대규모 군대가 하루에 22km씩 치고 올라왔다는 얘기는, 사실상 "전쟁은 없었다"는 얘기다. 그냥 행군하면서 왔다는 얘기다. 조선에 군인이 있어야 전쟁을 할 텐데, 군인은거녕 지도부노 도망치기 바빴다.

어떻게 한 나라의 심장부 수도가 20일 만에 함락되나? 그래도 임진왜란 때는 양반이다. 병자호란 때는 일주일 만에 서울이 무너지고, 한말 민비 시해을미사변 때는 30분 만에 청와대가 뚫린다. 권력의 심장부가 30분 만에 일본 놈들에게 뚫렸다. 이건 뭐……. 나라도 아니었다. 한국전쟁 때는 을미사변 때보단 조금 나아져서 3일 만에 서울이 함락된다. 지금은 다를까? 혹시 일본, 미국, 중국과 전쟁을 한다면 일주일은 버틸까? 냉정하게 생각해 보라.

조선, 군사력의 공백기

서울 함락 40여 일 후인 6월 15일, 평양까지 함락된다. 이와 같은 사태를 이해하려면 지루하지만 군사제도에 대한 설명이 필요하다. 조일전쟁 전까지 조선은 병농일치의 군사제도였다. 즉 '양반 빼고, 쌍놈 빼고, 나머지는 모두 군대가라'는 것이다. 양반도 아니고 쌍놈도 아닌 백성이 바로 양인良人이다그래서 조선시대 국방의무를 양역良役이라고 한다. 즉 '조선시대판 보통사람들'이 바로 양인이다.

그러나 본래 병농일치 군사제도는 부동산 소유 문제토지제도와 연계되어 실시해야 효력을 발휘할 수 있는 것인데중국은 그렇게 했다, 조선은 부동산은 양반이 다 소유하고, 경제적 기반이 없는 양인에게 국방의무를 덤터기 씌웠다이를 양역의 폐단이라고 한다. 상황이 이렇게 되자 양인들도 돈을 내고 병역을 기피하기 시작했고방군수포, 이럴 바에야 정부는 아예 양인들이 병역 기피를 위해 내는 돈을 정식 세금으로 거둬군포軍布 그 돈으로 직업군인을 고용하는 용병제모병제를 실시하기에 이른다군적수포제 1541. 물론 이 군적수포제를 실시하면서 양반은 당연히 군포 부담에서 제외되고, 국방의무를 부담하느냐 안하느냐군포 부담을 지느냐 안 지느냐가 양반과 양인을 가르는 중대한 기준이 된다반상이 유별한 성리학 국가에서 양반이 군대에 갈 수 있겠는가. 이때부터 한반도의 양반은 군대를 안 가는 전통이 생겼고, 오늘날까지도 이 전통은 아름답게(?) 유지 중이다.

그런데 정부는 이렇게 거둬들인 세금으로 직업군인을 고용하여 국방을 튼튼히 한 게 아니라, 정부의 일반 경상비용으로 지출하고 말았다. 그렇게 수십 년이 지났고, 군사력의 공백기가 생겼다. 이이의 '10만 양병설'도 이때 주장됐지만, 받아들여지지 않았다. 이 와중에 임진왜란을 맞이했고, 쪽발이한테 개박살난다.

전쟁 수행도 고도의 전문직

조선은 임진왜란 전까지는 병농일치 사회였다. 평소엔 자기 직업에 종사하다가 전쟁이 터지면 약속된 장소에 모여서 적과 싸우자, 뭐 그런 거였다. 그나마도 해체되어 군포제가 실시됐으나, 유명무실한 상태로 군사력의 공백기가 수십 년 지속됐다.

그런데 일본은 이미 병농분리정책을 통해 군바리를 전문직으로 키웠다. 군인도 고도의 전문직이다. 회사원이 어느날 갑자기 할 수 있는 게 아니다. 100년간 전국시대를 거치면서 밥만 먹으면 일본도日本刀 들고 싸움질하면서 성장한 쪽발이와, 밭이나 갈던 조선인은 애초부터 싸움이 될 리 없었다. 개전한 지 불과 20일 만에 서울이 함락되고1592. 5. 3, 두 달 만에 평양이 함락된다1592. 6. 15.

빛의 속도로 도망친 사림과 국왕, 개성 → 평양 → 신의주로

그렇다면 이때, 자랑스런 우리 대통령과 장차관 나리들은 뭐하고 있었을까? 에이~ 선수끼리 왜 그래~~. 당근 도망쳤지. 이 인간들은 입만 열면 충이 어쩌고 삼강오륜이 어쩌고 나라가 어쩌고 하는 놈들이, 전쟁 터지니까 임금을 필두로 제일 먼저 '빛의 속도로' 도망쳤다. 그 잘난 성리학자들이 아니었던가? 개성 → 평양 → 신의주로 계속 도망만 쳤다. 지금 은 안 그런가? 입만 열면 반공과 자유민주주의를 외쳐대는 서인노론당의 후손인 한나라당이 병역 면제 비율은 제일 높다. 임진왜란으로 인해 성 리학 이데올로기는 사실상 금치산 선고를 받는다.

선조는 개성에서 평양으로, 평양에서 신의주로 도망쳤다. 대통령이라 는 놈이 신의주까지 와서 비로소 안심했다. 왜? 압록강만 건너면 자신의 심정적 모국인 중국 아닌가. 이 인간은 도망갈 때마다 "내가 어딜가겠느 냐. 난 이곳에서 국민과 함께 끝까지 서울을 지킬 것이다" 하고 사기쳤 다. 그리고는 뒤로는 명나라로 사신을 보내 망명 절차를 상의하고, 망명 을 결심하고, 그제서야 차기 대통령 당선자로 차남 광해군을 임명하고 분조조정을 둘로 나누는 것를 단행하여, 사실상 광해군에게 정권을 넘겼다. 명 나라로서는 "오겠다는 놈 막을 수도 없고~" 해서 마지못해 "오려면 100 명 이내로 오라~"고 시큰둥하게 반응했다. 관군? 지휘부가 없는데 관군 이 있을 리 없다.

명나라 참전(1592. 12), 평양성 탈환(1593. 1. 6)

그렇다면 개전 두 달 만에 평양까지 떨어진 조선이 다시 일본군을 밀 어낼 수 있었던 요인은 무엇인가? 첫째, 종주국 명나라의 참전, 둘째 의 병들의 활동, 셋째 우수한 해군력으로 일본의 해상 보급로를 끊은 것이 다. 1592년 12월 명나라군이 참전하고 1593년 1월 평양성을 탈환한다. 이게 결정적 계기였다. 즉 명나라, 의병, 해군이 아니었다면 이미 1600년 에 한반도는 일본땅이었을 것이다.

일본군이 조선을 침략하여 파죽지세로 평양성을 점령하자, 명나라는 당황했다. 명나라군은 시간을 벌어야 했다. 그래서 명나라는 심유경을 파견하여 대일본 사기 외교를 벌인다. 심유경은 대동강 이남을 일본에게 넘겨주겠다고 협상을 한 후 본국 승인을 기다려야 한다고 시간을 뭉개면서 명나라군의 평양 진격을 위한 시간을 벌었다.

16세기판 맥아더, 이여송

명나라의 이여송은 조선족 3세로 조선 파병 부대 사령관으로 벼락출세하여 참전했다. 16세기판 맥아더다. 1593년 1월 6일, 조명연합군은 평양을 탈환한다. 이여송의 할아버지가 조선인이라고 해서 이여송이 조선에 대한 애국심이 있었을 것이라는 낭만적 생각은 거두라. 세상에 그런 게 어딨나. 그는 명나라 장수였을 뿐이다. 명나라 군대는 조선에 머물면서 일본군 못지않은 강간, 약탈, 노략질을 일삼았다. 심지어는 무고한 조선 양민을 죽이고 일본군을 잡았다며 전공戰功을 내세우는 파렴치한 짓도 서슴지 않았다. 당하는 입장에서는 파렴치한 일이지만, 이런 일은 전쟁터에서는 흔한 일이다. 1950년 한국전쟁에서의 노근리 학살을 능가하는 조선인 학살이 이여송에 의해 자행됐다. 조선 정부는 아~~무 소리 못했다. 무슨 소리를 할 수 있겠는가? 자국 안보도 스스로 해결하지 못하는 식민진데~. 명나라군에게 "니들 이럴 거면 돌아가라!" 할 수 있겠는가?

오늘날 미군 범죄에 대해서는 안 그런가? 1950년 한국전쟁 때도 노근리 사건을 비롯해 미군의 폭격에 의해 무고하게 죽어간 양민들이 수없이 많지 않았던가? 똑같다. 그냥 덮을 수밖에 없다. 이런 게 약소국의 설움이고 전쟁터의 설움이고 식민지의 설움이다. 제 나라 전쟁을 제 손으로 치르지 못하는 건, 국제정치적으로 식민지가 됨을 뜻한다. 제 나라 전쟁에 일본 도움을 받으면 일본의 식민지가 되는 것이고, 중국 도움을 받으면 중국의 식민지가 되는 것이고, 미국 도움을 받으면 미국의 식민지가 되는 것이다. 식민지란 말이 과한가? 그럼 바꾸어 말하자. "그들의 정치적 영향력 아래에 놓이게 되는 것"이다.

의병의 활약

자기 고장을 지키고자 했던 의병들의 활약이 눈부셨다. 고경명, 김천일, 곽재우, 조헌, 정인홍, 정문부 등 의병장들이 그들이다. 사림 중 조일전쟁의 의병 영웅은 단연 북인당 소속 정치인들이었다. 관군? 그나마 얼마 되지도 않는 관군들은 도망가기 바빴다. 함경도에서는 도망간 관군을 국민들이 잡아서 일본군에 넘겼다. 광해군의 형인 임해군도 백성에게 잡혀서 일본 놈들에게 넘겨졌다. 평안도와 함경도는 조선 대대로 차별을 받았던 지역이라서 그 흔해빠진 사대부 하나 없었다. 그래서 그들은 이런 식으로 조선 정부에 대한 원한을 갚은 것이다. 그 외에 세계 제1의 악랄한 카스트 제도에 시달리던 천민들도 "일본 놈 세상이면 어떠냐~" 하면서 곳곳에서 쪽발이의 길잡이_{嚮導}를 자처했다.

전쟁 초기엔 의병만 있었다. 관군은 무능력했다. 아니 군사력 자체가 공백기였다. 그 원인은 성리학에 있었다. 일단 국방부 장차관, 국방관료, 장군이 모두 사림파 성리학자들이었다. 총도 못 쏘는 놈들이 장군이라고 자리 차지하고 있었다. 군인도 전문직이라니까~~. 공자왈 맹자왈 하다가 전쟁이 되겠는가? 서울대 총장을 사단장에 앉히면 전쟁이 되겠는가? 전쟁이 될 리가 없었다. 난 지금도 '국방 문민화' 어쩌구 하면서 국방관료자리에 민간인을 앉히려는 시도는 반대한다. 물론 특정 분야의 전문가가 필요해서 국방부 스스로 민간인을 일시적으로 고용하거나 아웃소싱할 수는 있다. 그러나 총도 못 쏴 본 놈들이 국방 요직에 앉아 있는 건 절대로 안 된다. 다시 말하지만 군인도 고도의 전문직이다. MB 정권의 국정원장 원세훈은 병역면제였지, 아마.

이순신의 일본군 보급선 차단

그 후 전쟁을 치르면서 관군도 하나 둘씩 정비돼 갔고, 그들이 의병과 연합작전을 한다든지 하면서 전세를 서서히 역전시켜 갔다. 조선 해군과 이순신의 활약은 익히 알려진 사실이다. 이순신의 해군은 남해안 재해권을 장악하여 일본 해군이 서해안을 거쳐 대동강으로 올라가는 것을 차단했다. 그 결과 서해안을 통한 보급물자 공급이 불가능해졌고, 일본은 평양을 점령하고도 퇴각할 수밖에 없었다. 만약 이순신이 남해에서 일본 해군 병참부대의 보급선을 저지하지 못했다면, 한반도는 이미 16세기부터 일본땅이었을거다.

외세에 단 한 번도 맞서 본 적이 없는 사림파 정치인

조일전쟁에 참전한 명나라 장군들도 모두 깜짝 놀랐다. 아니 한반도가 언제부터 이렇게 문약文弱해졌나? 과거 고구려는 세계 최강 수나라와 당나라를 공포에 떨게 하지 않았던가? 세계가 몽고의 말발굽에 휩쓸릴 때 비록 식민지지만, 나라는 보전했던 깡다구가 있었던 애들 아니던가? 그런 애들이 왜 이렇게 문약해졌지? 다 그 개 같은 성리학 때문이다.

변화를 허용하지 않는 폐쇄적 수직 질서체제가 성리학이다. 멀쩡한 자기 자식을 서얼이라는 이유로 남의 자식 데려다가 양자 삼는 엿 같은 허

례허식, 인도를 능가했던 개 같은 카스트 제도, 자기 동족을 노비로 부리고 매매의 대상으로 삼은 엿 같은 나라. 천문학, 수학, 과학, 실용학문, 어학, 농학, 음악, 그림, 공예를 하는 사람은 벌레 취급하는 나라. 그런 나라가 국민에게 충성을 요구할 수 있겠는가? 자기 나라에선 잠깐 유행하다 사라진 성리학이, 조선에서는 'Bible'이 돼 있었다. 명나라 장군들은 그런 조선이 어이없었다. 그들은 "역쉬 오랑캐들은 어쩔 수 없어~" 하고 생각했을 것이다.

선조, "대통령 못 해먹겠습니다!"

명나라가 일본과 강화하려 하자 선조는 반발한다. 그럼 지가 나가서 싸우든지, 이 인간은 힘도 없는 놈이 곤조만 남아서 강화는 못하겠다고 강짜를 부렸다. 이 인간이 한 일이라곤 전쟁 와중에 "대통령 그만두겠다"고 쇼한 것밖에 없다. 20번 이상 선위 파동을 일으켰다.

앞서 말했듯 평양으로 피난을 가자 선조는 분조를 실시했다. 그리고 아들 광해군으로 하여금 지금의 북한 지역 민심을 수습하도록 했다. 서북지역은 조선 초부터 오랫동안 차별해왔던 곳이다. 그곳에서 머물자니 잘못하단 짱돌 맞아 죽을 거 같으니까 자기 아들 광해군을 '판 것'이다. 광해군은 세자가 된 뒤 2년여를 궁궐이 아닌 전쟁터에서 노숙을 하면서 보냈다. 전쟁의 참상을 직접 목격했다. 차츰 광해군의 명성이 쌓이기 시작했다. 명나라 황제도 칙서를 내려 광해군으로 하여금 국방업무를 주관하도록 했다.

그러자 선조는 지 아들 광해군을 질투한다. 그래서 선위 파동을 일으킨 것이다. "아들이 나보다 더 잘하니, 어디 아들하고 자~알 해 봐라. 나는 뭐 할 줄 아는 것도 없고, 쩝, 뭐 이제 대통령 그만두련다~" 하고 간을 본 것이다. 이 대목에선 신하들이 "아니되옵니다~" 하는 것이 짜여진 각본이다. 그러면 대통령은 못 이기는 척 다시 선위를 거두어들인다. 이 인간은 이런 식으로 어리광 부리면서 권력을 유지했다.

▌논공행상에서 배제된 조선군과 의병

그리고 전쟁이 끝난 후, 굶주림과 공포에 지친 국민을 위무하기는커녕 도망갔던 놈들끼리 논공행상하고, 정작 전쟁터에서 목숨을 걸었던 의병과 장수들은 뒷전으로 밀렸다. 선조는 우리가 쪽발이를 물리친 것은 명나라 참전 덕분이며, 그것은 자신을 따라서 피난 와 준 고위 관료들과 명나라의 참전을 이끌어 낸 외교 관료 덕분이라고 생각했다.

전쟁을 겪고 나면 전쟁 영웅에게 힘이 실리는 것이 동서고금의 진리인데, 조선의 전쟁 영웅은 별다른 대접을 못받았다. 이순신, 김천일, 조헌, 고경명, 김시민, 신각 등등 모두 전쟁통에 죽었고, 김덕령은 모함을 당해 억울하게 죽었다.

선조는 원균과 이순신을 똑같은 공신으로 지정했다. 자신을 수행한 이항복과 명나라의 병력 지원을 이끌어 낸 정곤수를 최고 공신으로 정하면서, 정작 일본군 진영을 드나들며 목숨 걸고 협상한 유성룡, 윤두수, 이원익, 이덕형은 뒷전으로 밀렸다. 곽재우, 정인홍, 고경명, 조헌, 정문부, 영규, 유정, 휴정 등 의병장은 단 한 명도 공신이 되지 못했다.

지금은 어떤가? 한국전쟁에서 살아남은 것은 '맥아더와 미국' 덕분이지, 전쟁터에서 이름 없이 총알받이로 사라져 간 수많은 천민들의 자식들은 돈 한 푼이라도 보상해 줬나?오해하진 마시라. 명나라와 미국의 역할을 부정하는 것은 아니니. 이러고도 국가에 충성을 요구할 수 있겠는가?

강화 협상 - 일본, 조선 분할 요구

1593년 4월 8일. 전쟁 발발 1년 만에 조명연합군은 서울을 수복하고, 명나라와 일본은 강화회담에 돌입한다. 일본의 요구조건은 대략 이렇다. ▲ 명나라 황녀皇女를 일본의 후비後妃로 삼을 것 ▲ 한반도 남부 4도를 내줄 것한반도 분할론 ▲ 감합무역명일 간 일종의 조공무역을 부활시킬 것 ▲ 조선 왕자 및 대신 12명을 인질로 삼을 것 등. 그러나 일본의 요구는 받아들여지지 않았고, 명일 간 3년에 걸친 화의교섭은 결국 결렬되었다.

조선 분할의 역사는 이토록 깊다. 1890년대 말 러시아와 일본 사이에 또다시 조선 분할이 논의되고, 1945년에는 미국과 소련 사이에서 조선 분할이 현실화됐다. 지금은 달라졌을까? 세계 15위권의 경제대국이 된 지금은 과연 달라졌을까 묻는 것이다. 진지하게 생각해 보시라.

남해안에 주둔해 있던 일본군은 1597년 1월, 다시 전쟁을 시작하였다. 정유재란이다. 그리고 1598년 7월, 풍신수길이 사망하자 겨우 전쟁은 끝이 난다.

선조 이균(1552~1608) Ⅲ

너무나 닮은 조일전쟁1592과
한국전쟁1950

제일 먼저 도망친 지배 세력

임진왜란과 한국전쟁은 거짓말처럼 유사하다. 첫째, 한국전쟁이나 임
진왜란이나 모두 전쟁의 발발을 사전에 알고 있었다. 임진왜란은 풍신수
길의 부하였던 노리마쓰가 조선의 송상현을 만나 4월에 갈 것이니 길을
내달라고 공개적으로 통보를 한 상태였고, 한국전쟁 당시 한반도는 그
이전부터 사실상 내전 상대였다. 평온한 어느 날 오후에 갑자기 터진 전
쟁이 아니란 말이다. 그런데도 선조 이균 행정부는 가타부타 대비가 없
었다. 지들끼리 당쟁에만 전념하고 계셨다.

둘째, 두 전쟁 모두 전쟁이 나자마자 윗대가리들은 제일 먼저 도망쳤
다. 국민들하고 같이 도망쳤으면 말도 안 한다. 선조는 서울 → 개성 →

평양 → 의주로 튀었다. 의주는 압록강변 중국과 국경 지역이다. 북인당 소속 정치인을 제외한 양반 놈들도 다 도망갔다.

이승만? 이 인간은 더 악질이다. 라디오 방송으로 "국군이 해주로 진격하고 있으니 서울시민은 군경을 믿고 안심하라"고 사기쳤다. 도망갈 때마다 "과인은 물러서지 않고 백성과 함께 이곳을 사수할 것"이라고 사기 친 선조와 똑같았다. 방송을 믿은 서울 시민은 피난도 안 갔다이런 역사적 경험 때문에 우리나라에선 전통적으로 정부를 신뢰하지 못하는 것이다. 그리고 하나밖에 없는 한강다리를 북한군이 남침하는 통로로 이용될 수 있다는 이유로 끊어놓고 서울 시민을 고립시킨 후, 본인은 그날 밤 대구로 내뺐다.

이승만의 도주경로를 보자. 서울 → 대구로 갔다가 "각하 너무 많이 도망치셨습니다" 해서 다시 대구 → 대전 → 수원 → 대전으로 갈팡질팡했다. 이 당시 왜 이렇게 갈팡질팡했는지는 의문으로 남았다. 아마 이승만 본인도 당황해서가 아닐까? 그러다 다시 대전 → 이리 → 목포로 가서 목포에서 배 타고 부산 → 대구로 왔다. 이게 〈조선일보〉가 대한민국의 국부라고 그렇게 자랑하는 이승만의 전쟁 발발 후 15일 동안 행적이다.

이승만 말만 믿고 서울에 남아 있던 많은 시민들은 서울 수복 후 인민군에 부역했다는 이유로 죽고, 고문당하고, 감시받았다. 아니, 전쟁 중에 죽지 않고 살려면 달라는 대로 줘야지 "공산당이 싫어요~" 하면서 죽어야 하나? 국방장관 신성모는 부산에서 배 띄워놓고 일본으로 튈 생각만 했었다. 미8군 사령관 밴 플리트 아들과 모택동 아들은 한국전에서 전사했다는데 말이다. 조선이나 대한민국이나 노블레스 오블리주는 개코도 없었고, 지금도 없다. 앞으로는? 글쎄올시다. 역사적 경험이 없는데, 가능할까? 역사적 경험 유무는 무서운 것이다.

스스로 적을 막아본 적이 없다 – 종주국의 결정적 도움

셋째, 두 전쟁 모두 망국 직전까지 갔으나 종주국중국, 미국의 도움으로 전세를 역전시켰다. 조명연합군의 1592년 12~1월 평양성 탈환 그리고 유엔군의 인천상륙작전1950. 9. 16이 결정적 계기였다. 우리 힘으로 전세를 뒤집은 게 아니다. 그러니 전쟁이 끝나면 늘 국제정치적으로 '사실상 식민지'가 되는 것이다. 그래서 제 나라에 남의 나라 군대가 주둔하는 것에 대해 부끄러운 줄도 모르고, 이젠 당연하게 생각한다. 경제에 도움이 된다는 사람도 있다. 그리고 그렇게 생각하는 자신들이 고려시대의 부원배나 일제 강점기의 친일파와는 전혀 다르다고 착각하며 산다.

정전협상에서 배제됐다

넷째, 두 전쟁 모두 전쟁은 우리 땅에서 했는데 정작 휴전협상에서 우리는 끼지도 못하고, 그래서 결국 우리 주장은 하나도 관철하지 못했다. 임진왜란은 명나라와 일본 사이에서, 한국전쟁은 중공, 북한, 유엔미국 사이에서 강화가 진행됐다.

원래 외교라는 게 그런 것이다. 이빨로는 뭘 못하나? 일단 강화 협상 멤버에 들어가야 우리 입장을 관철할 것 아닌가? 허무한 '북진통일론'을 외치면서 북한에 강경했던 이승만도 중국–북한–미국 사이의 강화조약에 끼지도 못했다. 역시 우리 요구를 반영하지 못했다. 1994년 북핵위기 당시 대북 강경노선을 걸었던 김영삼은 북미 제네바 협상에 끼지도 못하고, 경수로 건설비용만 '독박' 썼다. 반면 DJ는 1990년대 말 북미협상과정에서 '사실상 내용을 주도'하면서 우리 의사를 관철했다. 그래서 DJ가 탁월한 것이다. 선조나 이승만이나 YS나 MB나 정말 찌질이 진상이었다.

전쟁 중, 우리끼리 정쟁政爭에 바빴다

– 국민방위군 사건(전쟁 중 국방예산 횡령 사건), 거창 양민 학살 사건, 부산 정치파동(이승만, 전쟁 중 친위 쿠데타)

다섯째, 전쟁 와중에 힘을 모아 외적부터 물리칠 생각을 한 게 아니라 여전히 정쟁하기 바빴다. 그래서 일본군이 쳐들어오자 '국공합작'을 통해 내전을 중지하고 일본군부터 몰아낸 중국이 위대한 것이다. 우리 같으면 상상이나 할 수 있겠는가? 선조와 동인당, 서인당 소속 정치인들은 피난가면서도 누가 잘했네, 누가 못했네를 가지고 모함과 정치 공작을 일삼았다.

이승만 시절? 이 시절은 더 기막힌다. 전쟁이 한창인데 건국 이래 최대 부정부패 사건인 소위 '국민방위군 사건'과 집단 양민 학살 사건인 '거창 양민 학살 사건'이 터진다. 국민방위군 사건이 뭔가? 이는 전쟁 중에 한국군을 보강하기 위해 소집한 예비군 부대인데, 이에 대한 예산을 반공청년단 놈들이 빼돌리는 바람에 국민방위군 소속 훈련병 자그마치 '5만 명'이 추위와 굶주림에 죽고 30만 명이 부상을 당한, 도무지 이해할 수 없는 전대미문의 사건이다.

말이 5만 명이지 사실 몇 명이 죽었는지 지금도 정확한 숫자를 파악하지 못하고 있다. 이런 것을 얘기할 수 있는 것도 요즘이니까 가능하지, 20년 전만 해도 이런 얘기하면 빨갱이였다. 학계에는 이때 굶어 죽은 훈련병 숫자가 "20만 명에 이른다"는 주장까지 있다. 무슨 아이티도 아니고, 5만 명이 넘게 굶어 죽는 게 말이 되나? 그것도 전쟁 중 국방부 관료들이 대거 연루된 예산 횡령 부정부패사건으로! 얼마나 많이 해처먹었으면 수만 명이 굶어 죽었겠나? 이때 횡령한 돈이 이승만의 정치자금으로 흘러갔다는 것이 정설이다. 전방에선 서민들 자식이 죽어나가고 있는데, 후방으로 도망쳐서 피 같은 국방 예산을 횡령한 것이다.

거창 양민학살 사건, 이건 더 기막힌다. 공비 토벌한답시고 거창지역 주민들을 남녀노소 가리지 않고 빨갱이에 부역했다는 혐의를 뒤집어 씌워, 대한민국 군경이 집단학살한 추악한 사건이다. 적군이 쳐들어오면 내빼기 바쁜 놈들이, 제 나라 국민 죽이는 데는 도가 텄다. 이게 끝이 아니다. 코미디는 이제 시작이다.

이에 대한 진상조사를 하기 위해 국회에서 진상조사단이 만들어졌다. 그런데 이 진상조사단이 거창지역에 현장조사를 가던 중 공비의 습격을 받는다. 후에 알고 보니 진상조사단을 공격한 공비는 진짜 공비가 아니라 공비로 위장한 '한국군'이었다. 국군이 야당민주당 현역 국회의원인 '서민호 진상조사단장'을 빨갱이로 몰기 위해 조작한 것이다. 이때 국회의원 습격을 주도한 김종원은 이승만 정권하에서 치안국장까지 승진한다.

그 외에도 코미디 같은 사건이 수없이 터지지만, 그 백미는 부산으로 피난을 간 상황에서 계엄령을 선포하고, 야당 국회의원을 빨갱이국제공산당로 몰아 감금한 후, 헌법을 개정하여 자신의 대통령 임기를 늘린 것이다. 이게 소위 "부산정치파동 = 발췌개헌"으로 알려진 사건이다1952. 1. 18. 선조가 "나 대통령 못하겠다"고 뗑깡부리면서 권력을 유지했다면, 이승만은 총갈로 권력을 유지했다.

▌ 톱질 전쟁

▌여섯째, 톱질 전쟁이었다. 임진왜란 당시 부산에서 평양까지, 평양에서 부산까지 오르락내리락한 게 불과 1년 동안이다. 나머지 기간은 강화

협상 기간이었다. 한국전쟁은 더 짧다. 3일 만인 28일에 서울이 함락되고, 두 달 조금 지난 9월 초에는 남한 지역 90%가 북한군에게 점령당한다. 이때부터 미군이 개입한다. 맥아더의 인천상륙작전으로 전세는 역전돼1950. 9. 16, 10월이면 북한 지역의 80%를 유엔군이 점령한다. 그러자 중공군이 밀려온다1950. 10. 13. 중공군이 참전하여 1·4후퇴로 서울을 잠시 내주었으나, 3월에 지금의 38선 근처에서 전선은 고착화된다.

이처럼 한국전쟁은 불과 9개월 만에 이쪽 끝에서 저쪽 끝까지 왔다갔다 한 전쟁이다. 더 깊은 관심이 있는 분은 서울대학교 국제대학원 박태균 교수의 『한국전쟁』창비刊을 참조하시라.

강대국의 대리전쟁터

혹시 한반도에서 전쟁이 다시 난다면, 그건 미중전쟁 또는 그 대리전일 것이다. 임진왜란이 일본과 중국의 1차 대리전쟁이었다면, 1894년 청일전쟁은 중국과 일본의 2차 대리전쟁이었다. 1950년 한국전쟁은 미국과 소련의 대리전쟁이었다. 우리는 강대국의 대리전쟁에 항상 총알받이로 몸 주고, 여자 대주고, 전쟁터 내주고, 그러다가 그들이 성과 없이 빠져나가면 그 폐허 위에서 다시 시작하고……. 그래 왔다. 그들의 요구에 따라 순박한 농민들은 영문도 모른 채 어떤 날은 '빨갱이'로 몰려서 죽어야 했고, 어떤 날은 '미제 간첩'으로 몰려 죽어야 했다. 강대국이 사회주의 국가이면 우르르 사회주의로 개떼같이 몰려가고, 강대국이 자본주의 국가이면 우르르 자본주의로 개떼같이 몰려가고, 자신들과 같은 쪽으로 오지 않은 사람들을 자본주의가 뭐고 사회주의가 뭔지도 모르면서 '다 죽여야' 했다. 참 불쌍한 사람들이었다. 이들 제국의 요구에 목숨 걸고 저항했던 정치인은? 개코도 없었다.

임진왜란의 영향 – 명나라와 일본의 멸망

임진왜란의 영향은 지대했다. 이 전쟁으로 명나라는 망한다. 즉 명나라에서 청나라로 바뀐다. 일본도 풍신수길 정권이 망한다. 즉 도요토미 히데요시에서 도쿠카와 이에야스의 에도 막부로 통치자가 바뀌었다. 이처럼 전쟁 한번 잘못하면 제국이 망하는 예는 엄청나게 많다. 문제는 망해야 할 조선만 망하지 않았다는 거다. 변하지도 않았다. 차라리 깨끗하게 '이씨 조선'이 망하고 박씨 왕조든, 최씨 왕조든 새로운 왕조가 들어서야 하는데, 조선만은 그대로였다. 지지리 운도 없다. 그러니 결국 30년쯤 후에 새롭게 중국을 단장한 청나라의 밥이 되고 만다.

끌려간 포로들

이 전쟁통에 많은 조선인들이 포로로 끌려가기도 했고, 자진해서 포로가 돼 조선을 등지기도 했다. 이때 포로로 끌려간 조선인들은 일본에서 유럽의 노예시장으로 팔려가기도 했다. 유럽에서 조선사람 비슷한 유럽인을 보면 이때 뿌린 조선인 씨앗의 후예라고 생각해도 될 것이다. 그때 일본 포로선에 필사적으로 올라타려 했던 조선인들이 있었으니, 바로 개돼지 취급받았던 천민과 노비들이었다. "어디가든 조선만 못하랴"는 심정이었을 것이다. 나 같아도 떠났겠다. 세계 최고로 악랄했던 신분제 카스트 국가에서 탈출하고자 하는 몸부림이었다. 그 외에도 명나라로 자진 월북한 사람들도 수천 명이 되었다고 한다. 이 때문에 일본에선 임진왜란을 '노예전쟁'이라고도 한다. 이러한 한반도 탈출 몸부림은 1900년대 초 조선에서도 이어진다.

신분제도가 있었던 것은 서양도 마찬가지였다. 서양 중세를 규정하는 것이 바로 '장원제도 + 신분제도 + 가톨릭' 아니던가? 조선의 문제는 동족을 노비로 삼아 개돼지 취급하면서 매매의 대상으로 삼은 데 있다. 세계 어느 나라를 봐도 전쟁포로나 이민족을 노비로 삼았지, 동족을 개돼지 취급해서 사고 판 예는, 과문한 탓인지 듣지 못했다. 평화를 사랑하는 민족이라서, 남의 나라를 쳐들어간 역사가 없는 깨끗한 민족이라서 노비를 구할 수 없었고, 그래서 동족을 개돼지 취급했던 것이었을까? 하여튼 조선은 그랬다.

포로송환 – 일본으로 끌려간 조선인은 귀국하지 않았다

1599~1610년 사이에 이루어진 조일朝日 간 포로송환 협상에 의해 귀환한 숫자는 6,000여 명에 불과했다. 끌려간 숫자는 수만 명으로 추정되는데, 고국으로 돌아온 비율은 결코 높지 않았다. 이들이 돌아오지 않은 이유는 무엇일까. 강재언의 기록을 보자.

사농공상의 신분질서가 엄격하고 상업을 천시하고 억압한 조선 사회에 비해 무武가사회였던 **일본은 상업이 자유로웠고 그만큼 화폐경제가 일찍 발전**했다. 이 상황에서 포로로 잡혀온 조선인들도 기술자는 기술자대로, 노동력만 있는 자는 그들대로 노력에 따라 현금 수입을 얻을 수 있었다. **이들이 현금을 모아 자립의 기반을 닦을 가능성이 엄격한 신분제 사회였던 조선에 비해 훨씬 컸을 것**이다. 강재언著, 『조선통신사의 일본견문록』, 187p, 한길사刊.

그렇다면 이때 정부를 믿고 고국으로 돌아온 조선인의 운명은 어땠을까? 조선은 고국으로 돌아온 피로인被虜人포로의 죄를 사면하고, 신분을 해방시켜 주고, 각종 원조를 통해 낙토樂土의 백성이 되었다고 선전하면서 돌아오지 않으려는 일본 거주 조선인의 귀환을 촉구했다. 그러나 거짓이었다. 오히려 사신들을 따라 고국으로 돌아온 조선인은 일본에 남겨진 조선인들보다 더 큰 불행에 직면했다. 어이없지만 사실이다. 이삼성의 책을 보자.

> 피로인 남자들과 여자들을 맡자 우리들 앞에서 포박했다. **그 모습은 약탈보다도 심했다.** 신원을 물어도 대답조차 하지 못하는 피로인이 있었는데, 어려서 잡혀가 자신의 출신지가 조선이라는 것만 알 뿐 자기의 계보나 부모의 이름을 모르는 자도 많았다. 선장들은 그들을 모두 노예로 삼았다. 피로인이 미인이면 그 남편을 묶은 채 바다로 던져 놓고 그 여자를 자기 것으로 삼았다. 이러한 소행은 한두 예로 그치지 않았다.
>
> 이삼성著, 『동아시아의 전쟁과 평화1』, 504p, 한길사刊.

한편, 조선에서 개돼지 취급받던 도자기공은 일본으로 끌려가서 일본 도자기 문화의 꽃을 피웠다. 그리고 대접도 받았다. 이 때문에 일본에선 임진왜란을 '도자기전쟁'이라고도 한다. 이들이 만든 도자기는 유럽까지 수출되어 일본 수출 상품으로 효자 노릇을 톡톡히 했다. 이때 끌려간 도자기공의 후손 중 하나가 1945년 태평양전쟁 패전시 일본 외무대신이었던 '도고 시게노리' 다한국 이름 박무덕. 그는 죽을 때까지 단 한 번도 '조선 핏줄'임을 입에 담지 않았다고 한다. 말해서 좋을 게 뭐 있었겠는가.

재조지은의 은혜 - 조선, 망해가는 명나라로 빨려 들어가다

임진왜란 후 조선은 망해가는 명나라를 은인으로 생각하고 '신격화' 하기 시작한다. 재조지은再造之恩이라, 들어나 봤나? 나라를 다시 지어 준 은혜란다. 환장하겠다. 성리학에서 절의와 의리를 숭상한다는 게 바로 이런 거였다. 나라와 나라 사이에 무슨 얼어 죽을 재조지은인가? 지들이 자기 나라의 이익을 보전하기 위해 전쟁에 개입했지, 아무 이유 없이 오 직 '조선의 자유'를 지키기 위해 우릴 도와주려고 전쟁에 개입했다? 그 런 건 그냥 유치원생이나 초딩들 데리고 동화 차원에서 하는 얘기다. 냉 혹한 국제 외교관계에서 그런 게 어딨나? 차라리 조용기 목사님을 믿으 면 천당에 갈 수 있다고 해라.

누차 말하지만, 한반도에서의 전쟁은 일본과 중국의 입장에서도미국도 포함 전쟁이다. 아파트 10층 사는 사람이 5층에서 불이 났다고 해서 그 불 이 10층까지 타올라오길 기다렸다 대피하진 않는다. 자기가 사는 동에서 불이 났으면 그건 자기집의 화재이고, 바로 도망치든 개입하든119에 전화 하는 것이다. 중국도 한반도에서 전쟁을 틀어막아야지, 국경 넘어 요동 까지 확전하면, 요동은 벌판이라 이를 막으려면 훨씬 많은 군인, 식량, 돈이 들어간다. 산 많고 험난한 한반도에서 틀어막는 게 훨씬 싸다. 한 편, 미국 입장에서도 한반도 남쪽의 상실은 곧 '태평양의 상실 위협'을 뜻한다. 한반도 전체가 중국의 영향에 접수되면 이제 남은 건 일본뿐인 데, 이중창문으로 돼 있다가 홑창으로 되는 것이다. 얼마나 춥겠는가? 미 국 입장에서도 한반도를 상실한 상태에서 일본을 보호하려면 돈이 '두 배'로 드는 것이다. 사정이 이러함에도 불구하고 조선 정치인의 분위기 는 "명나라에 알아서 기는 것이란 어떤 것인가?"에 대한 모든 것을 보여

주기 시작한다.

오늘날은 안 그런가? 친노 출신의 한 젊은 도지사는 한미 FTA에 대한 사실상 찬성론을 주장하며 "정권 바뀌었다고 다른 입장을 취하면 안 된다"는 주장을 했다. 의회 권력 바뀌고 정권 바뀌었다면서 두 번씩이나 재협상을 요구한 미국은 괜찮고, 우리가 정권 바뀌었다고 입장 바꾸면 안 되나? 도대체 국제관계에서 "정권 바뀌었다고 다른 입장을 취하면 안 된다"는 희한한 주장은 어디서 배웠나? 나라와 나라의 관계를 무슨 친인척, 친구 간 의리로 생각하는가? 미국에 대한 의리는 중요하고, 지지해 준 국민에 대한 의리는 헌신짝처럼 버려도 되는가? 의리? 신의? 국제정치학자 앞에서 그런 얘기 했다간 천하의 무식한 인사 소리 듣는다. 우리는 중국과 수교하면서 대만과는 단교했다. 그렇게 비정하고 냉혹한 게 국제관계다.

광해군 이혼(1575~1641) I

구국의 혼

광해군光海君. 선조의 차남. 휘는 혼.
향년 67세(1575~1641년). 재위 1608~1623년까지 15년.
조선 최고의 외교 전략가.

서자庶子

김대중 전 대통령은 그의 자서전에서 본인이 서자庶子임을 밝혔다. DJ
의 엄마는 아버지의 두 번째 부인이었다. DJ도 조선시대였다면 인간 취
급 못 받았을 수 있었다는 거다. 이게 말이 되나? 세계 최고의 악랄한 카
스트 제도를 가졌던 나라, 사람을 사농공상 4계급으로 나누고 개돼지같
이 차별한 나라, 동족을 천민과 노비로 부리면서 말하는 짐승 취급했던
나라, 그게 바로 조선이었다. 그러니 나라의 인재를 모으고 국력을 신장
시킬 수 있었겠나? 이들에게 지켜야 할 '나라'가 과연 있었겠나? 500년
이나 유지된 것이 신기할 정도다. 그만큼 조선은 잠자는 돼지였다.

그런데 이 서얼이라는 것도 웃긴 게, 어떤 고관대작에게 마누라가 넷

이었다고 치자. 그중 첫째 마누라가 죽은 경우, 둘째, 셋째, 넷째 마누라들이 차례로 1계급씩 승진할까? 아니면 첫째 마누라 자리를 새로운 여자를 들여서 채울까? 답은 '둘 다 가능'이다. 어떤 결정을 할지는 고관대작 마음이었다. 그러니 서얼이라는 것도 일정한 원칙도 없었던 셈이다. 둘째 부인의 소생이었으나 재수 좋아서 어머니가 첫째로 승진하는 바람에 정실 소생이 됐던 연산군도 있었고, 중종도 있었다. 그러나 선조는 후자의 방법을 택했다.

뛰어난 광해

선조의 정비에게는 아이가 없었고, 둘째 부인 이하에는 아이들이 수두룩했다. 선조의 둘째 부인 공빈 김씨의 차남이 바로 광해군이다. 광해군 이혼은 18세에 세자로 책봉돼, 서북지역에서 임시정부 수장으로서 사실상의 대통령 노릇을 훌륭하게 수행하고 백성들의 신망을 얻었다. 선조는 일본군이 파죽지세로 평양까지 쳐 올라오자 사실상 조선을 포기했다. 그리고 명나라에 망명을 요청했고, 여차하면 요동으로 튈 준비를 끝냈다.

광해군을 세자로 임명하고 분조를 단행한 것도 사실상 권력을 내놓은 것이다. 그런데 광해군은 대통령 역할을 너무 잘했고, 나아가 명나라 황제로부터 신임도 얻었고, 그런 아들 덕에 자신에게 날아오는 비난의 화살이 잦아들었으니, 한때는 그런 광해가 고마웠다.

그런데 정치는 생물이라 했던가? 명나라가 참전하고 전세가 역전돼 서울을 수복할 줄 누가 알았나? 그렇지 않아도 하루에도 열두 번씩 변덕이 죽 끓듯 하는 잔머리 대왕 선조는, 전쟁이 끝나고 다시 대통령 권한을 행사하자 마음이 달라졌다. 선조는 드르륵 소리 내면서 잔대가리를 굴리기 시작한다.

예전에는 고마웠던 아들 광해가 이젠 질투의 대상이다. 그도 그럴 것이 현직 대통령이라는 놈이 전쟁이 나자마자 나랏일을 아들에게 억지로 떠넘기고 의주까지 도망쳤는데, 아들은 서북지방에 남아서 꿋꿋하게 민심을 수습하고 백성의 신망까지 얻었으니, 아들 때문에 자기만 빙신된 거 아닌가? 급기야 선조는 차기 대통령 광해를 내칠 생각을 한다.

선조, 영창대군을 차기 후보로 밀다

선조는 무능력에 질투심까지 심했지만, 아이고, 주책도 만만치 않았다. 죽기 6년 전인 51세에 선조는 손녀뻘인 17세 처녀와 혼인을 한다. 자신의 아들 광해군보다 아홉 살이나 어린 영계를 신부로 들인 것이다. 그여자가 바로 인목대비다. 그리고 선조는 55세에 말도 많고 탈도 많은 영창대군을 낳는다. 문제는 여기서 시작된다. 선조 이 인간은 도대체 생각이 없는 놈이다. 아들 광해군이 이미 차기 대통령으로 책봉된 지 10여 년이 지났고, 전쟁 중에는 사실상 대통령 노릇도 하지 않았던가? 지가 영계 밝혀서 새 장가들고 애 낳은 것까지야 그렇다 치지만, 멀쩡한 세자 놔두고 어린 핏덩이 영창대군을 새로운 차기 대통령으로 밀었던 것이다.

선조가 중종의 서손庶孫이어서 적손嫡孫에 대한 집착이 강했다고 변명하지만, 그건 그야말로 개짖는 소리다. 선조는 한때 넷째 마누라의 2남 신성군을 차기 대통령으로 밀려 하지 않았던가? 그냥 자기보다 잘난 아들 광해가 싫었다고 말하는 게 쿨~하다. 선조는 광해군을 질투하여 영창대군을 세자로 옹립하고 싶어했고, 여편네라도 정신을 차려야 하는데 철없고 나이 어린 인목대비 또한 친정을 부추겨 뇌물수수에 열을 올렸다.

원래 권력 주변에는 양아치가 들끓기 마련이다. 고시공부하듯 권력자의 속셈 파악에 온 안테나를 집중하고, 권력자를 향하여 무조건 "각하가 맞습니다"를 외치는 부류가 지천으로 널려 있기 마련이다. 이제 '현직 세자 광해군'을 지키려는 세력과, 선조의 속셈을 받들어 '영창대군을 새로운 세자로 만들려는 세력'의 전쟁이 시작된다.

광해(대북당)냐 영창대군(소북당)이냐

임진왜란이 끝나자 내각은 전쟁의 영웅 '북인'들이 장악한다. 그러나 정권을 장악한 북인당은 차기 대권을 누구로 옹립할지를 두고 자체 분열한다. 원래 집권하면 분열하기 마련 아닌가? 다 그런 거다. 현직 세자 광해군을 옹립하려 했던 사람들을 대북당총재 이산해, 부총재 정인홍, 원내대표 이이첨, 허균, 기자헌, 홍여순 등이라 하고, '영창대군 + 인목대비 정권'을 만들려고 했던 사람들이 소북당총재 남이공, 원내대표 유영경, 박승종, 유희분, 김신국 등이라 한다.

광해가 정권을 잡을 수 있었던 것은 선조가 영창대군이 장성하기 전에 '죽어주었기' 때문이다. 선조가 잘한 건 이거 하나다. 그나마 41년 집권으로 끝내고 죽어준 것. 즉 선조 + 인목대비 + 소북당이 차기 대통령으로 밀던 영창대군은 선조 사망 당시 겨우 두 살. 현실적으로 대북당이 밀고 있는, 대통령 당선자세자 시절을 16년이나 보낸 광해군 외엔 대안이 없었다.

소북당 대표 유경영의 추태와 대북당의 승리

소북당의 원내대표 유경영은 광해군에게 대통령 자리를 넘긴다는 선조의 유언장을 자기 집에 숨기고, 국방장관 박승종과 공모하여 병력을 동원, 청와대를 둘러싸는 등 찌질이 진상을 부렸다. 그러다 대북당 부총재 정인홍의 '유경영 탄핵상소'와 소북당의 자체 분열로 인해 광해는 집권에 성공할 수 있었다.

이처럼 광해군은 천신만고 끝에 34세에 정권을 잡는다. 대북당은 집권여당이 되고 소북당은 몰락한다. 한때는 같은 당이었다가 노무현이 대통령에 당선되자 몰락한 후단협 꼴난 것이다. 소북당 원내대표 유경영은 사사되었다.

광해군이 자신의 이복동생인 영창대군을 죽이고 아홉 살이나 어린 철없는 새엄마 인목대비를 내쫓은 것은 드라마의 단골소재일 뿐, 중요한 일이 아니다. 그건 인조반정으로 광해군 정권을 무너뜨린 서인당 애들이 '동생을 죽이고 어미를 내쫓은 패륜아'라고 갖다 붙인 것이지, 왕조국가에서 이복동생 하나 죽인 게 무슨 대순가? 자기 친동생 2명 + 친조카단종를 죽인 세조도 있었고, 친아들 사도세자를 죽인 영조도 있었다. 게다가 광해군 정권을 무너뜨린 인조 이놈은 후에 친아들, 며느리, 친손자까지 몽땅 죽인다. 그러면서도 세조, 인조, 영조는 역사의 주류이고, 왜 광해는 동생을 죽인 '또라이 패륜아'로 찍혔는가? 그건 광해가 소수 정권이었고 역사의 비주류인 북인당 정권이었기 때문이다. 결정적으로 광해는 명나라에 '알아서 기지' 않았고, 광해를 떠받들었던 북인당 정권은 조일전쟁의 투사들이었다. 오늘날은 다를 것 같은가? 미국에 고분고분하지 않고, 일본 침략에 저항하는 투사들이 한반도의 주류가 될 수 있을 것 같은가?

그렇다면 영창대군과 그 엄마 인목대비를 빼면, 광해군 정권의 주요 키워드는 뭔가? 바로 ▲ 대내적으로는 대동법 실시 ▲ 대외적으로는 명청明淸간 등거리 외교중립 외교다.

한반도 최고의 세제 개혁 - 대동법

광해군은 조선 최고의 세제 개혁인 대동법을 실시한다. 대동법이란 각 고을마다 특산물을 바치던 세금공물을, 쌀로 통일하여 바치는 제도다. 이게 뭐 그리 큰 개혁이란 말인가? 각 고을마다 특산물을 바치는 세금 제도, 즉 공물제도는 폐해가 많았다. 이 미친 세무관료 놈들이 그 지역에서 생산되지도 않는 특산물을 부과하는 경우가 허다했다. 예를 들어 보자.

생선이 나지 않는 내륙지방인 청주에 "갈치 1,000마리를 납부하라"고 하면 어쩔 것인가? 이런 일이 고을마다 비일비재하자 중간 장사꾼들이 등장한다. 즉 바닷가에 가서 갈치 1,000마리를 사서 대신 납부해 주고, 그 대가를 청주 백성들로부터 받아내는 것이다. 물론 '몇 배'로 받아낸다. 세상에 공짜가 어딨나? 그래도 여기까지는 그런대로 참을만 했다.

문제는 그 지역에서 버젓이 '생산되는' 물건까지도 자신장사꾼들이 대신 납부하고, 백성들에게는 터무니없는 가격으로 뒤집어 씌우는 것이다. 이를 방납防納이라고 한다. "정상적인 세금납부를 방해한다"는 뜻이다. 장사꾼과 관료의 '세금납부 방해 행위'로 정상 세금의 몇십 배를 부담하게 되자, 그렇지 않아도 전쟁의 폐해로 죽지 못해 살던 백성들은 야반도주하지 않을 수 없는 상황이었다.

그래서 등장한 것이 바로 대동법이다. "이제부터 복잡하게 특산물로 내지 말고 쌀로 내라. 그러면 정부는 그 쌀로 필요한 물건을 알아서 구입하겠다"는 뜻이었다. 이 당시엔 쌀이 곧 현금이었으니, 결국 대동법은 물건특산물으로 세금을 납부하지 말고 현금박치기쌀로 내도록 한, 16세기판 조세의 금납화였다. 이게 대동법이다.

그러나 말이 쉽지, 얼마나 반대가 심했겠나? 방납으로 이득을 보던 중간 장사꾼들, 그 장사꾼들로부터 정치자금을 받아 챙겼던 수~~~~많은 정치인들과 뇌물을 받아 챙겼던 수많은 지방 공무원들, 얼마나 많은 이권과 관행이 얽혀 있었겠는가? 이 난마亂麻와 같이 얽히고 얽힌 이해관계를 뚫고 대동법을 실시한다는 게 결코 쉬운 일이 아니었다. 참여정부가 종부세 시행한 것보다 훨씬 어려운 일이었다.

수구 세력의 반발
- 서인당, 대동법이 아닌 호패법 강화로 해결하자

만난을 무릅쓰고 이 대동법을 현실 정치에 정착시킨 사람이 누군가? 물론 광해군과 집권 여당 대북당의 공이 제일 크다. 이때 한나라당의 조상이자, 광해군 정권의 야당인 서인당은 대동법에 반대했다. 한나라당과 자칭 대한민국 주류 세력의 조상인 서인노론당은 방납의 폐해로 인한 백성의 도망을 막기 위해 대동법을 실시할 게 아니라, 호패법을 강화해야 한다고 주장했다.

즉 먹고살기 어려워 세금을 못 내겠다고 도망가는 농민들을, 도망가지 못하도록 통제를 강화하여 쥐어짜자고 주장한 것이다. 어떤가? 우리나라의 자칭 보수 세력 답지 않은가? 이때 서인당 소속 정치인이었음에도 불구하고 대동법 실시를 강력하게 주장하여 광해군 정권에 힘을 실어준 자가 있으니, 바로 조선 최고 세제 개혁가 김육金堉이다.

조선의 위대한 정치인, 조선의 케인즈, 김육
– 보수가 보수의 특권을 누리기 위하여는 변해야 한다

잠곡 김육1580~1658. 17세기 조선의 케인즈. 서울 출생. 그는 비록 수구 세력인 서인당 소속 정치인이었지만, 그는 한반도 역사상 전무후무한 세제 개혁을 성공시켰다. 같은 당의 거물 정치인인 김장생, 김집, 송시열, 송준길 등의 집요한 좌파 빨갱이 공세에 아랑곳하지 않고 광해군, 인조, 효종의 세 국왕을 모시면서 대동법을 완성시켰다.

명문 안동 김씨 출신으로 '농민의 입장'에서 공납에 의한 농민들의 부담을 경감하려 했던 김육 vs '양반 지주의 입장'에서 농민들의 통제를 통한 해결을 주장했던 송시열과 김집, 그리고 김집의 아버지 김장생. 이들 중 나는 김육이야말로 진정한 보수주의자라고 생각한다.

만약 대동법이 실시되지 아니하였다면 조선이 유지될 수 있었을까? 국사책에서 그렇게 추앙하는 김집과 송시열의 주장에 따라 호패법을 강화하였다면 조선사회는 무너졌을 것이다. 7년에 걸친 두 번의 왜란, 그리고 불과 십수 년 후에 벌어지는 정묘호란과 병자호란. 이 전쟁의 폐허에서 이판사판 눈에 뵈는 것이 없었던 백성들을 송시열의 방식으로 쥐어짰다면, 아무리 멍청하고 착하기만 한 조선 백성이라지만 왕조를 뒤집어엎었을 것이다. 사회가 유지될 수 없었을 것이다.

결국 보수가 보수의 특권을 꾸준히 누리기 위하여는 변해야 한다는 것을 김육은 역사적으로 실증하고 있다. 대동법에 의해 전쟁으로 황폐된 경제가 안정을 찾을 수 있었다. 사회가 유지됐기 때문에 서인당 정치인들도 계속하여 자신들의 '특권'을 누릴 수 있었던 것 아닌가?

조선 중기의 '386 정치인' 조광조는 명분에 집착한 이념 개혁만을 시도하였으나, 결국 국민에게 아무런 이득도 주지 못하고 제거되고 말았다. 반면 김육은 당시 조선의 수구 주류 세력인 서인당의 대표적 정치인이었음에도 불구하고, 전 국민을 이롭게 한 조선 최고의 세제개혁인 대동법을 정착시켰다. 같은 보수 정치인이었지만, 관념적인 조광조보다는 현실 속에서 개혁을 이루어 낸 김육이 100배는 더 높은 역사적 평가를 받아야 한다. 그래서 민주당에 소속되어 있으면서, 유연한 진보 운운하면서 21세기판 성리학인 미국식 자유시장경제를 금과옥조로 생각하는 어설픈 486보단, 한나라당에 있으면서도 무상급식, 비정규직 차별에 대한 징벌적 배상제 도입, 대기업의 비정규직 현황 공개를 주장하는 대구 출신 유승민이 훨씬 더 정치적이다.

의무급식 도입의 선구자, 송석찬

송석찬이라는 정치인이 있었다. 1970년대부터 DJ를 따라다녔고, 1980년대 민추협 활동, 평민당을 거쳐, 대전에서 DJ 깃발 들고 초대 시의원이 됐다. 유성농고와 명지대를 졸업했다. 흔히 볼 수 있는 보통 사람이다. 그가 대전시의원을 거쳐 1995년 초대 민선 유성구청장에 출마하여 당선됐다. 그는 당선되자마자 "관내 13개 초등학교에 '학교 급식시설비' 19억 원을 구청 예산으로 지원하겠다"고 선언하여 전국을 발칵 뒤집어 놓았다. 당시 언론기사를 살펴보자.

1995년 7월 송석찬 대전시 유성구청장은 아이들을 튼튼하게 키우고, **도시락 준비 고통에서 주부들을 해방시켜 여성들의 사회참여를 돕겠다며 이런 폭탄선언**을 한다. 이 선언에 따른 지원예산 편성은 당시 **내무부**행정

^{자치부}**를 발칵 뒤집어놨다.** 학교지원 업무는 광역자치단체의 고유업무일 뿐 아니라 지방재정교부금법, 지방자치법, 학교급식법 등을 위반하고 있기 때문이다. 내무부는 실제 예산을 집행하면 교부금 배정에서 불이익을 주겠다고 경고했다.

하지만 당시 송 구청장은 담당과장에서 부구청장까지 관련 공직자들이 결재를 거부하자 이들을 모두 직위해제하고, 혼자 결재를 한 뒤 집행을 강행했다. 주민들, 특히 주부와 교육관계자들은 환영일색이었고 내무부는 대전시로 하여금 특별감사에 들어가도록 조처하기도 했으나, 유성구의 급식시설비 지원은 다음 해에도 계속됐다. 송 전 구청장은 "부인이 와병 중일때 애들 도시락을 싸면서 고통스러웠고 선진국에서는 점심은 물론 아침까지 학교에서 제공하는 것을 보고 급식시설비 지원을 정책화했다"고 회고했다.

유성구의 이런 예산지원은 다음 해 대법원이 '급식시설비 지원은 기초자치단체의 고유사무'라는 판결을 내려 더욱 탄력을 받으면서 합법화의 길을 텄으며, 1997년 학교급식법, 1998년 대통령령인 '시·군 및 자치구 교육경비 보조에 관한 규정'이 개정되기에 이르러 지자체 어디나 학교급식시설비를 지원할 수 있게 됐다. 〈한겨레〉 2000. 6. 30.

스토리를 정리해 보면 이렇다. 1995년 당시 법에 따르면 기초 자치단체 예산으로 초등학생 급식을 지원하는 것은 위법이었다. 따라서 송석찬 구청장의 부하 공무원들은 구청장의 급식예산 집행 지시를 거부했다. 그러자 송석찬 구청장은 부하 공무원들을 직위해제해 버리고, 혼자 결재하여 무상급식을 밀어붙였다. 주민들은 구청장의 정책을 환영했다. 그러자 김영삼 정권의 내무부에서는 송석찬 구청장의 행위를 위법하다 하여 법원에 행정소송을 제기했지만, 대법원에선 송석찬 구청장의 행위를 합법이라고 선언했다는 스토리다. 요컨대 만난을 무릅쓰고 우리나라에 의무급식제도를 최초로 도입한 분이 바로 송석찬이다.

이처럼 의무급식제도는 처음에는 '위법'이었다. 그런데도 송석찬은 주민들의 지지를 믿고 뚝심 있게 밀어붙였다. 송석찬 같은 발상의 전환이 없었더라면 아마 지금까지도 의무무상급식제도는 위법이었을 것이고, 여성들은 도시락 반찬 걱정을 하고 있을 것이다. 송석찬은 국민들이 이름도 기억 못하는 정치인이었지만, 그는 역사에 남는 최고의 현실 개혁을 했다. 좋은 대학 나와서 '민주화 경력' 팔아 이빨로만 개혁하는 소위 친노 정치 자영업자나 486보다는 송석찬이 100배는 더 낫다.

참여정부 종부세의 실패는 정치의 실패

대동법은 1608년 경기도를 시작으로 18세기 초 전국으로 확대되기까지 약 100년의 시간이 걸렸다. 조세정책의 변동은 그만큼 저항이 심하고 예민하다.

참여정부 시절, 기준시가 9억후에 6억으로 개정 이상이면 예외 없이 1주택 소유자까지도 일률적으로 종부세를 부과했다. 난 이것이 종부세를 연착륙시키지 못하고 실패하게 한 결정적 요인이라고 생각한다. 1세대 1주택자에 대한 일률적인 과세는 '강남 vs 비강남' 구도라는 불필요한 논쟁을 야기했다. 기준시가 9억 넘는 주택은 강남 빼곤 없기 때문이다. 종부세를 연착륙시키기 위해서는 '강남 vs 비강남'의 구도가 아니라 '주택 실수요자 vs 주택 투기수요자' 구도로 전환했어야 했다. 실수요자는 철저하게 보호하고, 투기수요자는 발본拔本하겠다고 선언하면서 강남도 1세대 1주택 실수요자의 경우에는 보유세를 부과하지 않거나 대폭 경감하여 주는 것이 종부세를 연착륙시킬 '정치적 결단'이었다.

만약 그렇게 종부세를 연착륙시켰다면 강남 여론도, MB도 함부로 종부세에 손을 대지 못했을 것이고, 헌재도 함부로 종부세를 위헌 선언하지 못했을 것이다. 예를 들어보자. 강남에 20억짜리 집 1채 갖고 있는 사람과, 비강남 지역에서 4억짜리 집 5채 갖고 있는 사람 중 누가 나쁜가? 후자가 훨씬 나쁘다. 자본주의 사회에서 좋은 집에서 사는 게 무슨 흠인가? 그러나 후자의 경우는 투기꾼이다. 물론 보유세의 취지에 비추어 1세대 1주택의 경우에도 일률적으로 과세하는 것이 법리적으로도 옳고 선진 입법례이기도 하지만, 나라 운영이 법만 갖고 되나? 그래서 정치가 필요한 것 아닌가? 여론조작도 정치고, 여론몰이도 정치다. 정치가 법과 도덕만 갖고 되더냐?

강남에 덜렁 집 한 채 갖고 있는 사람에게 종부세를 부과하는 것은 정서에 어긋난다. 몇 안 되는 강남 1세대 1주택 소유자까지 예외 없이 종부세를 부과하여 '강남 vs 비강남'이라는 불리한 아젠다가 세팅됐다. 종부세를 저지하기 위해 예민하게 촉각을 세우던 현대판 양반 지주인 재벌과 조중동은 이때다 하고 종부세를 '강남 vs 비강남'의 문제로 몰아갔고, 그 결과 참여정부를 지지했던 상식적인 강남 주민까지 적으로 만들었다. 종부세에 관한 한 참여정부는 정책만 있었지, 정치는 없었다. 원칙을 확실하게 제시하여 일관성을 유지하고, 단계적으로 실시해서 부담을 덜어야 했는데, 참여정부는 '일관성'에만 매몰돼 '부담'의 측면을 깡그리 무시했다. 종부세의 실패는 정치의 실패였다. 참여정부는 1차적으로 종부세를 연착륙시키고, 그다음 정권을 '재창출' 해서 종부세의 과세 범위를 확대했어야 했다. 그들은 정권 재창출 자체가 최대의 개혁이라는 것을 몰랐다. 그리고 결정적으로 대동법역시도 몰랐다.

광해군 이혼(1575~1641) II

평화를 사랑한 실리 외교

광해군의 등거리 외교

내치內治는 이원익, 이항복, 이덕형, 김육 등의 공이 있지만, 외교는 순전히 광해군의 공이다. 남북정상회담이 DJ의 공이었듯. 해외파병은 늘 골치 아픈 문제였다. 종주국이 원하는데……. 물론 결론은 항상 파병이다. 망해가는 명나라가 원해도 파병을 하는 판국인데, 세계 최강 미국이 원한다는데 말해서 뭐하겠는가?

광해군의 중립 외교등거리 외교가 왜 공功이냐? 조선은 7년간 두 번의 전쟁을 치렀다. 전쟁을 더 했다가는 남아나는 것이 없을 상황이었다. 이제 더 이상 전쟁에 휩쓸리지 않는 것이 최고의 가치이자 선이다. 무슨 수를 쓰더라도 한반도가 명나라든 청나라든 일본이든 그 누구의 밥이 되는 것만은 막아야 했다. 그리고 사회를 안정시켜 국세를 회복한 후에 그다음을 도모하는 것이 상책이었다. 광해군은 급변하는 동북아 국제정세에 기민하게 대처하여 조선이 또다시 전쟁의 참화에 말려드는 것을 막았다. 이것이 광해군의 공이다. DJ의 남북정상회담 한방으로, 서해안에서 총격전이 일어나도 '라면 사재기' 안 하고, 나이트클럽도 가고, 술도 마시고 하지 않나? 주가는 오히려 오르기도 한다. 순전히 DJ의 공이다. 광해군의 세련된 외교 전략으로 조선은 평화를 살 수 있었다.

광해군의 실용 외교노선
– 사대事大는 하되, 국가 존망이 걸린 요구는 거부한다

"명나라종주국에 사대는 하되, 국가의 존망이 걸린 요구는 거부한다. 그리고 시간을 벌어 힘을 키운다"는 실리외교노선을 취한 자는 탁탁 털어 봐야 겨우 정도전, 광해군, 소현세자, DJ 정도다. 이런 외교노선은 어떤가? 타당하고 합리적이지 않나? 그러나 이런 외교노선실리 외교을 선택하는 것은, 적어도 한반도에선 늘 목숨을 걸어야 하는 위험한 짓이었다. 한반도는 언제나 극단적이었다. 명나라에 빠지면 명나라에 올인하고, 일본에 빠지면 일본에 올인했다. 그래서 지금 우리가 미국에 올인하는 것은 역사적 전례에 비추어 보면 이해 못할 바도 아니다.

오늘날은 달라졌나?

광해군, 소현세자의 외교노선을 실리 외교로 평가하는 오늘날, DJ에 대한 평가는 어떨까? DJ는 미국이 10개를 요구하면 8, 9개를 들어주고, 1, 2개는 우리 것을 챙겼다. 부시가 MD를 요구하자, DJ는 'NO'라고 했다. 임진왜란, 청일전쟁, 러일전쟁, 미소 대리전인 한국전쟁 등 강대국 틈바구니에서 수많은 전란을 겪은 우리에게, 미국의 MD 요구는 국가의 존망과 관련될 수 있기 때문이다. 그래서 중국 주석 강택민은 DJ를 보고 '따거형님'라고 한다. 그러나 미국이 10개를 요구하면 15개를 주고, 나아가 간 쓸개까지 빼 주는 서인노론당의 후손 한나라당 눈엔, DJ는 좌파 빨갱이일 뿐이다. 만약 2002 대선에서 이회창이 승리했다면? 아마 DJ는 천수를 누리지 못했거나 정치적으로 큰 곤욕을 치렀을 수도 있다. 지금도 DJ의 무덤가에서 "좌파 빨갱이"라고 욕해대는 노인네들이 있지 않은가? 광해군 때나 지금이나 크게 달라진 게 없다는 얘기다.

명나라의 파병 요청과 조명朝明동맹론

1618년, 욱일승천하는 후금청나라의 누르하치는 명나라에 선전포고를 한다. 다급해진 명나라는 조선에 파병을 요청한다. 조선 정계는 발칵 뒤집힌다. 요즘으로 치면 우리 종주국인 미국이 신흥 강국인 중국과의 전쟁에 우리 군대의 파병을 요청한 것이다.

명나라의 파병 요청을 받은 지 얼마 지나지 않아, 후금의 칸 누루하치는 광해에게 전화를 한다. 그리고 광해에게 다음과 같이 통보한다. "나는 조선과 아무런 악감정이 없습니다. 우리는 동북아 질서의 안정 그리고 조선과의 평화를 원합니다. 정세파악 잘하시고, 쓸데없는 짓하지 마시고 조용히 계셨으면 합니다."

조선 정계는 재조지은을 갚아야 한다는 파병론과 국력 소모를 이유로 한 반대론이 경쟁하지만, 파병론이 게임도 안 되게 압도적이었다. 조명동맹론중화사상이 조선 정계를 지배하고 있었다. 오늘날은 안 그런가? 만약 미국과 중국이 맞선다면 우리는 어디에 줄서야 하나? 서서히 몰락하는 미국? 욱일승천하는 중국? 아마 우리 역사적 경험에 비추어 보면, 한국 전쟁에서 대한민국을 구해 준 재조지은의 은덕을 갚아야 한다는 한미동맹론이 '압도적'일 것이다. 그게 성리학적 의리와 절개일테니까.

미래를 내다본 광해군, 강홍립을 파병하다

숭명사대론자들로 가득한 조선 정계에서 광해는 그야말로 '독고다이'였다. 사실 광해는 이런저런 핑계를 들어 파병을 회피하려 했다. 그간 명나라 사신이 한번 왔다 갈 때마다 은자 수만 냥을 뜯어가고, 그렇게 지금까지 갖다 바친 은자가 수십만 냥이다. 그게 다 백성의 고혈이었다. 그런데 이젠 군대까지 보내라고? 광해군은 수용하기 어려웠다. 그러나 벌떼같이 달려들어 씹어대는 숭명사대론자 사림파 정치인들을 당할 재간이 없다. 지친 광해군은 중국어에 능통한 강홍립을 파병군 총사령관에 임명한다. 그리고 그를 은밀히 불러 독대한다. 강 장군……. 난, 청나라와 척질 생각이 없어요. 장군께선 큰 전쟁으로 번지지 않도록 요령껏 처신하세요……. 아! 각하……. 무슨 말씀인지 알겠습니다. 뭐 이랬단 스토리다. 지금이야 시간이 흘렀으니 "그게 뭐 대단한 일이냐? 누구나 다 할 수 있는 외교술 아니냐?"고 가볍게 생각하는 사람도 있겠지만, 절대 그렇지 않다. 시기를 보자.

광해군 집권1608 → 후금 건국1616 → 후금의 명나라에 대한 선전포고 1618 → 숭명사대주의자 쿠데타1623. 인조반정 → 후금 조선 1차 침입1627. 정묘호란 → 명나라 내란1631. 이자성의 난 → 청나라 조선 2차 침입1636. 병자호란 → 명나라 멸망, 청나라 중국 통일1644.

위에서 보듯 후금 건국에서 청나라가 중국을 통일하기까지 30여 년 간, 길게는 조일전쟁1592부터 50여 년 이상 동북아 국제 질서는 혼돈의 시대였다. 명나라가 한순간에 폭삭 주저앉았다면 명청 사이에서 조선이 선택하기가 훨씬 수월했을 텐데, 세상에 그런 게 어딨나? 이처럼 광해군 은 짧게는 30년, 길게는 50년 후를 내다본 것이다.

선전포고의 의미

1618년 누루하치는 명나라에 선전포고했다. 이 선전포고는 그냥 하는 게 아니다. 준비가 끝났다는 의미다. 일단 선전포고하고, 전쟁해 보고, 밀릴 것 같으면 꼬리 내리자? 그런 건 없다. 욱일하는 신흥강국의 선전포 고는 다 그만한 역량이 준비됐기 때문에 가능한 것이다.

검찰에서 피의자에게 공개 소환을 요구하는 것은 이미 내사가 끝나고 범죄 혐의를 입증할 충분한 증거자료를 확보한 상태에서나 가능하다. 아 무 준비도 안 된 상태에서 그냥 일단 한번 불러서 얘기 들어보고, 아니면 그냥 돌려보내자? 검찰은 뭐 호구인가? 선전포고도 마찬가지다. 세상이 저렇게 변하고 있는데, 조선의 사림파 성리학자들은 재조지은의 은혜를 읊조리고 있었다. 사림과 비교하자면 광해는 당시 조선 정계에서 외교에 관한 한 독보적인 존재였다.

진정한 외교 실용주의자 광해

1990 국사 국정교과서(상)를 보자.

선조의 뒤를 이어 광해군이 즉위하였다. 그리하여 북인 정권이 성립하는데, 그들은 **내정과 외교에서 정치적 역량을** 발휘하였다. 먼저 양안과 호적을 새로 작성하여 국가 수입을 늘리는 동시에, 전후에 피폐된 산업을 일으켰다. 대외정책에 있어서도 명이 쇠약해지고 북방 여진족이 강성해지는 정세의 변화를 간파하여 신중한 중립적 외교정책으로 대처하였다. 광해군의 이와 같은 **현실적이고 실리성 있는 외교정책은 임진왜란 후의 복구 사업에 크게 기여**하였으나, **명분을 중시하는 사람들의 지지를 얻지 못하였다.** 1990. 국사 국정교과서, 159p.

그랬다. 교과서의 설명처럼, 광해군은 '명분을 중시하는 사람들'의 지지를 얻지 못하였다. 명분을 중시한다? 이야! '명분을 중시한다'는 말은 참 고급스러운 말인데, 엉뚱한 놈들한테 너무 좋은 말을 갖다 붙였다. 여기서 사림들이 말하는 명분이란 "죽어도 명나라를 따라야지, 왜 오랑캐 눈치를 보느냐?" 그거였다. 요즘으로 치면? "죽어도 미국과 일본을 따라야지, 왜 중국 눈치 보느냐?" 그런 거다. 그러다가 백성들이 다 죽고 나라 망하면 지들이 책임질 건가? 이게 무슨 얼어죽을 명분인가? 백성들 목숨 값으로 자신들의 특권을 유지하자는 짓이지.

미국과 중국 어디에 줄서야 하나

2001년 9·11 사태로 미 본토가 공격 당해 수천 명이 죽었다. 미국은 사상 최초로 본토가 공격 당하는 수모를 겪었다. 많은 국제정치학자는 21세기를 9·11 이전과 이후로 구분하며, 9·11 사태를 21세기판 사라예보 사건이라고 한다. 그만큼 9·11 사태가 국제 사회에 준 충격은 강력했다. 9·11 이후 부시의 말이 곧 국제 질서요, 법이 됐다. 그러나 불과 7년 만에 2008년 금융위기로 미국의 일극 체제는 무너졌다. 그 위기가 유럽까지 전파돼 아직도 회생 기운이 보이지 않는다.

대신 중국이 욱일승천하고 있다. 중국은 미국과 EU에 이은 세계 세번째 원조 국가가 됐다. 원조는 자본 수출을 위한 사전작업으로, 절대 공짜가 아니다. 중국은 이미 세계전략 차원에서 원조를 통해 중앙아시아, 동남아, 아프리카, 남미까지 '관리'에 들어갔다고 한다Scott Snyder著, 『China's Rise and The Two Koreans』 참조. 재정, 금융위기가 한창인 유럽은 중국 자금을 유치하기 위해 중국에 연신 러브콜을 보내고 있다. 이젠 누구도 중국이 G2라는 것을 부정하지 않는다.

한편 미국은 2012년 1월 5일 '미국의 글로벌 리더십 유지: 21세기 국방 우선순위'라는 중대 발표를 했다. 제목은 요란했지만, 미국의 천문학적 재정적자 때문에 '10년 내 국방비 4870억 달러약 565조 원 감축'을 발표하는 슬픈 자리였다. 〈뉴욕타임스〉 등 주요 미 언론은 "오바마 정부가 미국이 오랫동안 유지해 왔던 '두 개의 전쟁' 전략을 사실상 포기할 것"이라고 평가했고, 국내 언론은 "국방예산 감축에 밀려 미 '세계의 경찰' 포기"라는 기사를 냈다. 무슨 뜻인고 하면, 미국의 시대가 저물고 있는 뜻이다.

어디에 줄서야 하나? 미국에 올인해야 하나? 중국으로 방향을 틀어야하나? 아니면 아직은 짱 보면서 양다리를 걸쳐야 하나? 미국 해바라기 안 하면 '빨갱이'인가?

위기 국면에 진입한 한반도
- 우리 땅에선 절대 또다시 전쟁 못 치른다는 확고한 의지 필요

한반도는 종주국의 패권이 변화하는 시점엔 항상 전쟁을 겪었다. 종주국 명나라가 망하는 시점=청나라가 떠오르는 시점에 임진왜란, 정묘호란, 병자호란이 터졌으며, 종주국인 청나라가 망하는 시점=일본이 떠오르는 시점에 청일전쟁, 러일전쟁이 터졌고, 종주국인 일본이 망하는 시점=미국이 떠오르는 시점에 태평양전쟁, 한국전쟁이 터졌다. 이때마다 한반도는 전란의 참화를 겪었다.

이제 우리는 또 한 번의 패권교체기에 진입했다. 한반도에 예각적 이해관계를 가진 미국과 중국의 충돌이 그것이다. 향후 30년 내에 미국과 중국의 세계 패권을 둘러싼 충돌은 더욱 격화될 것이다. 미국은 확연하게 기울어 가고 있다. 이런 상황에서 중국이 욕심을 내 한반도에서 영향력을 확대하려 한다든지, 미국이 중국을 견제하기 위해 남한이나 대만을 활용한다든지 한다면, 또다시 한반도는 미중 대리전쟁을 치를 수도 있다. 한반도는 이미 위기 국면에 진입했음을 명심해야 한다.

이 G2의 관계가 어떻게 될지는 아무도 모른다. 이럴 때일수록 처신을 잘해야 한다. 미국만이 살길이라고 달라붙을 일이 아니다. 피도 눈물도 없는 국제관계에서 좋은 놈 나쁜 놈이 어딨나. 중국도 과거엔 제국이었고, 미국, 일본, 소련도 다 제국이었다. 다 똑같은 놈들이다. 우리 땅에선 절대 또다시 전쟁 못 치른다는 국민의 일치된 의지와 이를 관철해 낼 수 있는 국방력이 없다면, 언제든 한반도는 대리전쟁터가 될 수 있다.

광해의 재정 확보책 – 공명첩

광해군은 공명첩을 팔아 재정을 충당했고, 궁궐 재건에 백성을 동원했다. 이걸 잘못이라고 씹어대지만, 국가 재정이 텅 비었는데 어떡하겠나? 조일전쟁 직후 조선은 한국전쟁 직후 평양처럼 아무것도 남지 않았다. 그런 상황에서 광해군이 즉위했다. 궁여지책으로 공명첩이라도 팔아야지, 전쟁 중에 천문학적 액수의 국가예산을 횡령한 이승만도 있었는데, 광해군은 그래도 재정 안정을 위한 것 아니었나?

다 그런거 아닌가? 외자 유치하기 위해서, 대기업 유치하기 위해서 국유지를 싼값에 특혜 불하하고, 세금 감면 특혜 주고 다 그러지 않나? 광해군이 공명첩 팔은 것이나, 외국자본이나 대기업에게 특혜 불하하는 것이나 본질은 똑같다. 궁궐 재건도 백성들을 고달프게 했다고 서인노론당 애들이 씹어대지만, 청와대가 불타 없어졌는데, 왕조 국가에서 그럼 언제까지 천막에서 업무를 보나? 할 만하니까 한 거다.

광해군의 결정적 실수 – 분당分黨

광해군이 잘못한 것은 간신 이이첨을 등용하여 자기 세력까지 다 적으로 만들고 분당을 감행한 것이다. 북인당은 대북당과 소북당으로 분당하고, 광해군 때 정권을 잡은 대북당은 인목대비 폐비를 두고 다시 골북이산해과 육북홍여순,이이첨, 중북으로 분당한다. 소북은 남당남이공과 유당유영경으로 분당한다. 광해군은 서인, 남인은 물론, 같은 당이었던 소북당, 중북당과도 척을 졌다. 별 것 아닌 일로 자신의 나와바리를 계속 갉아먹었다. 4색 당파 중 가장 세력이 작았던 북인당은 저렇게 수없이 찢어졌다. 친노 세력이 국민참여당, 의정연, 광장, 정통……, 뭐 이름도 기억 못할 정도로 분열한 것과 마찬가지였다.

소수 여당의 분당分黨은 정치적 기반을 와해시킨다
— 광해군, 2공화국, 노무현

소수 정권 = 소수 여당이 분당을 한다는 것이 정치적으로 어떤 의미인가? 결론부터 말하자면 그건 죽는 길이다. 다수 여당인 한나라당은 갈라져도 괜찮다. 그래도 죽지는 않는다. 또한 소수 야당은 분당을 해도 죽지는 않는다. 민노당이 진보신당으로 분당해도 그러려니 한다. 관심도 없다. 그러나 소수 여당이 갈라서는 것은 정치적 죽음을 뜻한다. 권력은 그렇게 위험한 것이다. 난 민주당이 열린우리당으로 분당했을 때 민주개혁 세력의 몰락을 예상했다. 정치적으로 가장 위험한 선택을 했기 때문이다. 역사에 비추어 보면 소수 세력이 정권을 잡았을 때 가장 경계해야 하는 것이 정치적 분열이다. 소수 집권당의 정치적 분열은 정치적 기반을 와해시켜 개혁을 위한 토대가 무너지는 결과를 야기할 뿐이다.

4·19혁명으로 천신만고 끝에 정권을 잡은 2공화국 민주당 총리 장면은 정치력을 발휘하지 못하고, 민주당 내 구파를 배제한 채 자파인 신파 일색으로 내각을 구성했다. 이에 반발한 같은 당 김도연 등 구파 세력은 '구파동지회'를 결성했다. 그리고 끝내 민주당을 탈당하여 신민당을 창당, 야당을 선언했다. 이렇게 분열한 소수 여당인 2공화국 민주당 정권은 9개월 만에 무너졌다.

참여정부 역시 소수 여당을 분당하였고, 그 결과 같은 당 박상천은 야당을 선언했다. 민주당의 분당과 박상천의 야당 선언은 2공화국의 재판再版이었다. 결국 열린우리당도, 노무현 대통령 본인도 몰락했다. 이처럼

'소수 정권 = 소수 여당'의 분당이 갖는 정치적 함의는 '정치적 죽음'을 뜻한다. 정치 공학적으로 절대 선택해서는 안 되는 노선이다. 민주당 분당을 주도한 세력들은 역사도, 정치도 몰랐다.

장면, DJ, 노무현의 차이

광해군 정권, 장면 정권, DJ 정권, 노무현 정권은 모두 소수당으로 천신만고 끝에 집권했다. 분당을 감행했던 광해군과 2공화국 민주당, 열린우리당은 정치적으로 무너졌다. 노무현 대통령은 민주당의 공천을 받아 대통령이 됐으나, 민주당을 분당하고, 한나라당과 대연정을 시도하면서 광해군처럼 자기 세력을 적으로 만드는 정치적 자살행위를 감행했다. DJ는 달랐다. 그 역시 소수 정권이었지만 이인제를 끌어들여 충청으로 영역을 확장하고, 김중권을 끌어들여 경북으로 외연을 확대하면서 자신의 '나와바리'를 점차 확대해갔다. 그래서 DJ를 두고 정치 9단이라고 하는 것이다. 정치적 기반이 없으면 아무것도 할 수 없는 것이 바로 정치라는 것을 역사가 실증하고 있다.

광해는 제주도로 유배돼 19년이나 더 살다가 죽었다. 한나라의 외교 전략가 & 왕이었던 자가 '영감' 소리 들으면서 구박받으며 그렇게 죽었다. 명지대 사학과 한명기 교수는 광해군의 외교정책을 이렇게 평가한다.

그의 외교 목표는 분명했다. "명에게 지켜야 할 기본적인 예의는 지킨다. 그러나 조선의 존망 여부까지 걸어야 할 요구는 거부한다. 후금이 오랑캐임은 분명하지만, 일단 그들을 다독여 침략을 막는다. 그리고 그

렇게 해서 얻어진 평화의 시간 동안 최악의 경우에 대비한 실력을 배양

한다." 한명기著, 『광해군』, 8p, 역사비평사刊.

이런 그의 생각이 수인受忍할 수 없는 패륜이었나? 원조 수구 세력 서

인당 정치인의 눈엔 그랬다. 쿠데타가 일어난다.

인조 이종(1595~1649) I

진.상.

인조仁祖. 광해군의 조카(광해군의 이복동생 정원군의 아들) & 선조의 서손. 휘는 종.
향년 55세. 재위 1623~1649년까지 26년.
자기 할아버지 선조와 함께 조선 최고의 무능력 대통령 + 악질 진상.
왜 어질 인(仁) 자를 썼는지 이해가 안 되는 놈.

조선을 골로 보낸 결정적 정치 변란 – 인조반정仁祖反正

중국을 보면 왕조가 짧게는 100년, 길면 300년 주기로 교체됐는데 조선은 역동성 없이 518년을 지속했다. 조선의 최전성기는 세종, 문종 전후이다. 즉 1450년 전후이다. 1500년경이 되면 이미 조선은 기울기 시작한다. 이 당시 조선은 명나라의 안보 우산에 편입돼 쇄국으로 일관, 1592년 일본에게 침략을 당한다.

1592년 임진왜란은 조선 건국 200년 되는 해로, 이때 명나라, 일본과 함께 이李씨 조선도 망했어야 했다. 그리고 다른 왕조가 들어섰어야 했다. 그랬다면 한반도는 신진대사를 통해 새로운 왕조의 탄력성을 기대할 수 있었을 것이다. 임진왜란 때문에 명나라도 망하고 일본도 망했는데,

어이없게도 정작 전쟁터였던 조선만 살아남았다. 아니, 조선이 스스로 생존했다기보단, 조일전쟁으로 침략자들이 망하는 바람에 찝적대는 놈이 없어서 그냥 존속되었다고 말하는 것이 옳겠다. 이후 조선을 완벽한 나락으로 빠뜨리는 결정적 정치 변란이 발생하는데, 바로 '인조반정'이다. 인조반정으로 조선은 회생불능의 나락으로 빨려든다.

인조, 쿠데타로 집권

우리 역사에서 외교 노선을 주제로 이처럼 드라마틱하게 변화가 심했던 적이 있었을까? 인조 정권의 키워드는 ▲ 인조반정 ▲ 외교 노선 선회중립 외교 → 숭명 사대 외교 ▲ 인조의 장남 소현세자이다.

인조 이종. 광해군의 이복동생정원군의 아들이다. 앞서도 언급했듯, 선조는 이씨 조선 적통 핏줄에서 구만리나 떨어졌는데, 인조는 거기서도 또 구만리나 떨어졌다. 즉 선조의 넷째 마누라의 넷째 아들이 정원군인데, 그의 둘째 아들이 인조다. 이처럼 인조는 광해군의 이복동생의 아들이니, 광해군의 조카인 셈이고, 선조의 서손자庶孫子이다. 명종의 조카이자 중종의 서손자인 선조와 정확한 닮은꼴이다. 선조와 인조, 이 둘은 할아버지와 손자이지만 거짓말처럼 닮았다. 다만 선조는 큰아버지 명종과 친하게 지내 무난하게 권력을 넘겨받았다면, 인조는 큰아버지 광해군을 쿠데타로 밀어내고 집권을 한 것이 차이라면 차이였다. 그래서인지 인조는 선조의 무능력, 질투에 더하여 잔인하기까지 했다.

광해군 정권은 서인당 소속 정치인들의 쿠데타에 의해 무너진다. 인조반정이 그것이다1623. 태종 이방원왕자의 난, 세조 이유계유정난, 중종 이역중종반정에 이은 네 번째 쿠데타다. 1623년 능양군 이종, 이귀, 김류, 김자점,

최명길, 김상헌, 이괄 등 서인당 소속 정치인들이 쿠데타를 일으켜 29세의 능양군 이종을 왕위에 앉히니, 이 인간이 바로 인조다. 중종반정과 달리 능양군 이종은 쿠데타에 직접 참여했다.

인조반정의 역사적 의미
– 1. 서인당 창당. 2. 중화사상. 3. 쇄국 재확인

인조반정은 조선 중기 조선의 미래를 결정한 중대한 정치적 변란이었다. 세 가지 측면에서 그렇다. 첫째, 인조반정의 성공으로 조선에는 원조 수구 정당인 서인당이 창당됐다. 둘째, 망해가는 명나라를 모시자는 중화사상이 조선의 유일무이한 이데올로기로 자리잡는다. 셋째, 조선은 쇄국의 길을 재확인한다. 이렇게 인조반정으로 조선은 망국의 길로 들어선다. 사실 조선은 인조반정으로 끝난 나라였다. 이제부터는 내리막길이다.

한나라당의 조상인 한반도 원조 수구정당 '서인당'의 탄생

인조반정의 정치적 성격을 한마디로 규정하자면 '친명親明 수구 사대주의자들의 반란'이라 할 수 있다. 광해군이 이복동생 영창대군을 죽였고, 새엄마 인목대비를 폐비시킨 패륜아라서 반정을 했다는 것은, 그냥 이솝우화 차원에서 개들이 갖다 붙인 구실일 뿐이다.

인조반정으로 인해 한반도의 주류는 지금까지도 '서인당과 그 후손들'로 굳어진다. 즉 한반도의 주류는 서인당 → 서인노론당 → 벌열정치 → 세도정치 → 한말 친일파 → 해방 후 친미파 → 한민당 → 자유당 → 공화당 → 민정당 → 신한국당 → 한나라당으로 이어진다. 한나라당, 조중동을 비롯한 우리 사회의 자칭 주류 세력은 '1623년 인조반정'을 뜻깊게 생각해야 한다. ㅋ.

인조반정으로 집권에 성공한 숭명사대주의자 집단인 서인당은 광해 정권을 떠받들던 북인당을 정계에서 제거한다. 이로써 4색 당파 중 '그나마' 가장 진보적인 북인당은 정계에서 영원히 사라졌다. 그다음으로 진보적이던 남인은 그저 간신히 명맥만 유지한다. 이제부터 서인당 일당 독주 체제가 시작되고, 갑술환국1694 이후 서인당이 노론과 소론으로 분화하여 지들끼리 여당, 야당을 해먹는다. 여당도 서인당, 야당도 서인당이다. 오늘날로 치면 여당은 친이, 야당은 친박이라는 얘기다. 조선 백성의 삶이 얼마나 끔찍했을까…….

17세기판 '글로벌 스탠다드' – 조명동맹(중화사상)

광해군의 실리 외교정책, 즉 지는 명나라와 뜨는 청나라 사이에서의 양다리 걸치기 전략에 대해 수구 세력인 야당 서인당은 더 이상 눈뜨고 볼 수 없었다. 왜냐? 『조선시대 해외파병과 한중관계』의 저자 계승범의 인터뷰를 통해 그 당시 서인당 애들의 정신 상태를 보자.

삼전도의 굴욕이 뭡니까. 아버지명가 위험에 처했는데 나 하나 살겠다며 원수청 앞에 머리를 조아리고 부자의 연을 끊기로 약속한 사건입니다. 당시 기준으론 배반이자 패륜이지요. **만약 이것이 상황논리로 허용된다면, 피지배층에게 왕조와 양반에 대한 복종을 요구할 명분이 사라져버립니다.** 이런 절박감이 '소중화'를 자처하며 망해버린 명 제국에 대한 의리와 충성을 강조하는 집단적 자기최면으로 나타난 겁니다. 〈한겨레〉 2009. 11. 12.

그렇다. 중화사상=화이관에 물든 조선 정치인의 눈엔 청나라 긍정은 명나라 부정이고, 이는 곧 성리학 질서의 부정이었으며 체제 부정이었다. 중화사상이 뭔가? 주변 오랑캐 국가여진, 몽고, 조선, 일본, 월남 등에 대한 한족漢族의 우월주의 관념을 뜻한다. 이들 사림파 성리학자들은 철저한 화이관에 입각하여 조선을 명나라의 제후국, 즉 작은 명나라, 소중화, 제2의 명나라로 자처했다.

중국 놈들이 중화사상을 내세우며 "지 잘났다"고 하는 것은 그렇다 치지만, 문제는 조선 정치인이 화이관에 물들어 중국 놈보다 더 중국 놈 같은 조선 놈들이 조선 정계를 완벽하게 장악하고 있다는 거다. 바로 '송자'라고 불리던 서인노론당 총재 우암 송시열이 그 대표적인 인물이다. 이처럼 조선은 중국의 군사력과 선진문물에 압도당하여 군사적 굴복이라는 '사대'와 문화적 숭배인 '중화사상'이라는 태도를 취했다. 오늘날이라고 다른가? 우리는 미국에 군사적 굴복이라는 '사대'와 문화적 숭배인 '글로벌 스탠다드'라는 태도를 취한다. 조선-중국과의 관계가 대한민국-미국과의 관계로 치환되었을 뿐, 본질에서는 똑같다.

조선의 국시國是, 명나라는 아버지의 나라

조선 정치인에게 있어 명나라와 주자학성리학은 그 자체로 종교이자, 신神이자, 궁극이자, 목적이자, 인생의 전부였다. 요즘으로 치면 미국 사람보다 더 미국 사람 같은 대한민국 사람? 일제시대로 치면 쪽발이보다 더 쪽발이 같은 조선 놈? 아니, 이것으로도 설명이 부족하다. 그냥 '뼛속까지 명나라의 피가 흐르고 싶어하는 조선인' 정도로 해 두자.

이 주자학성리학의 화이관 질서에 물들어 제2의 명나라를 자처하는 조선의 서인당 정치인들이 "광해군! 이 빨갱이 새끼. 죽여버려~" 하고 쿠데타를 일으킨 것이 바로 인조반정이다. 인조반정으로 '조명동맹'은 하나의 이데올로기가 된다. 서인당에게는 조명동맹 이외의 실리외교니 양면외교니 국익을 도모하기 위한 양다리외교니 이런 현실 인식은 개코도 없었다. 그런 사고방식 자체가 빨갱이였다. 인조반정으로 조선은 차이와 다름을 용서하지 않는 '사상적 멸균 국가'가 된다. 어떤가? 한나라당 원조 조상답지 않은가? 이제 조선은 망국의 길에 아스팔트를 깔기 시작한다.

명나라 부정은 국가보안법 위반

중화사상이 온 나라를 지배한다. 그러면 어찌되겠는가? 빤하지 않겠나? 청나라 긍정은 곧 명나라 부정이요, 명나라 부정은 곧 성리학 체제의 부정이고, 이는 곧 국가체제 부정이요, 국가보안사범이었다. 지금은 안 그렇다고 할 수 있나? 미국 부정은 곧 북한 긍정이요, 북한 긍정은 곧 반체제 사범이고, 반체제 사범은 빨갱이고~ 다 그런 것이다. 쉽게 말하자면 그 당시 명나라 부정은 곧 빨갱이였다.

이런 사고방식은 종주국인 명나라가 한창 잘나갈 때라면 국제정치적으로 문제될 건 없다. 명나라를 제외한 주변국의 미움은 받을 수 있을지언정 전쟁의 참화는 면할 수 있다. 문제는 명나라가 몰락해 오늘내일 하고 있는데도 명나라만 찾고 있었다는 거다. 이렇게 명나라를 하느님처럼 떠받드는 사고가 조선을 지배하면서, 조선 후기로 갈수록 조선은 더욱 가관이 된다. 이영훈과 구대열의 글을 잇따라 보자.

조선시대 백두산 기행문을 남긴 마지막 사람은 이중하李重夏이다. 백두산 꼭대기에서 그는 "기자의 옛 나라가 조그마하게 펼쳐 있고"라고 노래했다. 1885년 중국 관리들과 국경을 다툰 다음 …… 영토를 개척함에는 이목 같은 사람이 없고, 근원을 찾는 데는 예로부터 장건을 말했다 …… 이목은 중국 전국시대 조나라 장수로서 조나라의 영토를 크게 개척한 장군이다. 장건은 한나라 장수로서 흉노를 정벌하여 서역을 중국에 포함시켰다. 응당 이 대목이라면 오늘날의 한국인들은 여진을 정벌하고 육진을 개척한 고려의 윤관이나 조선의 김종서를 떠올려야 한다. 그러나 **이중하는 엉뚱하게도, 2,000년 전 중국의 장수들을 시재로 삼았다. 소중화론자인 그에게 중국의 고대사는 그 자체로 조선사였다.** 이

영훈編, 「해방 전후사의 재인식1」, 27~28p. 책세상刊.

그러나 이중하를 소중화론자라고 낙인찍은 것은 정확한 평가가 아니다. **서글픈 현상이지만, 이 시대의 지식인들은 이목이나 장건은 알아도 윤관이나 김종서에 대해서는 잘 몰랐다고 단정해도 무방할 것이다. 이중하만이 아니라 당대 조선의 지식인들에게는 "중국의 고대사 그 자체가 조선사였다"는 것이 더 정확한 표현일 것이다.** 구대열著, 「삼국통일의 정치학」, 19p. 까치刊.

요컨대, 조선 후기 지식인들은 중국사를 우리 역사로 생각했고, 윤관이나 김종서 같은 사람은 몰랐다는 것이다. 사대를 몇백 년 하면 이렇게 된다. 한말 조선에서 선교사와 교육운동가로 활동했던 미국인 호머 헐버트는, 7세기 '글로벌 스탠다드'인 당나라 문화를 적극 수용한 신라가

왜 망했는지에 대해, 다음과 같이 적고 있다.

> 중국 법, 종교, 의상, 예술, 문학, 과학이 한국에서 유행하는 스타일이
> 되었고, 나는 이것이 그때부터 지금까지 한국인을 퇴보하게 하였으며,
> 그 결과 오늘날 조선이 속수무책인 상황에 이르렀다고 확신한다. ……
> 신라는 3세기에 걸쳐 통치했지만, 그 3세기는 급속한 쇠락의 시기였
> 다. 사치는 국력을 갉아먹었다. …… 그것중국 문화의 압도적 유입-필자은 절제
> 할 줄 모르는 아이 앞에 사탕을 쌓아두는 것과 마찬가지였다. 신라는
> 중국 문화의 과다섭취로 죽었다. Homer Hulbert著, 「The Passing of Korea」,
> 76~77p, Nabu press刊.

'글로벌 스탠다드'의 맹목적 추종은 경제 성장의 가장 큰 동력인 ▲ 창
의력 ▲ 혁신 ▲ 지적 상상력을 파괴한다. 통일신라도 '글로벌 스탠다드'의
과다 섭취로 죽었고, 원나라를 과다 섭취한 고려도, 명나라를 과다 섭취한
조선도 마찬가지였다. 오늘날은 다른지, 냉정하고 진지하게 생각해 보길
권한다.

광해는 패륜아다 - 17세기판 빨갱이 사냥
서인당 애들이 쓴 「광해군 일기」를 보자.

우리나라는 200년 동안 명나라를 섬겨 의리로 말하면 임금과 신하의
사이이고 은혜로 말하면 아버지와 아들의 사이 같아서, **임진왜란에 우
리를 구원한 은혜는 만 년을 가도 잊을 수 없다.** 그런데 광해군은 배은

망덕하게 하늘의 뜻을 두려워하지 않고 속에 **다른 마음을 품고는 오랑캐**청나라**에게 성의를 보였다.** 「광해군 일기」 15년.

그렇다. 광해군은 명나라에 대한 사대의 예를 저버리는 패륜을 저질렀고, 이는 곧 성리학 질서의 부정이며, 그 자가 아무리 대통령이라 해도, 왕은 사대부 중 제1 사대부에 지나지 않으므로, 왕이 패륜을 저질렀다면 당연히 갈아치울 수 있는 것이 바로 성리학적 왕도정치다. 그래서 그들은 분연히 떨치고 일어나 쿠데타를 한 것이다. 아! 자랑스럽도다. 조선의 사림파 서인당 사대부들이여!

제 나라 백성들은 개돼지 취급하는 걸레 같은 놈들이, 적군이 쳐들어오면 맨발로 도망치기 바쁜 벌레만도 못한 놈들이, 어찌하여 명나라에 대한 의리는 그렇게 지키려고 하는가? 공인 기록인 실록에 명나라를 "섬긴다"는 표현을 아무런 부끄럼 없이 떳떳하게 쓰고, 1년도 아니고 10년도 아닌 1만 년이 가도 못 잊는단다. 아주 지랄 염병을 떤다. 그래서 결과는 어땠는가? 힘 없고 영문도 모르는 백성들만 청나라의 개밥이 되지 않았나?

조선, 인조반정과 함께 쇄국의 길을 재확인하다

인조반정 이후 조선을 장악한 서인노론당은 망해가는 광해군의 실리 외교를 폐기하고 다시 명나라를 모시기 시작한다. 조선 지배 세력에게 중화사상이란 선택 가능한 여러 가지 전략 중 하나가 아니라, 유일무이한 이데올로기가 된다. 전쟁, 통상, 외교는 도덕과 의리의 문제가 아니라는 것이 우리의 상식이지만, 성리학자들은 그렇지 않았다. 그들은 국가 생존 앞에서도 도리와 의리를 찾았다.

소국小國의 정치인은 전쟁의 위기 속에서 국체를 보전하고 국민의 안위를 수호해야 할 책임이 있고, 그때 필요한 것은 마키아벨리지 사서삼경이 아니다. 그런데도 사림파 성리학자인 서인노론당 놈들은 도道가 어쩌니, 기氣가 어쩌니, 이理가 어쩌니, 예禮가 어쩌니……. 에효~~.

인조반정과 함께 조선은 쇄국의 길을 재확인한다. 자세한 내용은 소현세자를 언급하면서 설명하겠다. 한 가지 지적해 둘 것은, 조선의 쇄국은 이방원의 쓰시마 정벌로 시작됐으며, 인조반정으로 재확인되었고, 대원군이 집권했을 때는 이미 쇄국이 진행된 지 450년, 쇄국이 재확인된 지 250년이 흐른 때다.

세계 최강, 청나라

청나라는 어떤 나라인가? 고구려 → 발해 → 북한과 같은 민족인 만주족여진족이 세운 나라로 요나라, 금나라, 원나라 등과 같은 중국 정복국가였다. 이민족異民族 중국 정복국가로서는 가장 오랜 기간인 약 300년 동안 중원을 호령한 세계 제1 강대국이 바로 청나라다.

명나라 → 청나라로 교체되기 전에 이미 청나라당시 후금에는 마테오 리치이탈리아인 선교사와 아담 샬독일인 선교사이 들어와 활약을 했다. 서광계는 마테오 리치와 함께 유클리드의 기하학을 완역하기도 했다. 예수회 선교사를 통해 수천 권의 천문학, 수학, 지리학, 의학, 기계학, 약학, 해부학, 동물학, 논리학 및 유럽 정치, 교육 서적을 출간했다. 수많은 유럽 선교사들이 청나라 고위 관료로 등용돼 유럽과 청나라간 문화 접촉의 통로가 됐다. 이들은 건축가, 천문학자, 번역가, 지도제작자, 화가 등으로 활약했다. 이러한 노력의 결과 1700년대에 이르러 유럽에서는 중국적인 유교 윤리, 철학, 건축, 가구 등이 크게 유행했다.

지금은 구만리나 떨어진 세계 제1강국 미국과 기를 쓰고 친하게 지내려 하고 있는데, 이 서인당 놈들은 가까운 청나라와 친하게 지내면서 세종 이후 세계 제2 강대국으로 발돋움할 수 있는 절호의 기회를 날려버렸다.

인간에 대한 예의

대체 청에 대한 근거 없는 자신감은 어디서 나오는 것일까. 나는 말로는 설명하기 어려운, 신라 후손인 우리가 갖고 있는 정서적 감정에서 그 근거를 찾는다. 우리나라韓民族는 왜 그런지는 모르겠지만 전통적으로 한족漢族만을 좋아했다. 같은 중국인이라도 한족이 아닌 이민족은 야만인으로 깔봤다. 그래서 만주족여진족이 세운 청나라, 몽고족이 세운 원나라와는 사이가 안 좋았다. 한족이 아니므로 충성을 못하겠다는 거다. 지금도 그렇지 않은가? 외국인을 무지 좋아하는데 꼭 앵글로 색슨족만을 좋아한다. 동남아 사람들은 거의 거지 취급하고 흑인은 짐승 취급한다. 재미 교포나 재일 교포라면 환장을 하지만 중국 교포조선족는 거지 취급한다. 하여튼 천박한 족속이다. '반공, 멸공' 가르치는 것이 국민윤리가 아니라 '피부색깔 다르다고 무시하지 않는 것, 가난하다고 깔보지 않는 것' 가르치는 게 국민윤리다. 그게 인간에 대한 예의다.

Anything But 광해군

인조가 정권을 잡고 한 짓은 'anything but 광해군' 이다. 결정적으로 '명청 간 중립 외교 → 친명 반청 외교'로 급선회한다. 400년 전 얘기니까 편하게 하는 것이지, 요즘으로 비유하자면 '친미 정권 → 친중 정권'으로 선회하는 것만큼이나 드라마틱한 일이다. 인조와 집권 여당인 서인당은 세상이 어떻게 변해 가는지 관심도 없었고, 그러니 제 분수도 모르고 몰락해가는 명나라 바짓가랑이 붙들고 "빠라바라밤~" 외치며 역주행하기 시작한 것이다. 한 나라의 잘못된 외교정책이 어떻게 수많은 백성을 골로 보내는지 다음 편에서 얘기하겠다.

그리고 인조는 광해군 정권의 집권 여당이었던 북인당을 해체시킨다. 화끈하게 다~ 죽인다. 이렇게 수구 세력들은 늘, 자신들의 배때기 채우기 위해 화끈하게 권력을 사용한다. MB를 보라. 아무리 손가락질을 해도 얼굴에 철판 깔고 4대강에 혈세 퍼붓지 않는가? 자신들의 지지기반인 재벌 건설사와 영남에 수십 조의 돈을 퍼준 셈이다. 누가 뭐라고 하거나 말거나 "니들은 짖어라. 난 나대로 간다"면서 정부 산하기관에 낙하산 투입하지 않는가? 서인당의 후손답게 얘들은 권력을 쓸 줄 안다. 인조반정으로 항일투사 집단인 북인당은 정계에서 영원히 사라진다. 이제 남은 것은 서인당과 남인당 뿐이다. 개 같은 사림파들이었지만, 그래도 그나마 사림 중에서는 가장 실천력이 강했던 북인당의 소멸로, 사림은 더더욱 이빨만 까대고 책임은 지지 않으며 변화를 두려워하고, 지들 배때기 채우기에만 몰입하는 집단이 된다. 조선은 이제 오늘날 북한을 능가하는 폐쇄 사회로 들어선다.

인조 이종(1595~1649) II

인구 900만 조선, 인구 60만
만주족청나라에게 박살나다

이괄의 쿠데타(이괄의 난) - 도망치는 인조

인조가 쿠데타로 집권한 지 1년도 안 돼 이괄이 난을 일으킨다1624. 이괄은 인조 쿠데타의 핵심 멤버였는데 논공행상 과정에서 뒤로 밀렸다. 왜? 군바리라는 이유로! 이에 대한 불만으로 이괄이 난을 일으켰다. 이상이 서인당 애들이 주장하는 공식 스토리다. 그러나 사실 이괄의 난은 중앙정계에 있는 서인당 애들이 변방평안도에서 막강한 군사력을 보유하고 있는 이괄을 제거하기 위해 조작한 사건이었다. 게다가 평안도가 어디냐? 반역의 땅 아닌가? 적군이 쳐들어오면 도망치기 바쁜 놈들이 제 나라 군대가 강성해지는 것은 눈 뜨고 못 봤다. 모함에 몰린 이괄은 죽지 않기 위해 어쩔 수 없이 난을 일으켰고, 1만 2,000명의 군사를 끌고 남하

하면서 서울까지 점령했다. 김옥균이 쿠데타를 일으켜 3일간 정권을 잡았듯이, 이괄도 3일간 정권을 잡았다. 전쟁 끝난 지 얼마나 됐다고, 내란으로 또 한 번 백성들을 골로 가게 한 것이다.

인조는 지 할아버지 선조를 닮아 도망치는 데는 기가 막혔다. 얼마나 부지런했던지 어느새 공주까지 도망가서 명나라와 부산 왜관의 쪽발이까지 동원할 계획을 세웠다. 하여튼 한반도 정치인들은 내란이든 전쟁이든 지 힘으로 해결하려는 법이 없이, 꼭 외세를 끌어들이려고 한다. 외세를 끌어들여 이기면 그게 자기 권력이 되나? 정말 빙신 같은 짓이다. 차라리 그냥 싸우다 죽는 게 민족의 미래를 위한 길이라는 것을 알아야 할 텐데, 겁은 대따 많아서 그건 또 못한다.

이괄은 서울을 접수하고 인조의 작은 아버지인 흥안군선조의 여덟째 마누라의 아들로 인조의 아버지와는 이복형제다을 왕으로 추대했다. 그러나 여차저차하여 반란군 진압에 가까스로 성공, 인조가 복귀한다. 이괄의 난에서도 봤듯, 왕족이라는 게 정말 꼴이 아니었다. 사대부들이 쿠데타를 일으켜 전주 이씨 왕족 중에서 입맛에 맞는 놈을 데려다 대통령 자리에 앉히면, 거기서 바지사장 노릇이나 하고⋯⋯. 아주 그냥 개판된 것이다. 선조가 41년 대통령 하면서 마누라 8명에 14남 11녀를 두었으니, 14명 왕자 중 하나가 흥안군이었다. 그냥 대충 골라서 대통령 자리에 앉히고, 아니면 말고⋯⋯. 뭐 그랬다. 이미 나라도 아니었다.

▌정묘호란 – 인조의 친명배금 외교정책, 전쟁을 부르다

이때 진압된 이괄 반란군 잔당들이 살아남아 청나라로 귀순, 청 태종에게 "인조가 쿠데타로 광해군을 쫓아냈대요~" 하고 군대 동원을 요청,

제발 인조 정권을 쳐달라고 요구한다. 이놈들도 외세를 끌어들이기는 똑같은 놈들이다.

그러나 이괄의 난 잔당들의 요청이 없었어도, 국제정세를 무시한 향명배금向明排金 외교노선을 선택한 서인노론당과 인조를 청나라가 그냥 둘 리 없다. 청나라는 타이밍과 명분을 찾았을 뿐이다. 청 태종은 "이때다~"하고 조선에 침입한다. 청나라의 1차 침입, 정묘호란이다1627. 1. 외교노선이라는 게 이렇게 중요하다. 우리 같은 약소국의 경우 종주국 패권이 바뀌는 시점에는 정말 '예민하고 신중하게' 외교정책을 펼쳐야 한다. 그래야 무고한 백성들이 패국 국가의 고깃밥이 되는 것을 면할 수 있다. 그런데 인조는 정세파악 못하고 망해가는 명나라로 역주행, 조선을 골로 보낸다.

'앞장서서' 도망치는 인조와 서인노론당

인조는 어디 갔을까? 기대하지 말라니까? 몇 번을 말했자나~. 얘는 도망가는 쪽으로는 세계적인 인물이었다. 이놈은 벌써 강화도로 튀었다. 집권하자마자 이괄의 난으로 공주까지 도망갔지, 좀 쉴 만하니까 청나라가 쳐들어와서 마포에서 배 타고 강화도로 숨었지, 대통령 체면이 영 말이 아니다.

하여튼 입만 열면 "충이 어쩌고 도리가 어쩌고 군신관계가 어쩌고 나불나불" 하는 놈들이 도망가는 건 족탈불급이다. 그것도 항상 선두에 서서 도망쳤다. 이게 조선의 사림 세력이었다.

강화도로 도망갔지만 후금 군대 협상단은 강화도까지 들이닥쳤다. 전투력에선 게임이 되지 않으니 이제 남은 것은 강화 협상뿐이었다. 강화

협상이 진행되자 사림파 성리학자들은 언론기관언관을 통하여 조명동맹에 어긋나는 조약을 맺을 수는 없다고 '징징' 댔다. 우리나라 자칭 보수 세력의 특징이 바로 이런 거다. 이빨로만 징징대고 정작 전쟁터에는 안 나가는거. 결국 후금과 조선은 강화도에서 '형제의 맹약'을 맺는다. 이 협상도 굴욕적 협상이었다. 의전을 생명으로 하는 정치협상에서, 후금 사령관도 아니고 그 사령관이 보낸 대리인과 조선 왕인 인조 사이에 항복 협상이 체결됐다. 청과의 전쟁을 미연에 방지할 수 있는 수많은 기회가 있었음에도, 조명동맹 이데올로기에 빠져 힘도 없으면서 개기다가 수많은 백성들이 후금의 말발굽에 도륙되고 나서야, 조선은 후금을 '형님의 나라'로 모시기로 맹세한 것이다. 명분도 실리도 잃었다. 오늘날이라고 다르다고 생각하지 마라.

조선을 사랑한 강홍립, 명나라를 사랑한 사림파 정치인

광해군 때 사령관으로 명나라에 파병되었던 강홍립은 청나라에 거짓 항복하고 청나라에 눌러앉았다. 청나라는 강홍립을 안가에 가두고 억류했으나, 고국에 대한 충성심으로 변발을 거부하면서 청나라의 고급 군사 기밀을 끊임없이 광해군에게 제공했다. 그리고 청나라와 광해군의 막후 외교의 접선책으로 활동했다.

그런데 1623년 광해군이 서인당의 쿠데타에 의해 제거됐으니, 강홍립은 상심할 수밖에 없었다. 그 강홍립이 1627년 청나라의 1차 조선 침입 때정묘호란 청나라 군대와 동행하여 귀국한다. 이때 강홍립은 앞장서서 청나라와 조선의 강화를 적극 주선했다. 후금군을 철수시키는 데도 중요한 역할을 했다. 10여 년을 청나라에서 살았던 그는, 조선은 청나라의 상대가 될 수 없음을 잘 알고 있었다. 광해가 집권하고 있다면 백성이 이런 전란의 고통은 겪지 않았을 것이라고 강홍립은 생각했다. 강화 종료 후 청나라 군대가 철수할 때 강홍립은 돌아가지 않고 모국인 조선에 남았다. 그러나 강홍립은 이미 10여 년 전 청나라에 투항했다는 죄로 서인당의 타깃이 돼 있었다. 서인당 애들은 강홍립을 청나라 간첩으로 몰았다. 중화사상으로 무장한 조명동맹 이데올로기가 지배하는 나라에서 강홍립이 목숨을 부지할 수 있었겠나? 강홍립은 옥중에서 자살하고 만다. 난 강홍립이 조선을 진정으로 사랑했다고 본다. 사림파는? 걔들은 명나라를 사랑한 거고.

병자호란

병자호란이란 1636년 청나라의 2차 조선침입을 말한다. 정묘호란이 마무리된 지 불과 9년 만에 또 전쟁이다. 침입 이유는 명나라와의 일전을 앞두고, 조명 관계를 끊어놓기 위해서였다. 중원중국 본토을 치기 위해 배후 세력과의 동맹관계를 끊어 놓는 것은 기본 아니겠는가? 1635년 명나라는 내란이자성의 난에 의해 극심한 혼란 중이었고, 이 혼란을 틈타 후금은 1636년 12월, 형제의 맹약을 넘어 군신관계를 요구한다. 조선은 거부한다. 왜? '청나라와 군신관계를 맺는 것 → 명나라 부정 → 성리학 질서의 부정 → 양반질서의 부정 → 국가체제 부정'이었기 때문이다. 조선이 조명朝明동맹을 이유로 군신관계를 거부하자, 청나라는 조선을 다시 침입한다. 이것이 병자호란이다.

그러나 명분과 의리는 인간 사회에서나 필요한 것이지, 국제사회에선 개코도 필요 없다는 걸 알아야 한다. 명분과 신의를 찾다 전 국민이 전쟁의 참화에 휩쓸린다면 그 지배 세력이 온전할 수 있겠는가?

제일 먼저 도망치려다가 미수에 그친 인조와 서인당

도망가는 분야에서는 일가—家를 이루었던 인조. 당연히 도망가려 했다. 그런데 그 틈도 없이 서울이 점령당했다. 세상에. 오 마이 갓. 언빌리버블. 일주일 만에 서울이 함락된 것이다. 청나라가 침공했다는 사실도 침략 6일이 지나서야 알았다. 이게 무슨 나라냐~. 소설가 김정환의 『한국사 오디세이(하)』의 언급을 보자. 천천히 읽어 보라. 얼마나 쪽팔리는지.

청군의 조선침입을 12일 보고 받고, 다음날 오후 늦게 다시 청군의 평양 점령을 보고 받은 조정은 경악하여, 우왕좌왕하고 도성을 빠져 나가려는 자들이 줄을 잇는데, 다음날 개경유수가 도망치고, 청군이 이미 개성을 지났다는 급보가 당도하자 허겁지겁 강화행을 준비하지만, 우물쭈물하는 사이 청군이 영서역은평구 불광동을 거쳐 홍제원에 도착한 후 양천강을 차단, 강화도로 가는 길을 막았고, 다시 성안으로 들어온 인조는 통탄한다. 어찌 일이 이 지경까지 왔는가. 인조는 가까스로 세자와 백관을 대동하고 남한산성까지 도피하자, 결사항전파 영의정 김유 등이 다시 강화도행을 역설하는데, 청군이 몽고군과 달리 수전에 약할 것을 예상한 것이지만, 청군은 수전에 능한 데다, 조선의 조정은 남한산성이든 강화도든 말만 결사항쟁을 외칠뿐 정신무장 자체가 되지 않았다는 점을 감안하면 어이없는 주장이었건만, 신하들의 등쌀에 못 이긴 인조가 15일 새벽 산성을 빠져나와 강화로 향하다가, 밤새 내린 눈에 왕이 탄 말이 미끄러지고 왕은 걸어가고 가다가 미끄러지고 그러다

가 조정이 다시 산성으로 돌아오니, 그런 해프닝이 다시 없었다. 김정환

著, 『한국사 오딧세이(하)』, 461p, 바다출판사刊.

이게 나라냐? 일주일 만에 한 나라의 심장부가 뚫렸다. 인구 900만의 나라가 오랑캐 야만족이라고 깔봤던 인구 60만 여진족만주족 청나라에게 손 한번 못 쓰고 무너졌다. 인조와 서인노론당의 통찰력 없는 외교정책에 백성만 피비린내 나는 살육을 당해야 했다.

변화를 용인하지 않는 수직 질서체제인 조광조 사림파 성리학에 심취된 지 100년 만에 골로 간 것이다. 그러나! 인조가 누구냐? 의지의 조선인 아닌가? 인조는 밤새 어디로 튈까 연구하다 남한산성으로 도망친다. 청 태종은 '손수' 군사를 이끌고 쳐들어왔는데, 인조는 '손수' 도망갔다. 손수 군사를 이끌고 만주를 호령하던 광개토대왕의 피는 어디로 갔단 말인가. 인조는 성 안에 갇혀 결국 40여 일 만에 항복한다.

삼전도의 굴욕 – 마빡 더 쎄게 박아 개쉐이야!

이제 '삼전도의 굴욕'이라고 불리는 동서양 역사상 전무후무한 최강 울트라 스펙터클 강화 협상이 진행된다1637. 1. 30. 인조는 청 태종에게 직접 3배 9고두를 한다. 세 번 절하고 아홉 번 머리를 조아리는 것이다. 이를 삼전도의 굴욕이라고 한다. 이어 청 태종의 참신한 멘트가 쩌렁쩌렁 울린다.

"야 띠발놈아! 진지하게 안 박아? 혼을 담아서 대가리 더 쎄게 박아 개쉐이야!"

그리고 인조는 청 태종에게 옥새를 바치고 청나라의 요구를 다 들어주

었다. 청나라 군대는 조선에서 약탈, 강간, 살육을 일삼았다. 정부는 정부대로 동서양 역사상 유례가 없는 굴욕적 강화 협상을 했다. 망신 망신 그런 망신이 없었다. 지들은 쪽팔리는 것으로 끝났지만, 백성들은 죽고 뺏기고 강간 당하면서 청나라 개밥이 됐다.

집권 여당인 서인당 정치인들은 뭐하고 있었을까?

빤하지 않나? "하늘 아래 두 해가 없고, 백성에게는 두 임금이 있을 수 없사옵니다"면서, 한여름 매미 떼 울어대듯 징징댔다. 여기서 애들이 말하는 임금은 자기 나라 임금이 아니라 망하기 직전에 있는 '명나라 황제'다. 정권을 쥐고 있는 최고위 관료들의 인식수준이 이랬다. 하여튼 이 놈들은 조동아리만 살아서……. 뭐, 말로는 뭘 못하나? 말로야 미국도 이기고, 중국도 이기고, 소련도 이기고, 일본도 이길 수 있지 않나? 문제는 지들이 나가서 싸울 건가? 이 새끼들은 이빨로만 "어떻게 오랑캐에게 굴복하여 화의를 하느냐"는 둥, 아무것도 없으면서 "싸우다 죽자"는 둥, 실제로는 능력도, 의지도 없는 놈들이 죽을 때까지 조동아리만 살아 있었다. 하여튼 그랬다. 젊은 성균관 유생들은 더 강경했다. 그러나 몸은 도망치고 있었다. 조동아리만 나불거리고, 몸은 도망치고……. 오늘날 대한민국 주류 세력의 모습과 하나도 바를 바 없다. 한나라당은 전쟁 나면 휴전선으로 달려갈까, 아니면 인천공항으로 갈까? 아~ 부산으로 가서 현해탄을 건너겠지? 1636년 조선 정계의 유력 정치인이었던 홍익한의 상소문을 보자.

신은 이 세상에 태어나서 단지 명나라 천자가 있다는 말만 들어왔습니다.

우리나라는 예의가 밝은 것으로 세상에 소문이 나서 소중화小中華라고 불리며, 선왕들은 큰 나라를 섬기는 한결 같은 마음을 이어 내려오면서 정성을 다했습니다. 신의 어리석은 생각으로는 오랑캐의 사자조선을 방문한 청나라 사신을 의미함-필자를 죽인 다음 그 글과 함께 머리를 궤짝에 넣어 명나라에 보고해야 합니다. 「인조실록」14년.

인조 14년1636이면 명나라가 망하기 직전이다. 명나라가 1644년에 망했으니 망하기 8년 전이다. 시인 서정주는 일제가 200년은 갈 줄 알았다고 고백한 바 있다. 그래서 친일했다고. 홍익한도 명나라가 몇백 년은 더 갈 줄 알았을까? 홍익한은 조명동맹을 강조하며 이미 망해가는 명나라와의 의리만 찾고 있다. "이 세상에 태어나서 단지 명나라 천자가 있다는 말만 들어왔다"지 않는가? 오늘날이라고 다른가? 나도 이 세상에 태어나서 미국만이 '글로벌 스탠다드'라고 들어왔다. ㅋ. 저런 수준의 정치인들이 한반도의 주류 정치인이었으니 국민이 편하게 살 수 있었겠는가?

청나라의 속국이 되는 조선 - 청나라로 끌려가는 왕자

인조의 장남 소현세자와 차남 봉림대군 등, 두 대군과 그 아내는 인질로 끌려갔다. 몽고가 독로화라는 인질로 고려의 왕자를 데려간 이후 또다시 한반도의 왕자가 끌려갔다. 이는 국제정치적으로 사실상 '식민지'가 된 것을 의미한다. 일제시대에도 고종의 아들이 동경으로 끌려가지 않았던가? 학자들은 청나라의 속국이 됐다고 표현하지만, 속국이나 식민지나. 이러한 조청 종속관계는 청일전쟁에 승리한 일본이 끊는다1894. 한일 식민관계를 미일전쟁에서 승리한 미국이 끊어놓듯1945.

청나라는 굴복을 거부한 윤집, 오달제, 홍익한을 죽인다. 우리는 이들을 삼학사라고 하여 의리와 절개를 지킨 인물이라고 배웠지만, 이들이 사랑하고 충성을 바친 건 '조선이 아니라 명나라'였다. 이들은 17세기판 '글로벌 스탠다드'인 조명동맹 이데올로기의 희생자였을 뿐이다.

한편, 두 번의 전쟁 직후 조선 사림파 정치인들은 장차관에 임명되길 거부한다. 동북아 질서가 재편되는 중차대한 시기에 약소국 정치인이 줄 한 번 잘못 섰다가는 삼학사처럼 골로 갈 수 있다는 걸 두 눈으로 확인했기 때문이다. 일단 몸을 사리고 봐야지……. 이게 한반도 관료들의 유서 깊은 처세술이다.

▌삼전도의 굴욕으로 동북아 질서 재편

▌삼전도의 굴욕으로 조선은, 1894년 청일전쟁에서 청나라가 일본에 패배할 때까지 청나라에 복속된다. 즉 원나라 → 명나라 → 청나라로 종주국이 바뀌었다. 그다음은? 다 알지않나. 1895년부터는 일본이 종주국이고실제로는 1876년 강화도 FTA 조약으로 조선은 일본에 복속된 거나 마찬가지다. 1945년 미일 태평양전쟁에서 일본이 원자탄 맞고 뻗어버리자, 종주국은 '미국님'으로 바뀐다.

한 나라를 운영하는 최고 통치자는 최악의 경우를 항상 상정하고 나라를 운영해야 한다. 특히 외교나 안보 문제에선 더더욱 그렇다. 쪽팔리더라도 질것 같으면 꼬리 내려야 한다. 죽는 것 보단 쪽팔리는 게 낫다. 개밥되는 것은 면해야 한다. 감정에 휩싸여서는 안 된다. 그런데 인조는 '곤조'만 믿고 책임지지도 못할 친명배금정책을 내세워, 임진왜란이 끝난 지 얼마 안 된 조선을 다시 전란에 휩싸이게 하여 백성들을 골로 보냈다.

조선 최초 서구 지식인 소현세자가 왕이 됐어야 했다

소현세자昭顯世子, 1612~1645. 휘는 왕. 향년 34세. 1636년 25세에 볼모로 청나라에 끌려가 8년을 살다가, 34세에 귀국. 귀국한 지 70일 만에 현직 대통령이자 아버지 인조에 의해 독살당한다.

소현세자는 광해군보다 뛰어났고, 지 아버지 인조와는 비교도 할 수 없이 뛰어난 인물이었다. 그는 조선 최초의 서구 지식인이며 과학자이며 사실상 주청 조선대사 역할을 했다. 그는 베이징에 머물면서 청 태종과 함께 명나라 정벌에 동행, 명나라의 정예군 장수 오삼계가 청나라에 무릎을 꿇는 것을 현장에서 목격했다. 오랑캐 만주족 청나라의 실용적 사고, 과학 강국, 다양성, 농업, 상업, 수공업, 금융업 발전에 전율을 느꼈다.

쓰레기 같은 주자학 교과서나 붙들고 삼강오륜이 어찌니 저찌니 야부리만 풀어대던 서인당 애들과는, 청나라에 대한 시각이 근본적으로 달랐다. 자신의 조국 조선이 종주국으로 오매불망 그리던 명나라가 오랑캐 청나라에게 퍽퍽 쓰러져 가는 것을 눈앞에서 본 것이다. 25년을 거지 같은 성리학 교과서 붙들고 살았던 자신이 쪽팔릴 정도로 세상은 변했고, 세상은 넓었다.

성리학이 전부가 아니라 천주교가 있다는 것도 알았다. 세상이 명나라를 중심으로 돌아가는 것이 아니라는 것도 알았다. 그리고 베이징에 머문 선교사 아담 샬과 교류, 서양의 눈부신 과학기술에 심취하여 천주교와 과학 문물을 자신의 조국 조선에 심고자 했다.

운 없는 조선 – 서인노론당의 반발과 소현세자의 의문사

소현세자는 조선에서 보내오는 막대한 비자금을 활용해 청나라 황실, 고위 관료와 친분을 쌓았고, 사무역을 통해 정치자금을 확보했다. 청나라는 소현세자를 주목했고, 청나라에 우호적인 그를 조선의 왕으로 만들려 했다. 인조는 소현세자의 정치력이 확대되자 위협을 느끼고 청나라에 국정원 직원을 파견하여 그를 감시했다. 더구나 인조 정권을 떠받치고 있던 서인당의 눈에 소현세자는 좌경 용공 사상에 물든 좌파 빨갱이였을 뿐이다.

왜? 친명반청親明反淸을 국시로 하는 인조 정권과 서인노론당이, 친청사상에 물든 소현세자를 순순히, 얌전하게 차기 대통령으로 인정할 수 있겠는가? 우리나라 자칭 보수 세력이 어떤 애들인데? 예컨대, 반공反共이 국시인 나라에서 "공산당도 허용하겠다"고 하면 정권 잡을 수 있겠나? 죽지 않으면 다행인 것이다.

1959년 죽산 조봉암은 반공과 북진통일이 국시인 이승만 정권하에서 '남북평화통일'을 주장하다 간첩으로 몰려 사형 당하지 않았던가? 현대에도 그랬는데 1600년대에는 오죽했겠는가? 서인당의 입장에선, 소현세자가 정권을 잡는다면? 성리학 국가에서 천주교와 서양 과학이라는 게 말이 되는가? Nightmare. 끔찍한 것이다. 어쩌겠는가? 서인당을 위해 죽어줘야지. 소현세자는 중국에서 서울로 귀국한 지 불과 70여 일 만에 의문사를 당한다. 인조와 서인당에 의해 독살됐다는 게 정설이다. 인조? 이놈은 말려야 할 놈이 오히려 자식 죽이는 데 앞장섰다.

소현세자가 청나라에서 서양 선교사 아담 샬과 교류한 시기는 일본의 조선 강제개방인 강화도조약보다 230여 년이나 앞선 시기였다. 인조반정, 소현세자의 죽음과 함께 조선은 쇄국의 길을 재확인한다. 소현세자의 등극이 건국 후 200년 넘게 진행된 쇄국을 저지하고, 새로운 대외정책을 취할 수 있는 조선의 마지막 기회였다. 그러나 조선은 그 기회를 잡지 못했다. 우리 수구 세력의 특권 집착은 이토록 집요하고 끈질기다. 참여정부의 한나라당과의 대연정 같은 '도덕적 낭만주의'로 해결될 수 있는 문제가 아니다.

▌인조 – 친아들, 며느리, 친손자까지 죽인 가장 악질적인 대통령

소현세자의 죽음은 조선의 좌절이었다. 국제 정세에는 아예 관심이 없고, 되지도 않는 명분만 들이대면서 행동은 없고, 오직 자신들의 특권을 유지하려 소현세자 죽이기에 앞장섰던 개 같은 인조와 서인당 놈들은, 소현세자의 망명 동지이자 정치적 동지였던 그의 처 강씨와 아들 둘까지 세트로 엮어 죽인다. 대개 아들은 미워해도 손자는 끔찍이 이뻐하는 것이 할아버지들인데, 인조 이놈은 지 손주들을 제주로 귀양 보내 풍토병에 걸리게 해 죽였다. 미래에 있을지도 모를 분란을 제거한 것이다. 이로서 인조는 자신의 친아들이자 차기 대통령이었던 소현세자, 며느리 세자빈 강씨, 친손자 2명을 화끈하게 죽인 한반도 역사상 전무후무한 대통령이 되었다. 그게 어질 인仁자를 쓰는 인조였다.

선소와 인조. 할아버지와 손자. 둘이 67년을 해처먹었는데, 그 자식들인 광해군은 15년에 그쳤고 소현세자는 집권에 실패했다. 하늘도 무심하시지. 이렇게 '17세기판 빨갱이'였던 광해군과 소현세자는 역사의 뒤켠으로 사라진다.

인조가 죽자 서인당은 소현세자의 친동생 봉림대군을 대통령에 앉힌다. 소현세자와 똑같이 청나라에 끌려가 8년을 살았던 봉림대군은 어찌하여 대통령이 될 수 있었을까?

참고로 이 시기인 1642년 영국에서는 청교도 혁명이 일어난다. 이미 영국에선 입헌군주제, 공화정, 신앙의 자유 같은 말이 등장하고 이를 주제로 혁명이 일어난 것이다.

효종 이호(1619~1659)

17세기판 안보 장사, 북벌

효종孝宗. 인조의 차남(봉림대군) & 소현세자의 동생. 휘는 호.
향년 41세(1619~1659년). 재위 1649~1659년까지 10년.

때려잡자 청나라! 무찌르자 오랑캐!

군대도 아닌 학교 건물에 멸공, 방첩을 대문짝만 하게 써 놓았던 시절
이 있었다. 논둑에도 간첩을 잡자는 입간판을 세워 놓았다. "마음씨 좋은
박 서방, 알고보니 간첩!" 하고 말이다. 고등학교에서 군사교육을 하고,
모의 소총으로 각개전투 훈련을 하고, 군대에서나 하는 분열 연습하고,
행군으로 소풍을 대체하고, M1 소총 분해로 교련 시험을 보았던 시절이
있었다. 40내 이상은 다 그런 교육을 받았다. 그러면서도 그 시절엔 정작
그게 군사 훈련이라고는 생각 못했다. 나는 군대 가서 알았다. "아! 내가
고등학교 때부터 군사교육을 받았구나~" 하고 말이다. 북한이 청소년들
에게 군사교육 시킨다고 비난하면서, 정작 우리도 똑같이 그랬다는 것은

인식하지 못했다. 아~ 위대한 세뇌의 힘이다. 박정희, 전두환 때는 다 그렇게 살았다.

이처럼 체제 유지를 위해 "멸공 방첩. 때려잡자 공산당"을 써 놓았던 시절이 있었는데, 이보다 훨씬 앞서 체제 유지를 위해 "청나라를 때려잡자북벌"를 써 놓았던 시절이 있었다. 바로 효종 시절이다.

친청주의자 소현세자 vs 반청주의자 효종

효종孝宗. 인조의 차남봉림대군 & 소현세자의 동생. 휘는 호. 향년 41세 1619~1659. 재위 1649~1659년까지 10년. 1636년 병자호란 때 삼전도의 굴욕을 목격하고, 차기 대통령인 친형 소현세자와 함께 청나라로 끌려갔다. 그런데 봉림대군은 친형인 소현세자와는 생각이 달랐다. 봉림대군은 반청주의자였던 것이다. 뭐, 형제라도 이념이 다른 건 흔하게 볼 수 있는 거 아니겠는가?

소현세자가 "청나라를 배우자"고 했다면, 봉림대군은 청나라에 대해 이를 갈았다. 명나라를 신神으로 모시는, 즉 화이관에 빠져 있는 인조와 조선 정계는 당연히 봉림대군을 차기 대통령으로 밀었고, 결국 소현세자와 그 와이프, 그 아들 2명까지 시원하게 죽였다. 그리고 봉림대군이 대통령 자리에 오른다. 31세 효종이다.

효종, 서인당과 궁합이 안 맞았다

문제는 이제 시작된다. 삼전도의 치욕을 하루도 잊은 적이 없다는 효종. 이미 망한 명나라를 진짜 조국으로 생각하는, 집단적 정신 질환을 앓고 있는 집권 여당 서인당 정치인들. 이렇게 보면 효종과 서인당은 찰떡

궁합이어야 하는데, 그게 생각처럼 그렇지 않았다.

왜 그랬을까? 결론부터 말하자면 효종은 순진하게, 진심으로 청나라와 맞짱 뜰 생각을 했다면 서인당 애들은 성리학적 명분상 북벌에 동의한 것이지, 실제로는 청나라와 맞짱 뜰 생각이 전혀 없었다. 즉 사림들은 겉으로는 북벌에 찬성, 속으로는 반대였다.

서인당의 박쥐 같은 처신

입만 열면 성리학이 어쩌고, 명나라가 어쩌고, 재조지은再造之恩이 어쩌고 떠들던 사림들은 왜, 청나라를 깨부수고 아버지 나라 명나라의 원수를 갚자는 효종의 제안을 반기지 않았을까? 우선, 현실적으로 청나라를 이길 가능성이 없었다.

청나라에게 이길 수 없다면 청나라와 잘 지내면 될 것을, 왜 기를 쓰고 청나라에 반대하면서 북벌을 부르짖었나? 그건 이렇다. 두 차례의 전쟁을 거치면서 빈익빈 부익부가 가속화되고, 민심이반 또한 상당한 수준이었다. 집권 세력은 이 민심이반을 막아야 했다. 이 와중에 청나라의 신진 문물이 쏟아져 들어오면 민심이반은 불보듯 뻔하고, 그렇게 되면 정권 유지는 물론 왕조 유지도 어려울 수 있다. 이런 사태를 막기 위해선? 북벌론으로 국민을 긴장시키고 결속시켜야 했다. 또한 명나라를 버리고 청나라와 화진하는 것은 성리학 질서에서 벗어나는 것을 의미하는 것인데, 수직적 질서체계인 성리학을 버린다는 것은 양반의 특권을 버려야 한다는 의미다. 그게 가능하겠나?

결국 조선의 카스트 제도와 양반 귀족의 특권을 유지하기 위한 이데올로기로서 성리학은 필요했고, 그러기 위해선 주자와 명나라를 모셔야 했고, 그러기 위해선 성리학 외의 다른 이데올로기, 다른 사상, 다른 문물의 유입을 막아야 했고, 그러기 위해선 북벌을 외쳐야 했다. 요컨대 정권 유지를 위해 '안보 장사'에 나선 것이다.

소현세자, 봉림대군, 서인당의 청나라에 대한 각 입장

소현세자 : 이 무식한 놈들아. 어차피 알아서 기는 건 똑같은데, 그 대상이 명이면 어떻고 청이면 어떻느냐. 그리고 명나라 집권층이었던 한족紳士層들도 이미 청나라에 다 투항하지 않았는가? 청나라의 세상이 되었단 말이다. 국제 정치 현실을 인정해야지 언제까지 이데올로기 논쟁에 매몰돼 감정만 내세워서 국력을 소모할래? 청나라와 우호적 관계를 구축하고, 국가를 발전시키는 것이 100배 낫다.

봉림대군효종 : 형님, 삼전도의 치욕을 잊었습니까? 선왕 마마께서 오랑캐에게 3번 절하고 9번이나 이마빡 찧었습니다. 얼마나 아프셨겠습니까? 저는 그 치욕을 잊을 수 없습니다. 그리고 성리학 교과서에 따르면 명나라와의 의리를 저버리는 것은 패륜이나 마찬가지입니다. 우리는 명나라에게 재조지은의 은혜를 입었습니다. 명나라는 아버지의 나라입니다. 어떻게 명나라를 배신하고 청나라에 붙을 수 있습니까? 형님은 너무 변하셨습니다. 저는 청나라를 깨부수겠습니다.

서인당 정치인들 : 대통령 효종이 저렇게 청나라를 치겠다고 설쳐대니 소중화를 자처하는 우리가 명분상 반대는 못하지만, 우리 보고 나가 싸우라고? 말도 안되는 소리지. 그리고 솔직히, 이길 수나 있겠어? 괜한

분란 일으키지 말고, 그냥 며칠 저러다 말았으면 좋겠어. 솔직히 청나라 세상 아닌가? 명분으로는 청나라를 때려 부수자면서 국민들의 민심 이반을 막고, 현실로는 청나라를 모시고 살면 되지, 왜 저러는지 모르겠어. 쯧쯧.

소현세자가 동북아 국제정치의 현실적 역학관계를 인정하고 청나라 문물을 흡수하여 개혁의 길을 가고자 했다면, 효종은 청나라를 인정하지 못하겠고 그렇다면 전쟁으로 청나라를 찍어 누르겠다는 것이었다. 서인당 정치인들은 술자리에선 청나라를 인정할 수 없다고 떠들면서도, 현실에서는 청나라를 모시고 지내는, 이것도 아니고 저것도 아닌 박쥐 관료다운 처신을 했다.

효종이 즉위하자 정치권에는 서인당과 남인당만이 남았다. 그나마 가장 진보적이었던 북인당은 아버지 인조에 의해 시원하게 해체됐고, 서인당이 거대 집권 여당, 남인당은 소수 야당이 됐다. 효종은 자신을 대통령으로 옹립해 준 서인당의 허가 없이는 아무것도 할 수 없었다.

효종과 송시열의 영수회담

효종은 '대외적으로는 북벌에 찬성하지만 실제로는 반대' 하는 서인당을 끌어들이기 위해 권력을 통으로 내놓는다. 단 북벌에 동의하는 조건으로. 즉 서인당 총재 송시열에게는 이조판서를, 서인당 원내대표 송준길에게는 병조판서를 내준다. 인사권과 군사권을 서인당에게 주고, 서인당을 설득한 것이다.

"송 총재, 내가 청나라는 손금 보듯이 잘 압니다. 내가 거기서 8년을 살지 않았습니까? 여진족 오랑캐는 60만에 지나지 않아요. 게다가 중국 한족漢族들은 여진족에 비하면 몇백 배가 됩니다. 우리가 청나라를 치면 한족들도 동조할 것이고, 그러면 청나라를 엎어 버리는 것은 어려운 일이 아닙니다."

서인당 총재 송시열과 원내대표 송준길은 효종의 제안을 덥썩 물었다. 이때까지만 해도 송시열이나 송준길은 '설마 효종이 정말로 청나라와 맞짱뜨려는 건 아니겠지~' 하고 생각했을 것이다. 며칠 저러다 말겠지 생각했을 것이다. 그리고 송시열과 송준길은 애시당초 청나라와 싸울 의지도 없었다.

정세파악 못하고 서인당 손바닥에서 놀아난 효종
– 세계 최강을 이길 수 있겠나?

앞서 말했듯 송시열 등 사림이 북벌을 찬성한 것은 '정권 안보' 차원에서였지, 실제 청나라를 쳐들어갈 의도는 손톱만큼도 없었다. 문제는 대통령이 적당히 하다가 그만두어야 하는데, 아니 이 양반이 눈치 없이 정말로, 진지하게 북벌을 하려고 덤비는 것이 아닌가?

뼛속까지 명나라 사람임을 자처했던 송시열은 이제와서 꼬리내릴 수도 없고, 그렇다고 북벌을 하자고 할 수도 없고, 그야말로 입장이 난처해진다. 그러나 궁하면 통하는 법. 때마침 적절한 타이밍에 맞추어 효종이 죽어준다. 향년 41세. 집권 10년 만이다. 송시열에 의해 독살당했다는 견해도 유력하다.

효종은 정치력이 부족했다. 강력한 왕권이 전제되지 않으면 전쟁은 불가능하다. 서인당 하나 제압하지 못하는 군주가 전쟁은 무슨 얼어 죽을 전쟁인가? 효종은 국제정치적 역학관계를 전혀 고려하지 않고 감정만 앞세웠다. 10년 전 병자호란 때 일주일 만에 서울이 함락된 나라가, 그동안 군사력을 키운 것도 아닌데 덤빈다고 이길 수 있겠나? 삼전도의 치욕은 치욕이고, 현실은 현실인 것이다. 더군다나 당시 청나라는 중국 역사상 최대 강국으로, 강력한 군사력을 바탕으로 세계 제일의 문명국가, 세계 문화의 중심국가, 세계 경제의 중심국가, 세계 제1의 강대국이었다. 1950년 한국전쟁으로 폐허가 된 대한민국이 불과 10년 후인 1960년 세계 최강 미국이나 소련을 이기겠다고 덤비면 이기겠는가? 집권당 정치인, 국민, 아무도 전쟁에 관심 없고 국제정치적 역학 관계도 불리한데, 효종 혼자 꿈을 꾼 것이다.

결국 효종은 북벌은커녕 청나라 요청에 의해 청-러시아 전쟁에 두 차례나 조선군을 파병해야 했다나선정벌. 1차1654는 변급, 2차1658는 신유가 사령관으로 파병됐다. 청나라의 군사력을 탐문하기 위한 파병이었다고 주장하지만, 설득력 없다. 굳이 좋게 해석하자면 문약한 사회에 상무정신을 진작시켰다는 것이 공이라면 공일까. 결국 효종은 숭명배청崇明排淸을 지배 이데올로기로 활용하고자 했던 서인당 관료들 손바닥에서 놀아나다 임기를 마친 셈이다. 서인당의 북벌 이데올로기로 조선은 더욱 쇄국적이고 폐쇄적이 된다.

3년상인가, 1년상인가

현종顯宗. 효종의 외아들. 휘는 연.
향년 34세(1641~1674년). 재위 1659~1674까지 15년.
청나라를 치려 했던 아버지 효종이 졸지에 독살(?) 당하자,
19세에 보위에 오른다. 정말 특징 없이 임기를 보낸 왕이다.

존경스러운 역사학자들

현종. 그는 임기 15년 세월을 서인과 남인 사이의 쓸데없는 예송논쟁에 파묻혀 세월을 보냈다는 게 일제 관변 사학자들의 견해다. 반면 우리나라의 일부 역사학자들은 당쟁이나 예송논쟁이 그렇게 쓸데없는 논쟁은 아니었다고 한다. 우리나라 사학자들은 열악한 환경에서 굉장히 노력하신다. 우리 역사를 어떻게든 긍정적으로 해석해 보려고 애를 쓰는 것을 보면 안쓰러운 면도 없지 않지만, 정말 존경스럽기도 하다. 진심이다.

서울대학교 국사학과 이태진 교수 같은 분도 우리 역사를 긍정적으로 해석하려고 노력하는 대표적인 분이다. 그는 조선시대 정치사를 당쟁과 결부시켜 부정적인 것으로 묘사하는 것을 일본 학자들의 식민사관에 의

한 왜곡이라고 반론한다. 그리고 일제에 의해 날조된 용어인 당쟁이라는 용어대신 붕당정치라고 표현할 것을 주장한다. 그는 붕당정치란 학연에 의한 붕당의 공존을 바탕으로 하는 상호 비판 체제이며, 사림에 의해 주도되었던 성리학적 정치 운영 방식의 한 형태로 이해하여야 한다고 주장한다16세기 후반 이후의 정치형태 당쟁의 성격, 이태진.

당쟁은 정치 공작에 의한 사림끼리 죽고 죽이기였을 뿐이다

그러나 이태진 교수가 주장하듯 당쟁붕당정치은 절대 공존을 바탕으로 하지 않았다. 음모를 통한 상대당 정치인의 대량 살육과 정권 교체, 이게 이 당시의 당쟁이었다. 예송논쟁도, 결론적으로 나는 쓸데없는 논쟁이었다는 견해에 더 마음이 끌린다. 어떻게 일제 사학자들과 같은 생각을 하냐고? 그래, 미안하다.

일제 사학자들과 같은 결론이라서 미안하지만, 그래도 그쪽이 더 끌리는데 어떡하나? 광해군이 뛰어난 외교 전략가였다는 것도 식민사학자 이바나 이와키치, 다카와 조고, 그리고 서울대학교 이장무 총장의 조부 이병도의 견해가 아니던가? 다만 내가 일본 학자의 견해에 동조하여 글을 쓰는 것은 아니다. 써 놓고 보니 결과가 비슷할 뿐이니 너무 욕하진 마라. 양심을 속일 수는 없는 것 아닌가? '변화를 용인하지 않는 수직적, 폐쇄적 질서체제'인 성리학 이데올로기가 극도로 관념화되고, 현실과 동떨어진, 갈 때까지 간 것이 바로 예송논쟁이다.

관념론적 성리학의 절정 – 예송논쟁

반공이 국시인 시절에는 북한과 빨갱이가 정국의 태풍이었다. 박정희는 정국 주도권을 야당에게 뺏기는 경우에는 늘 대형 간첩단 사건을 조작해서 터뜨렸다. 그리고 정국을 일거에 자신에게 유리하게 반전시켰다. 예학이 국시인 조선시대에는 장례절차, 혼인절차가 정국의 태풍이었다. 우리 수준이 그랬다. 예송논쟁을 얘기하자면 조선 성리학의 계보에 대한 설명이 필요하다.

현종의 할아버지 인조가 쿠데타로 집권한 후, 서인당 + 남인당 연합정권을 세웠으나, 이때도 주류는 서인당이었다. 현종의 아버지 효종 때는 서인당의 기세가 더욱 도드라진다. 김집, 송시열, 송준길, 박세당 등이 정권을 떠받쳤고, 서인당의 총재는 그 유명한 송시열이었다. 남인당은 사실 권력의 주변에서 얼쩡거리는 수준이었다. 다만 허목, 윤휴, 윤선도 등의 유력 정치인이 남인당에서 성장하고 있었다. 송시열을 중심으로 한 서인당의 지역기반은 기호지방이었고, 허목을 중심으로 한 남인당의 지역기반은 영남이었다. 서인당과 남인당의 싸움은 기호지방과 영남지방의 싸움이기도 했다.

조선보다는 명나라를 섬긴 송시열과 서인당
– 카스트 제도 유지의 도구였던 예학

우암 송시열1607~1689. 충북 옥천 출생. 인조 정권에서 고시에 합격. 인조, 효종, 현종을 거쳐 숙종 15년에 죽은 서인노론당 총재. 명실공히 조선의 주류이자, 한반도의 원조 주류 정치인이다. 송시열은 이념적인 측면에서 보았을 때, 한나라당의 원조 조상이다.

우암은 성리학 이데올로기로 무장하여, 조선 대통령보다는 명나라 황제를 더 섬겼으며 명나라가 망하자 만동묘를 만들어 제사를 지냈다후술하겠지만, 이 만동묘를 조선 역사상 최고의 진정한 보수 개혁가 흥선대원군이 통쾌하게 깔아뭉갠다. 조광조 → 이이 → 김장생 → 김집으로 이어진 조선 기호학파의 학통을 충실히 계승, 성리학을 심화 발전시킨 자가 송시열이다. '송자'라고도 불린다. 그렇지 않아도 개 같은 성리학인데, 이것을 심화발전시켰으니 오죽했겠나? 그나마 이이는 현실 개혁가적 면모가 있었으나 조광조, 김장생, 김집, 송시열은 수구적, 교조적, 쇄국적, 폐쇄적이었다.

특히 김장생과 그의 아들 김집은 예학을 집중적으로 연구, 신분제 철폐 등의 사회적 요구를 억제하는, 다시 말해 양반 사회 질서를 유지, 옹호하는 최고의 이론가로 활동했다. 오늘날로 치면 김용갑이나 전경련이나 뉴라이트 간부쯤 될 것이다. 성리학의 변질은 더 심화되어, 먹고 사는 문제와는 아무런 관련이 없는 예학이 중요한 학문으로 인정받았고, 이것이 정치판에서 싸움으로 변질된 것이 바로 예송논쟁이다.

장례 문제가 정치 문제가 되는 나라
– 상복을 몇 년 입는 게 대체 무슨 문제라는 것인가?

예송논쟁. 장례절차를 가지고 정치 논쟁을 한 것이다. 효종이 죽었을 때, 효종의 계모 자의대비가 살아 있었는데, 이때 자의대비가 상복을 몇 년 입어야 하는가에 대한 논쟁이다. 이게 1차 예송논쟁이다. 현종은 19세에 대통령에 즉위하자마자 이 논쟁에 휩쓸려야 했다. 서인당에선 "1년만 입으면 된다"고 주장했고, 남인당에서는 "무슨 소리냐, 3년 입어야 한다"고 주장했다. 결국 서인당이 승리하여 현종 정권에서도 서인당은 집권 여당의 지위를 유지한다. 1차 예송논쟁 결과, 서인당과 남인당은 서로를 인정하지 않게 되는 적대관계에 돌입한다.

2차 예송논쟁은 효종의 처가 죽자, 시엄마자의대비는 몇 년 동안 상복을 입어야 하는가의 논쟁이다. 서인당은 9개월, 남인당은 1년을 주장, 이번엔 남인당이 승리하였다. 그리고 서인당은 남인당에게 정권을 내준다. 이로써 남인은 인조반정에 참여한 지 51년 만에 집권당이 된다. 그런데 2차 예송논쟁으로 남인당이 집권 여당이 되자마자 현종이 죽는다. 현종 역시 남인당에게 정권을 빼앗긴 서인당에 의해 독살됐다는 주장이 유력하다.

대체 1년 입으면 어떻고 3년 입으면 어떻길래, 이것이 정권과 무슨 관계가 있다고 정권이 유지되고 바뀌었나? 간략하게 말하자. 효종은 소현세자의 동생으로 인조의 차남이었다. 원래 자식이 죽었을 때 부모는, 장남이 죽으면 상복을 3년 입고 차남이 죽으면 1년을 입는 것이 원칙이란다.

여기서 서인당의 주장은 "효종이 차남이었으니 1년만 입으면 된다"는 것이었다. 반면 남인당의 주장은 "효종이 생물학적으로는 차남이지만 왕가의 적통을 계승했으므로 장남이나 마찬가지이고, 따라서 3년을 입어야 한다"는 것이다. 그리고 덧붙여 서인당의 주장은 왕통을 부정하는 것, 즉 체제 부정이라고 주장했다. 1차 예송논쟁 때는 현종이 경황이 없고 어려서 집권당인 서인당의 손을 들어주었는데, 2차 예송논쟁 때는 현종이 남인당의 손을 들어주었다. 대략 이런 스토리다.

당시 서양은 어땠나

중종, 명종, 선조, 인조, 효종, 현종 등이 집권하던 약 180년간, 즉 16~17세기 서양으로 들어가 보자. 애들은 봉건제도를 정리하고 절대 왕정시대를 연다. 절대 왕정시대란 중세 봉건제와 근대 시민사회의 과도기에 있었던 시대로, '강력한 왕권 + 관료제 + 상비군 + 중상주의'로 무장한 국가를 뜻한다. 즉 정치적으로는 강력한 왕권과 관료제 확립, 경제적으로는 중상주의, 이를 뒷받침하는 강력한 국민 군대를 갖춘 나라가 바로 절대 왕정국가다.

한반도는 박정희 때 와서야 비로소 서양식 절대 왕정이 시작되는데, 유럽은 16세기에 이미 시작했다. 우리는 유럽보다 300~400년 늦었던 것이다. 그렇게 늦게 시작했는데 오늘날 세계 15위권의 경제 대국이 된 것은 그야말로 우리 민족의 '한강의 기적'이다.

스페인은 식민지를 개척하여 '해가 지지 않는 나라'로 불리고 있었으며, 네덜란드는 해운업이 발달하여 암스테르담이 유럽 금융과 상업의 중심지가 됐고, 영국은 인도와의 무역을 통해 동인도회사를 설립, 프랑스는 그 유명한 콜베르를 등용하여 중상주의를 통해 국부를 축적하였다. 또한 정치학계에서는 "주권이 누구에게 있느냐, 즉 나라의 주인이 누구냐?"의 논쟁이 시작됐다. 나라의 주인은 '국가'다국가주권론 G. Jellinek, 나라의 주인은 '왕'이다군주주권론 T. Hobbes, 나라의 주인은 '법'이다법주권론 H. Krabbe, 나라의 주인은 '의회'다의회주권론 J. Locke, 나라의 주인은 '국민'이다국민주권론 J. J. Rousseau 등등 여러 학설이 등장했다. 결국 국민주권설이 승리하여 근대의 지배적 이데올로기로 확립된다.

▌임진왜란 때보다 더 참혹했던 조선의 실상

야만족 유럽은 이때부터 확실하게 동양을 앞지르기 시작한다. 우리는 나라의 주인이 누구인지는 고사하고, 상복을 "몇 년 입는 게 맞나?"로 서로 싸움질 하고 있었다. 저명한 동양사학자 페어뱅크에 따르면, 1671년

한 해에만 조선에서 기근과 질병으로 죽은 사람이 일본 침략임진왜란으로 죽은 사람보다 더 많았다고 한다페어뱅크著, 김한규譯, 『동양문화사(상)』, 402p, 을유문화사刊. 페어뱅크는 심하게 타락한 관료제 국가 조선이 이처럼 오랫동안 지속된 건 '놀라울 정도'라고 한다. 그리고 그렇게 오래 지속될 수 있었던 이유는, 청나라 같은 외부 침입자들이 중국은 정복했지만 조선 왕위를 탐하지는 않았었기 때문이라고 한다. 쉽게 말해서 청나라가 충성 서약만 받고 조선을 그냥 놔둔 덕에 조선은 종묘사직을 유지할 수 있었다는 거다. 백성의 고통은 이루 말할 수 없는데, 집권 세력은 어땠을까? 이기백 교수의 『한국사신론』을 보자.

이같이 하여 서인, 특히 노론을 중심으로 한 장기 집권가문, 즉 벌열閥閱이 성립하기 이르렀다. 이들은 **정치의 실권을 독점**하고 부정수단으로 자제들을 과거에 합격시켜 그 **지위를 세습**시켰다. 사림 세력이 중앙의 정치무대에 등장하여 권력투쟁을 벌인 끝에, 드디어는 **노론의 소수 가문에 의해 정권이 독차지되는 벌열정치**閥閱政治로 굳어져 버렸던 것이다.

이기백著, 『한국사신론』, 243p, 일조각刊.

숙종 이순(1661~1720)

당쟁의 절정 & 집권기간 2등

숙종肅宗. 현종의 외아들. 휘는 순.
향년 60세(1661~1720년). 재위 1674~1720년까지 46년.
숙종 시절은 당쟁의 클라이막스, 정점기였다.
46년 동안 당쟁 빼곤 달리 한 게 없다.

숙종, 당쟁으로 보낸 세월

조선시대 당쟁은 권력투쟁의 소산이다. 정당 간 권력투쟁은 말할 것
도 없고, 하나의 정당이 권력을 잡으면 그 정당은 내부 권력투쟁 과정에
서 또 갈라졌다. 4색당파 중 가장 세력이 작았던 북인조차 소북당과 대
북당으로 갈라졌고, 대북당이 주류가 되자 다시 골북당과 육북당으로
갈라졌다. 가장 작은 당조차 저 정도였으니 서인당과 남인당은 말해서
무엇하랴.

숙종 시절에는 이 당쟁의 절정기였다. 경신환국1680 → 기사환국1689
→ 갑술환국1694이 그것이다. 환국換局이 뭔가? 국면의 전환, 즉 정권 교체
를 뜻한다. 음모를 통한 상대당 정치인의 대량 살육과 정권 교체. 이게

이 당시의 정치였다. 적군이 쳐들어오면 맨발로 도망가기 바쁜 놈들이, 지들끼리는 아주 화끈하게 죽였다. 그것도 정치 공작으로.

당쟁 : 정치 공작에 의한 상대편 죽고 죽이기

경신환국으로 서인당이 집권하고1680, 기사환국으로 남인당이 집권하고1689, 갑술환국으로 서인당이 재집권1694한다. 서로 정권을 잡으면 자기 사람을 심기 위해 죽고 죽이는 정치 공작과 역공작이 난무했다. 이들 환국정권 교체은 정책이나 비전을 갖고 이루어진 것이 아니라 음모와 정치 공작을 통한, 지들끼리 죽고 죽이는 진저리나는 감투싸움에 지나지 않았다. 그러니 환국에 의한 정권 교체가 있어도 부동산정책, 외교정책, 통상정책 하나 변하지 않았다. 가문의 사익, 정당 간 당리당략, 지방색에 근거한 권력다툼이었을 뿐이다.

우리 역사에서 정책과 노선의 차이에 근거하여 정권 교체에 성공한 예는 정도전, 광해군, DJ 정도가 고작이다. 친이와 친박이 무슨 차이가 있나? 나아가 정세균, 손학규의 민주당과 한나라당이 무슨 차이가 있나? 참여정부의 한미 FTA와 MB 정부의 한미 FTA가 무슨 차이가 있나?

현대판 당쟁 – 참여정부의 한미 FTA는 착한 FTA지만, MB 정부의 한미 FTA는 나쁜 FTA다

오늘날은 안 그런가? 영조 편에서 후술하겠지만, 노론은 소론을 모기라 불렀으며 소론은 노론을 빈대라고 불렀다. 오늘날 우리는 MB를 쥐새끼라 부르고, 쟤들은 노무현은 개구리새끼라고 불렀다. 우리끼리도 이쪽은 저쪽을 빽바지라 부르고, 저쪽은 이쪽을 난닝구라 부른다. "참여정부의 한미 FTA는 착한 FTA이고, MB 정부의 한미 FTA는 나쁜 FTA다"는 주장도 당쟁의 논리구조와 다를 바 없다. 얘가 우리 편이냐, 저쪽 편이냐가 판단의 준거일 뿐이다. 그게 수백 년 내려오는, 지금도 진행형인 우리 정치다. 심지어는 운동권 출신들이 정권을 잡아도 마찬가지다. 정치학자 최장집의 견해를 보자.

> 지금까지 한국의 민주화는 국가기구를 관장하는 엘리트들을 순환시켰다는 것 이상의 큰 변화를 가져오지 못하였다. 운동권 인사들이 모든 부분에서 최대 다수 집단으로 부상했지만 **정치체계의 작동 양식이나 주요정책의 변화는 거의 없었다.** 엄밀하게 말해 **민주화운동 경력은 민주화 이후 통치 엘리트가 되는 효과적 통로로 작동했다. 하지만 그게 끝이었다.** 최장집著, 「어떤 민주주의인가」, 31p, 후마니타스刊.

▌촛불에 의해 저지된 '광우병 동맹'

▌미국산 쇠고기 수입 파동도 마찬가지다. 중단된 미국 쇠고기의 수입을 재개한 것은 참여정부다2006. 9. 8. 나아가 2007년 4월 2일 노무현 대통령은 "부시 대통령에게 국제수역사무국OIE의 권고를 존중해 합리적인 수준으로 쇠고기를 개방하겠다는 사실을 약속했다"는 '충격적' TV 담화문을 발표했다. 이 담화문 발표와 발맞춰 2007년 5월 23일 OIE는 미국을 '광우병 위험 통제국'으로 판정했다. OIE는 '광우병 위험 통제국' 등급을 받은 국가에서 생산된 쇠고기는 특정위험물질SRM만 제거하면 원칙적으로 '연령'과 '부위'에 상관없이 수입을 허용하도록 규정하고 있다. OIE 규정을 존중하여 미국산 쇠고기를 개방하겠다는 노무현 대통령의

담화문대로라면, 한국은 갈비, 척추뼈 있는 쇠고기는 물론이고, 30개월 이상된 쇠고기에 대해서도 수입을 허용해야 한다.

아니나 다를까, OIE 발표 5일 후인 5월 28일. 미국은 OIE 결정을 근거로 쇠고기 수입위생조건 개정 협상을 요청했고, 참여정부의 경제부총리 권오규는 "성실히 임하겠다"고 발표했다. 그 며칠 전인 25일에는 프랑스 파리에서 열린 OIE총회에서, 대한민국 농림부가 미국산 쇠고기의 광우병 위험을 주장하는 민노당 강기갑 의원의 출입을 저지하는 추태를 벌였다. 1907년 헤이그 만국평화회의에서는 러시아, 일본, 네덜란드의 3각 동맹에 의해 고종의 밀사들이 출입을 저지당했는데, 2007년 민주노동당 강기갑 의원은 자국 정부에 의해 출입이 저지되는 기막힌 일이 발생한 것이다.

그리고 5월 30일, 미국산 수입쇠고기에서 수입이 허용되지도 않은 '갈비'가 무더기로 발견됐으나 방역당국은 소극 대응으로 일관했다. 어차피 수입될 거 막아서 뭐하냐는 것이었다. 급기야 8월 2일, 절대 나와선 안 되는 SRM물질의 하나인 '척추뼈'가 발견됐고 8월 27일, 척추뼈, 통등뼈 등 SRM이 아예 무더기로 발견됐음에도 참여정부의 농림부는 "명백히 현행 수입 위생 조건 위반이지만, 포장 과정에서 미국 종업원의 부주의로 발생한 일회성 사고"라는 이유로 수입을 중단하지 않았다. 절대 발견돼선 안 되는 SRM물질이 계속 발견되고 있음에도 불구하고 청와대는 "제도적으로 문제도 없고, 국민적 관심사라 소홀히 한 것도 없다"고 주장했다. 10월 5일, 또 갈비뼈가 발견됐지만 농림부는 아랑곳하지 않고 수입조건 완화를 위한 협상 준비에 들어갔다. 이 모든 게 MB 정부가 아니라 참여정부에서 있었던 일이다.

이런 과정을 거쳐 MB는 대통령에 취임하자마자, OIE 권고를 존중해 합리적 수준으로 쇠고기를 개방하겠다는 노무현-부시 간 구두 약속2007. 4. 2을 충실하게 이행했다2008. 4. 18. 그 결과 OIE 권고 기준에 따라 30개월 이상된 미국산 쇠고기가 수입됐다. 이런 참여정부와 MB 정부의 미국 쇠고기 개방은 국민의 '촛불'에 의해 저지됐다. 좋든 싫든 이건 팩트다. 미국산 쇠고기 수입과정을 일관되게 독점취재한 유일 언론사인 〈프레시안〉은 이를 두고, 참여정부와 MB 정부 두 정권과 재벌, 이들에 기생한 언론과 엘리트 집단의 '광우병 동맹'이라고 한다참여정부와 MB 정부의 광우병 동맹에 대한 자세한 내용을 알고 싶은 분들은 이를 독점 취재한 〈프레시안〉의 '광우병 동맹을 고발한다'는 기사 모음집을 참고하시라. http://www.pressian.com/article/article.asp?article_num=60080606140220&section=03.

사실이 이러한데 친노 세력은 MB 정부의 미국산 쇠고기 수입 개방을 욕하고, 친이 세력은 참여정부가 약속한 거 이행한 게 무슨 잘못이냐고 항변한다. 김종훈의 점잖은 충고가 들리지 않나? "아니, 똑같은 분들끼리 왜 이렇게 싸우십니까?"

정치가 백성을 구제하는 시스템인 것이 아니라, 백성은 백성대로 스스로 알아서 살아가고, 정치인은 정치인들끼리 죽고 죽이면서 권력 놀음하고, 그게 당쟁이었다. 안 보고 갈 순 없으니 요약본으로 보자.

경신환국 - 숙종, 남인당을 제거하고 서인당 등용

속종은 14세에 즉위하여, 수렴 없이 바로 친정을 시작했다. 그만큼 숙종은 기가 셌다. 아버지 현종은 서인당의 전횡에 위기를 느껴 정권 말미에 2차 예송논쟁을 거쳐 서인당을 몰아내고 남인당을 등용하였는데, 숙종도 아버지의 뜻을 이어받아 남인당을 집권 여당으로 대통령 생활을 시작한다. 이때 실각한 서인당의 처벌에 대한 입장 차이로 남인당은 청남당강경파과 탁남당온건파으로 분당한다. 청남당은 윤휴, 허목 등이 활약했고, 탁남당에는 허적이 있었다. 탁남당이 숙종 초기의 주류였다.

숙종은 다시 20세에 허적을 비롯한 남인당을 싹쓸이 하고 정권을 서인당에게 넘기는데 이를 경신환국1680이라 한다. 이유는 탁남당 총재 허적이 쿠데타를 기도했다는 것이다. 물론 사실이 아니다. 숙종의 장인이자 서인당 정치인 김만기「사씨남정기」를 쓴 김만중의 형와 숙종의 처남 김석주김육의 손자의 정치 공작이다. 탁남당 총재 허적이 잔칫날에 서인당 정치인들을 초청하여 독을 탄 술로 다 죽이려 했다는 스토리다. 조선시대 역모라는 것이 대부분 이런 식이다.

이 정치 공작으로 허적은 물론 청남당 총재인 윤휴를 포함해 100여 명의 남인당 정치인이 죽거나 유배됐다. 정치 공작을 통해 정권을 잡은 서인당은, 남인당 처벌에 대한 입장 차이로 노론당강경파과 소론당온건파으로 분당한다. 노론당은 송시열을 총재로, 소론당은 윤증을 총재로 활동했다.

기사환국 - 남인당, 장희빈을 내세워 재집권하다

기사환국1689. 다시 남인당이 재집권하고 서인당이 몰락한 사건이다. 숙종의 첫째 부인김만기의 딸이 죽자, 숙종은 서인노론당 소속 정치인 민유중의 딸을 왕비로 들인다. 그녀가 인현왕후다. 그러나 인현왕후는 숙종의 사랑을 받지 못한다. 숙종은 남인당과 소론당이 밀고 있는 후궁 장옥정장희빈에게 마음이 끌린다. 그러던 차에 장희빈이 드디어 왕자를 생산했으니1688, 그가 바로 훗날 경종 이윤이다.

장희빈이 아들까지 낳자 숙종은 장희빈의 치마폭에 푹 빠져 자유형, 접영, 평영, 배영까지 다 할 정도였다. 소수 야당인 남인당과 소론당이 밀고 있는 장희빈이 차기 대통령이 될 수도 있는 왕자를 생산했다? 집권 서인당으로서는 있을 수 없는 일이었다. 숙종은 나아가 아들경종을 원자로 책봉하려 하자, 서인노론당 총재 송시열이 총대 메고 숙종에게 반발한다. "서인노론당이 밀고 있는 인현왕후가 아직 젊으니 때를 더 기다려서 정하십시다"라고 했다. 숙종은 "이놈들 봐라? 어디 감히~" 하고 대응하면서 정권을 남인당에게 넘긴다. 그리고 인현왕후를 내쫓고 송시열을 죽인다. 나이 서른밖에 안 된 대통령이 산전수전 공중전까지 다 겪은 노회한 수구정치인 송시열을 죽인 것이다. 그 정도로 숙종은 기가 셌다. 조선보다는 명나라를 더 사랑한 사람, 송시열은 그렇게 갔다. 이 사건으로 집권한 남인당은 서인당 정치인 20여 명을 죽이고 100여 명을 유배 보낸다. 아주 시원하게 죽고 죽인다. 그리고 원자 이윤경종은 세 살의 나이로 차기 세자에 책봉된다.

갑술환국 – 서인노론당, 무수리 최씨를 내세워 재집권하다

갑술환국1694. 눈에는 눈, 이에는 이. 미인계로 정권을 뺏긴 서인노론당은 같이 미인계로 응수한다. 떠오르는 샛별 무수리 최씨를 내세운 것이다. 그렇지 않아도 변덕이 죽 끓듯 하는 숙종이 한 여자를 평생 사랑할수 있겠나? 이미 장희빈에 대한 불꽃 같은 사랑도 식은 지 오래다. 이젠 질리기까지 했다. 숙종에게 사랑은 움직이는 것이었다. 숙종은 바로 무수리 최씨에게 넘어간다.

서인노론당원이었던 무수리 최씨는 장희빈경종 엄마이 인현왕후를 저주하는 기도를 드린다고 숙종에게 밀고했고, 숙종은 희빈 장씨를 죽인다1701. 열네 살 세자 이윤은 자신의 생모 장희빈이 죽어가는 것을 보고 있을 수밖에 없었다. 서인노론당원 무수리 최씨도 드디어 연잉군 이금을 낳는데1694, 그가 훗날의 영조다. 결국 경종과 영조는 숙종을 아버지로 하는 이복형제인 셈이다. 재집권에 성공한 서인당은 남인당의 씨를 말렸다. 이로 인해 남인당은 재기불능의 상태가 되고 만다. 이제 정국은 집권 여당인 서인노론당과 야당인 서인소론당이 있을 뿐이다. 오늘날로 비유하자면 민주당, 민노당, 진보신당 등은 정계에서 사라지고, 친이親李가 여당, 친박親朴이 야당하는 꼴이다. 그만큼 조선은 수구화, 폐쇄적이 됐다.

▍숙종에 대한 평가 – 한심한 세월 46년

숙종은 무려 반세기46년를 집권했다. 그의 아들 경종4년, 그의 또 다른 아들 영조52년을 합치면 100년이 넘는다. 아버지와 아들이 역대 최장기 집권 기간 1, 2등이다. 그런데 이 100년간 뭘 했나? 참으로 한심한 세월이었다. 그러니 드라마를 찍어도 '장희빈' 외에는 소재가 없다. 이이화의 숙종에 대한 평가를 보자.

숙종은 46년간 온갖 변덕을 부리면서 임금 노릇을 했다. 한 당파를 등장시켰다가 마음에 차지 않으면 음모에 걸어 죽이고, 다른 당파를 끌어 올렸다가 싫증이 나면 헌신짝처럼 몰아내는 일을 반복했다. **임금의 장단에 맞추어 노론과 소론, 남인이 번갈아 정권을 잡고 반대파를 숙청하였다.** 왕비를 내쫓았다가 다시 불러들였으며, 갈아치운 뒤 사약을 내려 죽이기도 했다. 인현왕후와 장희빈은 숙종의 농간에 희생된 여인들이었다. 이이화著, 『한국사 이야기14』, 23p, 한길사刊.

세계 최강국으로 욱일승천하는 청나라

청나라는 강희제1654~1722가 재위하면서 역사상 가장 강성한, 세계적 강국으로 진입했다. 당시 청나라는 세계 GDP의 30%를 차지했다2010년 미국은 세계 GDP의 20%를 생산하고 있다. 예수회 선교사들이 청의 고위 관료로 등용돼 각 분야에서 활약했다건축, 천문 기상, 지도제작, 번역, 화가 등. 유럽 선교사들은 중국의 문화적 영향력에 압도됐으며, 이들은 청나라와 유럽 간 문화 교류의 창구가 됐다. 그 결과 18세기 유럽에서는 청나라의 합리적인 유교 윤리, 철학, 건축, 도자기, 가구 등이 유럽 상류사회에 크게 유행하였다. 청나라도 유럽의 문화를 수용하고, 러시아와 외교관계를 수립했다.

영국에선 명예혁명이 일어나고1688, 주식시장이 폭등한다. 의회의 입법권이 인정되고, 의회 승인 없는 과세가 금지되고, 개인의 자유와 권리가 획기적으로 보장되고 있었는데, 조선은 1450년이나 1700년이나 그게 그거였다. 서양에선 제임스 와트가 증기 기관차를 발명했다. 영국의 물리학자 뉴턴1642~1727과 독일 철학자 라이프니츠1648~1716는 미분법을 발명했다. 조선은 아직도 공자왈 맹자왈 하고 있었다. 이 정도면 정말, 대책이 없다. 망한 명나라를 향한 조선의 사랑은 영원한 것이었다. 명나라가 망한 지 50년도 더 지났는데도 말이다.

경종 이윤(1688~1724)

엄마 장희빈의
유명세에 가린 아들

경종景宗. 숙종의 장남 & 장희빈(장옥정)의 아들. 휘는 윤.
향년 37세(1688~1724년). 재위 1720~1724까지 4년.
짧은 재위로 업적이 있을 리 없다.

▌남인당(이윤, 훗날 경종) vs 서인노론당(이금, 훗날 영조)

▌숙종에겐 배 다른 두 아들이 있었다. 장희빈의 아들 이윤과 무수리 최
씨의 아들 이금이다. 문제는 두 아들의 소속 정당이 달랐다는 점이다. 현
직 세자 이윤은 소론당 + 남인당 소속이고, 그의 여섯 살 연하 연잉군 이
금은 원조 수구 정당인 노론당 소속이었다.

숙종 시절, 최후의 집권 여당은 서인노론당이었다. 노론당에선 같은
당원인 무수리 최씨의 아들 연잉군 이금을 차기 대통령으로 밀었다. 그
런데 이미 차기 대통령은 소론당 출신인 장희빈의 아들 이윤으로 정해진
상태다. 만약 숙종이 죽고 소론당원인 현직 세자가 그대로 대통령이 된
다면? 노론당으로서는 끔찍한 일이다. 더군다나 세자 이윤은 자기 생모

인 장희빈이 숙종과 노론당에 의해 사약을 받고 죽는 것을 두 눈 뜨고 보지 않았나? 잘못하다가는 연산군 때의 대신들 꼴이 날 수 있는 것이다. 노론당 입장에선 무슨 일이 있어도 세자 이윤의 집권만은 막아야 했다.

숙종은 죽기 3년 전 몸이 쇠약해지자 집권 노론당 총재 이이명과 독대를 하면서 "연잉군영조을 부탁한다"고 했다. 사실상 세자차기 대통령를 갈아치우라는 얘기였다. 사실 숙종은 세자 이윤이 마음에 안 들었다. 장희빈의 아들인 것도 마음에 안 들었고, 소심하고 병약한 것도 마음에 안 들었다.

소수 여당의 불안한 집권

그러나 집권 노론당이 세자를 갈아치울 뚜렷한 명분을 잡지 못하고 어영부영하고 있는 사이, 숙종은 후사 문제를 깔끔하게 마무리 짓지 못하고 죽는다. 우여곡절 끝에 소론당원 세자 이윤은 33세에 대통령에 즉위하니 바로 경종이다. 숙종 정권하에서 야당 생활을 했던 소론당은 드디어 집권의 기회를 잡은 것이다. 그러나 노론당은 노회했다.

노론당 정치인들은 33세인 경종에게 아들이 없다는 이유로 경종의 이복동생이자 노론당 당원인 연잉군 이금당시 27세을 세제世弟로 책봉하라고, 새벽에 몰려가 협박을 한다. 경종이 즉위한 지 8개월도 안 됐을 때였다. 경종과 대신들 사이에는 침묵을 통한 기싸움이 밤새 진행됐다. 밤새 버티던 경종은 하는 수 없이 "그렇게 하십시다" 하고 대답한다. 사실상 노론당의 쿠데타였다. 경종의 나이 겨우 33세인데, 그에게 아들이 없으면 왕자가 생산되기를 기다려야 하는 것이 신하의 도리이거늘, 떼로 몰려가 노론당원인 연잉금 이금을 차기 대통령 자리에 앉힌 것이다. 이렇게 연잉군 이금은 노론당 정치인의 무혈 쿠데타에 의해 차기 대통령왕세제으로 확정됐다. 정치적 기반이 이렇게 중요한 것이다.

노론당의 공개적 내란 예비와 이에 대한 소론당의 반격

그러나 노론당은 너무 조급했다. 현직 대통령 경종을 협박하여 자기당 소속인 연잉군을 차기 대통령으로 만든 지 두 달도 안 돼 또 일을 저지른다. 아예 경종을 대리하여 연잉군에게 대리청정을 시키라고 주장한다. 현직 대통령이 멀쩡하게 살아 있는데, 신하가 대통령 물러나라고 주장한 것이다. 미친놈들 아닌가? 공개적인 내란 예비음모에 해당하는 범죄였다.

이에 경종을 밀고 있던 소론당은 벌떼같이 강력 반발한다. 집권의 기회를 노리면서 꼬투리가 생기길 눈 부릅뜨고 기다리던 소론당에게 기회가 왔고, 폭발한 것이다. 소론당은 대리청정을 주청한 노론당 정치인들의 탄핵을 주장하였고, 경종은 기다렸다는 듯 전광석화 같이 소론당 주장을 수용하여, 집권당을 소론당으로 교체한다. 신축환국1721이다.

임인옥사 – 소론당, 노론당을 싹쓸이 하다

이듬해 1722년. 목호룡 고변 사건임인옥사이 터진다. 목호룡이라는 자가 "노론당이 경종을 살해하려 했다"고 고발한 것이다. 물론 노론당이 경종을 왕으로 인정하지 않고 '흑싸리 껍데기' 취급한 것은 사실이지만, 그렇다고 경종을 죽이려 했다는 확실한 증거는 없었다. 그러나 그 여파는 상당했다. 집권당인 소론당에선 이를 확대하여 노론당 총재, 부총재, 원내대표, 사무총장 등 유력 정치인들을 싹쓸이해 버렸다. 이 임인옥사로 인해 노론당 정치인은 20여 명이 사형 당하고 200여 명이 유배됐다. 하여

튼 무슨 철천지 원수도 아니고……, 죽고 죽여야 직성이 풀렸다. 이로써
소론당의 세상이 됐고 경종은 허수아비였다.

▌연잉군, 살얼음판을 걷다

▌문제는 여기에서 끝나지 않았다. 이 임인옥사의 배후조종 세력으로 노
론당 소속 왕세제 연잉군 이금이 연루되었다는 것이다. 소론당은 이 기
회에 노론당 소속 차기 대통령 연잉군을 제거하고자 결심한다. 그러나
연잉군은 이복형이자 현직 대통령인 경종을 붙잡고 자신은 억울하다면
서 꺼이~꺼이~ 울었다. 경종은 착하고 심약했다. 이복동생을 살려줬다.
연잉군 죽이기에 실패한 소론당 강경파는 차선책으로 연잉군을 차기에
서 끌어내리고 다른 사람으로 교체를 시도한다. 이제 연잉군의 처지는
바람 앞의 등불이었다. 소론당의 연잉군에 대한 암살 음모가 끊이지 않
았다. 연잉군은 목숨을 부지하기 어려운 상황에서 소론 온건파에 기대
그야말로 하루하루 버티는 하루살이였다.

그런데 이때 또, 때를 맞춰 경종이 죽어준다. 연잉군은 대통령 주치의
어의의 견해를 협박을 동원해 깔아뭉개고, 서로 상극인 생감, 게장, 인삼
차를 계속하여 올렸는데, 이를 계속하여 먹은 경종은 죽었다. 연잉군의
경종 독살설은 이렇게 나왔다.

이제 노론당의 강력 지지를 받은, 천민 무수리의 아들 연잉군 이금이
보위에 오르니, 사도세자의 아버지이자 정조의 할아버지인 영조다.

영조 이금(1694~1776)

집권기간 1등 52년 & 주.책.

영조英祖. 숙종의 차남 & 경종의 이복동생. 휘는 금.
향년 83세(1694~1776년). 재위 1724~1776년까지 52년.
집권기간 1등이자, 역대 대통령 중 최강 주책.
아버지 숙종 46년 집권 + 이복 형 경종 4년 집권 + 영조 52년 집권 = 102년.

52년! 집권기간 1등

영조 이금을 긍정적으로 평가하는 분도 있다. 아니, 대부분 영조를 긍정적으로 평가한다. 영조와 정조 전문가 박광용 교수도 영조의 탕평책은 "국민통합운동으로도 손색없는 정치운동이었다"고 주장한다박광용著, 「영조와 정조의 나라」, 17p, 푸른역사刊. 이이화는 더욱 극찬한다.

1724년 8월, 31세의 연잉군이 임금자리에 오른 것은 결론부터 말하자면 **근세 조선의 행운이자 이씨 왕가의 복**이었다. 그는 적어도 **근대국가의 단초를 열었고,** 이씨 왕조의 생명을 연장한 공로자였다고 평가할 수 있다. 이이화著, 「한국사 이야기14」, 34p, 한길사刊.

그러나 그가 52년 임기 동안 뭘 했는지 나는 모르겠다. 정말 모르겠다. 무슨 근거로 영조가 근대 국가의 단초를 열었다는 것인지 난 모르겠다. 그가 '전주 이씨' 집안이 아닌 백성을 위해 무슨 업적을 남겼는지, 정말 모르겠다. 뭐, 왕조를 유지시켰으니 전주 이씨 집안에선 공로자로 생각할지는 모르겠다. 그러나 이미 정치가 백성의 삶과 유리된 채 공론公論이 된 지 오래된 상황에서 전주 이씨 집안의 집권 기간이 연장됐다는 것이 조선에 무슨 행운이라고 하는 것인지, 도대체 모르겠다. 아! 업적이 하나 있구나. 균역법을 실시하여 군포를 두 필에서 한 필로 줄여준 것.

그가 조선사회를 유지시켰다고 하나, 유지시킨 게 아니라 외적의 침입이 없어서 유지되었을 뿐이다. 인조 이후에는 어떤 놈이 쳐들어왔어도 조선은 망했을 것이다. 단지 쳐들어오지 않았을 뿐이다. 조선은 더욱 폐쇄적이 돼 간다. 술자리에서는 청나라를 욕하고, 그러나 현실에서는 청나라에 알아서 기고, 그러나 또 서인당의 특권을 유지하기 위해서는 청나라의 혁신적인 제도와 문물의 유입은 틀어막아야 하고……. '집단적 해리성 정체감 장애'를 앓고 있었다. 모순과 모순의 반복이었다.

주책, 주책 – 51년 연하, 악질 정순왕후와 혼인하다

영조는 늘그막에 새장가를 가 악질을 왕후로 들였다. 마치 중종이 문정왕후를 첫째 부인으로 들였던 것처럼 말이다.

영조는 66세에 51년 연하인 15세짜리 신부 정순왕후를 맞이했다. 역대 최강 주책이었다. 아무리 지가 대통령이라지만 이 정도면 인권유린이다. 2등 주책은 선조51세에 17세 인목대비와 재혼, 3등 주책은 인조43세에 14세 자의대비와 재혼였다. 선조와 인조는 영조 덕분에 주책의 지존은 면했으나, 안 좋은 쪽으로는 늘 1, 2등을 다투는 '진정한 진상'이었다.

일단 족보와 나이부터 따져보자. 영조는 66세. 영조의 영계 마누라 정순왕후는 15세. 영조의 장남 사도세자는 25세. 영조의 며느리이자 사도세자의 처 혜경궁 홍씨도 25세. 영조의 손자 이산_{훗날} 정조은 8세. 그러니 할머니 정순왕후와 손자 이산은 겨우 일곱 살 차이다. 영조가 매우 늦은 나이인 41세에 사도세자를 낳았으니 망정이지, 남들처럼 10대 후반이나 20대 초반에 아들을 낳았더라면, 할머니가 손자보다 나이가 어린 해괴한 상황이 될 뻔했다.

이 15세 정순왕후는 언제 등장하는가? 훗날 일곱 살 연하의 손자 정조가 죽고 정조의 아들 순조가 대통령이 되자, 족보상 증조할머니인 정순왕후가 섭정을 했는데, 이때 정순왕후는 심환지를 내세워 정조의 정책을 모두 뒤집는다. 자신의 오빠 김귀주가 정조 정권에서 제거 당한 것에 대해 앙갚음을 한 것이다. 그러나 김귀주가 제거된 데는 그만한 이유가 있었다. 정순왕후는 친정 오빠 김귀주와 함께 정조의 아버지인 사도세자 죽이기에 앞장섰기 때문이다. 대를 이어가면서 복수와 복수의 연속. 그게 이 당시의 정치였다.

영조 시대의 키워드는 탕평책과 영조의 장남 사도세자다. 두 가지 모두 서인노론당의 독주에 면허장을 내주는 것으로 결론을 맺는다.

▌탕평책

▌탕평책_{蕩平策}. 뭐 정당끼리 상생 정치하자는 것이다. 그런데 이게 되겠나? 결국 실패했다.

당쟁을 보자. 노론은 소론을 모기라 불렀으며, 소론은 노론을 빈대라 불렀다. 소속 정당이 다르면 혼인도 하지 않았다. 이를 어길 경우 왕따를 감수해야만 했다. 그 외에 옷차림, 제사 형식, 호칭도 달랐다. 저쪽 당 애들이 단추 3개 달린 양복을 입으면 우리는 2개 달린 양복을 입고, 쟤들이 콧수염을 기르면 우리는 턱수염을 기르고, 저쪽 당 여자들이 분홍색 매니큐어를 칠하면 우리는 검은색 매니큐어를 칠하고, 뭐 그랬다는 거다.

왜 요즘도 집안마다 제사 형식도 조금씩 다르지 않나? 한나라당은 국회에서 면바지 못 입게 하고, 친노 세력들은 국회에서 면바지 못 입을 게 뭐 있느냐면서 싸우지 않았나? 이미 여러 차례 언급했듯 당쟁은 정책과 노선을 갖고 싸운 게 아니라, 이처럼 스타일의 차이를 두고 싸웠을 뿐이다. 정책과 노선은 언감생심, 단순한 스타일의 차이도 인정 못했던 게 우리 정치였고, 오늘날도 그렇다.

결론적으로 영조는 이인좌의 난을 계기로 탕평책을 실시하나, 나주 벽서 사건을 계기로 탕평책은 무너지고 서인노론당이 독주한다.

▌이인좌의 난 – 탕평정치의 시작

이인좌의 난1728. 1624년 이괄의 난 이후 100년 만의 내전이다. 경상도 몰락 왕손 이인좌가 주동자가 돼, 경종 정권의 집권 여당이었던 소론당 강경파준소와 남인당 일부가 결합하여 난을 일으킨 것이다. 영조는 이 난을 진압한 후, 소론당을 억압하는 기회로 삼지 않고, 탕평정치의 계기로 삼았다. 이상이 공식적인 스토리다.

그러나 이인좌의 난 이후 영조는 영남평정비를 세워 영남을 반역향으로 못 박는다. 세조 때 이시애의 난으로 서북지방함경도 + 평안도은 반역향이 되고, 선조 때 정여립의 난으로 호남이 반역향이 되고, 영조 때 이인좌의 난으로 영남은 반역향이 된다. 이제 남은 건 서울, 경기, 충청 등 기호지방 출신 서인노론당 정치인들뿐이다.

탕평책 실패 – 탕평책은 정계를 '노론당'으로 물갈이하기 위한 영조의 정치 공작

경종을 밀었던 소론당과 영조를 밀었던 노론당, 두 당의 입장에서 상대당은 반역 세력이다. 경종의 소론당 정권하에서 영조는 하루하루를 죽음의 공포에 떨면서 지내야 했다. 그런 영조가 소론당을 받아들여 노론당과 화해시켰다? 그게 되겠나? 되지도 않는 얘기다. 영조가 무슨 '성철 스님'도 아니고, 그 공포를 어찌 잊을 수 있었겠는가? 물론 한때 영조가 두 당을 화해시키려 한 것은 사실이다. 그러나 그건 표면적인 명분 쌓기였을 뿐이다.

영조는 분쟁이 생길 때마다 양자를 중재하는 척하면서 결론적으론 늘 노론당 편을 들었다. 결국 영조의 탕평책은 소론당이 득세하던 정계를 노론당으로 서서히 물갈이하기 위한 노회한 정치 공작에 지나지 않았다. 결국 자잘한 여러 사건을 거쳐 1741년 신유대훈경종 시절 노론당 실각의 계기가 됐던 목호룡 고변 사건을 무고로 결정한 처분으로 탕평책은 껍데기만 남았고, 1755년 나주 벽서 사건이 터진다.

나주 벽서 사건 – 탕평책 폐기

나주 벽서 사건1755. 정권을 빼앗긴 소론 강경파들이 나주에서 현직 대통령 영조를 욕하는 대자보를 붙인 사건이다. 이인좌의 난1728 이후 또다시 소론 강경파가 문제를 일으킨 것이다. 그렇지 않아도 경종을 독살했다는 콤플렉스에 시달리던 영조는 이 사건을 계기로 탕평책을 아예 접는다. 이미 정계는 영조가 의도했던 대로 노론당으로 물갈이 됐으므로 영조도 이 사건을 계기로 속내를 드러낸 것이다. 이로 인해 소론당은 박살나고 노론당 일당 독재가 시작되며, 소론당의 입장을 두둔한 사도세자도 죽는다. 아니 노론당을 위해 죽어줘야 했다.

█ 균역법 – 양반은 죽어도 군대에 갈 수 없다

█ 그나마 균역법 시행이 영조의 유일한 업적이다. 선조 편에서 언급했듯이 조선시대 국방의무는 양반도 아니고 쌍놈도 아닌 양인良人만이 부담했다. 그래서 국방의무를 양역良役이라고 한다. 경제적 기반이 넘치는 양반은 국방세를 내지 않았고 경제적 기반이 취약한 양인들만 국방세를 부담했는데, 이를 '양역의 폐단' 이라고 한다.

임진왜란 후 조선은 양인들이 내는 국방세로 직업군인을 고용하는 상비군 체제를 확립했다. 이처럼 임진왜란 후 조선은 직업군인제모병제를 실시하는데, 이를 실시하려면 돈이 필요하지 않겠나? 그래서 양인들에게 부과한 세금이 바로 '군포軍布'다. 영조는 이 군포를 두 필에서 한 필로 줄여주었다. 이게 균역법이다. 이에 따라 줄어든 세수부족분은 토지에 종합부동산세를 부과하여 충당했다 당연히 토지를 많이 소유한 양반 귀족이 반발했다. 영조는 이들의 반발을 물리치고 균역법을 정착시켰다는 스토리다.

█ 한반도의 뿌리 깊은 병역비리

█ 양역의 폐단은 병역제도의 폐단을 뜻한다. 이러한 폐단은 보통사람들

양인만 국방의무를 부담하고국방세 부담, 양반은 국방의무에서 제외됐기 때문에국방세 면제 생긴 폐단이다. 근본적 해결책은 양반도 국방의무를 부담하면 된다. 그러나 양반도 국방세를 부담한다면 반상의 구별이 무너지고, 이는 성리학적 질서에 반하며, 이는 체제부정이라는 논리로 양반들은 국방세 부담에 극렬 반발했다양반불역론兩班不役論. 군대 가고 세금 내는 것을 기본으로 하는 서양 보수 세력과 병역면탈과 탈세를 기본으로 하는 한반도 보수 세력은 이렇게 차이가 크다.

가문과 사익을 위해서라면 외세든 왕이든 가리지 않고 투쟁하는 한반도 특권 세력의 성향에 비추어 볼 때, 영조가 균역법을 안착시킨 것은 분명 업적이다. 그러나 52년 집권하고 균역법 하나로 면피하기엔, 부끄럽다. 균역법 시행으로 일반 백성의 부담이 줄긴 했지만, 양역의 폐단이 없어진 것은 아니다. 균역법이 쥐꼬리만큼 나아졌다고 생각하면 된다. 양역 폐단은 대원군이 혁파한다.

요즘은 달라졌나? MB 정권 청문회에 나오는 후보들 대부분이 병역면제 아니던가? 고령, 디스크, 폐결핵, 정신질환, 행방불명, 생계곤란……, 사유도 끝이 없다. MB 정권은 병신들만 모아서 정치하나? MB판 사회복지제도인가? 오늘날 병역비리의 근원도 조선시대부터 내려오는 뿌리깊은 양역의 폐단에서 유래한 것이다.

사도세자 – 피보다 더 진한 이념

사도세자1735~1762. 향년 28세. 영조의 차남. 사도세자는 영조의 맏아들이자 이복형인 효장세자가 일찍 죽는 바람에 2세 때 차기 대통령으로 임명됐고, 15세에 대리청정을 시작했다. '사도세자는 또라이였다, 정신

병자였다, 광기가 있었다, 난폭했다' 뭐 이런 스토리는 승리자인 노론당 애들의 기록일 뿐이다. 광해군, 소현세자 때도 똑같은 레퍼토리였듯이.

결론만 말하자. 사도세자 이선이 아버지 영조에 의해 뒤주에 갇혀 죽을 수밖에 없었던 이유는, 그가 노론당 일당 독재에 비판적이었기 때문이다.

노론당은 온갖 정치 공작을 통해 사도세자와 영조를 이간질했다나경언의 고변 사건. 심지어 사도세자의 친엄마인 영빈 이씨, 사도세자의 처 혜경궁 홍씨도 노론당원이었다. 뒤주를 이용해서 사도세자를 죽이라는 잔혹한 아이디어를 낸 것도 사도세자의 장인 홍봉한이었다. 영조는 세자의 무고함을 알면서도 정계를 장악하고 있는 노론당과의 파국을 막기 위해 자식을 죽여야만 했다. 차기 대통령을 지낼 사람이 28세에 뒤주에서 굶어 죽는 동안 장인 홍봉한은 한강에서 뱃놀이를 즐기고 있었다.

어떻게 엄마가 그럴 수 있느냐, 어떻게 장인이 그럴 수 있느냐, 어떻게 아버지가 그럴 수 있느냐, 어떻게 마누라가 그럴 수 있느냐, 이런 얘기는 하지 말자. "물보다 진한 것이 피고, 피보다 진한 것이 이념이고, 이념보다 진한 것이 사랑이고, 그 사랑보다 진한 것이 지역감정이다." 누가 그러더냐? 내 생각이다. 이념 앞에서 피는 문제되지 않는다. 한국전쟁 중에 부모형제 등지고 이념 찾아서 월북하고 월남했던 청춘들이 어디 한둘이더냐? 다 그런 거다.

사도세자의 나이 어린 새엄마, 정순왕후는 어땠는가? 그녀 역시 골수 노론당 집안 딸이라서 소론당을 두둔하는 사도세자를 죽도록 미워했고, 영조와 사도세자를 이간질하는 데 일조를 했을 뿐 아니라, 손자인 정조 사후에 정조가 시도했던 개혁을 노론당의 총재 심환지와 함께 모조리 뒤

엎는 짓을 했다. 사도세자의 죽음으로 노론당, 소론당, 남인당 불문하고 정계는 사도세자의 죽음을 동정하는 시파와, 잘 죽었다고 생각하는 벽파로 분화한다.

남편보다는 친정이 중요하다 - 혜경궁 홍씨

사도세자의 처 혜경궁 홍씨는 어땠는가? 사도세자는 장가를 잘못 갔다. 이 혜경궁 홍씨도 골때리는 여자였다. 혜경궁 홍씨가 누군가? 바로 『한중록』의 저자다. 남편인 사도세자가 뒤주에 갇혀 죽었으니 『한중록』은 한맺힌 기록일 것 같은 느낌을 마구 풍긴다. 그러나 『한중록』은 한가한 날의 기록閑中錄이라는 뜻으로, 남편 사도세자를 옹호하기 위해 쓴 글이 아니라 자신의 친정인 홍씨 집안은 사도세자의 죽음과 무관하다는 변명을 하기 위해 60세 넘어서 손자인 순조 시절에 쓴 글이다.

혜경궁 홍씨의 아빠인 홍봉한과 작은 아빠인 홍인한은 영조, 정조혜경궁 홍씨의 아들, 순조혜경궁 홍씨의 손자 3대에 걸쳐 부귀영화를 누렸다. 정조의 작은 외할아버지 홍인한은 영조가 정조에게 왕위를 물려주려 하자, 임금을 가로 막고 전교를 받아쓰지 못하게 하는 등 온갖 만행을 저지르면서 세손정조을 제거하려 했다. 정조가 노론당원이 아니라는 이유였다. 늙은 영조도 통제하지 못할 정도로 홍씨 집안의 발호는 극심했다. 영조는 이들을 제어하지 못하고 아들 사도세자를 죽이는 정치적 결단을 내려야만 한 것이다. 얼마나 답답하게 죽어갔을까?

아버지 숙종과 100년을 통치한 영조, 대체 업적이 뭔가?

앞서도 언급했지만, 영조는 아버지 숙종과 더불어 100년을 통치했다.

1776년 일찍이 랑케Ranke가 세계사에서 가장 의미 있는 사건이라고 규정한 '미 독립혁명'이 일어난다. 랑케는 이 혁명을 군주권영국과 민권사상미국의 충돌로 규정을 지었다. 미국은 밖으로는 영국의 식민지정책을 거부하고, 안으로는 인디언을 싹쓸이하고 독립국가를 세운 잔인한 민족이다. 민권사상의 승리로 미국은 이때부터 자유, 권리, 행복추구권, 양도불가의 자연권, 주권재민, 정부는 피지배자의 동의에 의해서만 권한을 행사할 수 있음, 부당한 정부에 대한 무력에 의한 혁명권 등을 인정하기 시작했다.

한편 1750년대 중국 상하이에는 수백 개의 은행이 성업 중이었다. 세계는 변하고 있는데, 100년간 숙종과 영조는 대체 무엇을 했단 말인가?

참고문헌 _

강만길著, 『고쳐 쓴 한국 근대사』, 창작과비평사刊.
강만길著, 『고쳐 쓴 한국 현대사』, 창작과비평사刊.
강만길著, 『우리역사 왜』, 서해문집刊.
강만길著, 『우리 역사를 의심한다』, 서해문집刊.
강정구著, 『전환기 한미 관계의 새판짜기』, 한울刊.
강준만著, 『한국 근대사산책1~5』, 인물과사상사刊.
강준만著, 『한국 현대사산책1~18』, 인물과사상사刊.
강준만著, 『한국인 코드』, 인물과사상사刊.
경향신문著, 『특별취재팀, 민주화 20년 지식인의 죽음』, 후마니타스刊.
곤도 시로스케著, 이인숙 譯, 『대한민국 황실비사』, 이마고刊.
구대열著, 『삼국통일의 정치학』, 까치刊.
권영성著, 『헌법학원론』 개정판, 법문사刊.
권태훈 외 7인 共著, 『미국과 맞짱뜬 나쁜 나라들』, 시대의 창刊.
김기진著, 『청년 김옥균』, 문학사상사刊.
김대식 외 3인 共著, 『경제학원론』, 박영사刊.
김대중著, 『김대중 자서전1,2』, 삼인刊.
김동인著, 『운현궁의 봄』, 문학사상사刊.
김봉중著, 『카우보이들의 외교사』, 푸른역사刊.
김삼웅著, 『친일정치 100년사』, 동풍刊.
김수행著, 『알기 쉬운 정치경제학』, 서울대학교출판부刊.
김영호著, 『한국 자본주의와 제3의 경제』, 비봉출판사刊.
김용구著, 『세계관 충돌과 한말 외교사』, 문학과지성사刊.
김용구著, 『세계외교사』, 서울대학교출판부刊.
김윤희著, 『이완용 평전』, 한겨레출판刊.
김정균, 성재호 共著, 『국제법』 제5개정판, 박영사刊.
김정기著, 『1882년 조미 수호통상조약과 이권 침탈』, 역사비평刊.
김정환著, 『한국사 오딧세이』, 바다출판사刊.
김종현著, 『경제사』, 경문사刊.
김창현著, 『신돈과 그의 시대』, 푸른역사刊.
김충식著, 『슬픈열도』, 효형출판刊.
김태기, 김신행 共著, 『국제경제론』, 법문사刊.
김홍균, 한기홍 共著, 『김대중, 희망을 위한 여정』, 고즈윈刊.
노대환著, 『조선의 아웃사이더 : 소신에 목숨 건』, 역사의아침刊.
노용필, 류창규 共著, 『개화기의 지방사람들1』, 어진이刊.
노용필, 이용배 共著, 『개화기의 서울사람들1』, 어진이刊.
노태우著, 『노태우 회고록(상)(하)』, 조선뉴스프레스刊.
다테노 아키라編著, 오정환, 이정환 옮김, 『그때 그 일본인들』, 한길사刊.
동아일보 특별취재팀著, 『김대중 정권의 흥망』, 나남출판刊.

류시민著, 『대한민국개조론』, 돌베개刊.
민석홍著, 『서양사개론』, 삼영사刊.
박광용著, 『영조와 정조의 나라』, 푸른역사刊.
박노자, 허동현 共著, 『열강의 소용돌이에서 살아남기』, 푸른역사刊.
박노자, 허동현 共著, 『우리역사 최전선』, 푸른역사刊.
박시백著, 『조선왕조실록1~10』, 휴머니스트刊.
박은숙著, 『갑신정변 연구』, 역사비평사刊.
박은숙著, 『김옥균 역사의 혁명가 시대의 이단아』, 너머북스刊.
박은식著, 『한국통사』, 범우사刊.
박지향 외 3인 共著, 『해방전후사의 재인식1,2』, 책세상刊.
박찬욱, 김병국, 장훈 공편, 『국회의 성공조건』, 동아시아연구원刊.
박태균著, 『우방과 제국 한미관계의 두 신화』, 창비刊.
박태균著, 『한국전쟁』, 책과함께刊.
배영수著, 『서양사강의』, 한울아카데미刊.
백지원著, 『왕을 참하라(상)(하)』, 진명출판刊.
변정수著, 『법조여정』, 도서출판 관악사刊.
변태섭著, 『한국사통론』, 삼영사刊.
복거일著, 『보이지 않는 손』, 문학과 지성사刊.
복거일 외 3인 共著, 『한국의 자유주의』, 자유기업원刊.
브레진스키著, 김명섭譯, 『거대한 체스판』, 삼인刊.
브루스 커밍스著, 남성욱譯, 『김정일 코드』, 따뜻한 손刊.
브루스 커밍스著, 차문석譯, 『악의 축의 발명』, 지식의 풍경刊.
서울대정치학과 독립신문 강독회 著, 『독립신문 다시읽기』, 푸른역사刊.
서울문화사학회編, 『조선시대 서울사람들1,2』, 어진이刊.
서중석著, 『이승만의 정치 이데올로기』, 역사비평刊.
서중석著, 『한국현대사』, 웅진刊.
성낙인著, 『판례헌법』, 법문사刊.
성재호著, 『국제경제법』, 박영사刊.
손낙구著, 『부동산 계급사회』, 후마니타스刊.
송건호 등 共著, 『해방전후사의 인식1~6』, 한길사刊.
송병락著, 『글로벌 시대의 경제학』 개정판, 박영사刊.
시오노 나나미著, 오정환譯, 『나의 친구 마키아벨리』, 한길사刊.
신복룡著, 『이방인이 본 조선 다시 읽기』, 풀빛刊
신채식著, 『동양사개론』, 삼영사著.
심지연著, 『한국정당정치사』, 백산서당刊.
안국신著, 『경제학 길잡이』, 율곡출판사刊.
안병직, 이영훈 共著, 『대한민국 역사의 기로에 서다』, 기파랑刊.
역사학자 18인著, 『역사의 길목에 선 31인의 선택』, 푸른역사刊.
연시중著, 『한국정당정치 실록1,2』, 지와사랑刊.
우경윤著, 『청소년을 위한 세계사-동양편』, 두리미디어刊.
유달승著, 『이슬람 혁명의 아버지 호메이니』, 한겨레출판刊.
유현석著, 『국제정치의 이해』, 한울아카데미刊.

워렌 코헨著, 하세봉譯, 「미국은 동아시아를 어떻게 바라보는가」, 문화디자인刊.

이강무著, 「청소년을 위한 세계사-서양편」, 두리미디어 刊.

이기담著, 「공민왕과의 대화」, 고즈윈刊.

이기백著, 「한국사신론」 한글판, 일조각刊.

이광린著, 「개화기의 인물」, 연세대학교출판부刊.

이덕일著, 「교양 한국사3」, 휴머니스트刊.

이덕일著, 「당쟁으로 보는 조선역사」, 석필刊.

이덕일著, 「사도세자의 고백」, 휴머니스트刊.

이덕일著, 「역사에게 길을 묻다」, 이학사刊.

이덕일著, 「조선왕 독살사건1,2」, 다산초당刊.

이덕일著, 「한국사로 읽는 성공한 개혁, 실패한 개혁」, 마리서사刊.

이덕주著, 「조선은 왜 일본의 식민지가 되었는가」, 에디터刊.

이동진譯, 「군주론」, 해누리刊.

이삼성著, 「동아시아의 전쟁과 평화1,2」, 한길사刊.

이영희著, 「동굴 속의 독백」, 나남刊.

이영희著, 「전환시대의 논리」, 창작과 비평사刊.

이이화著, 「한국사 이야기1~22」, 한길사刊.

이장규著, 「경제는 당신이 대통령이야」, 올림刊.

이정전 외 3인 共著, 「토지 문제에 대한 올바른 이해」, 박영사刊.

이종욱著, 「화랑세기로 본 신라인 이야기」, 김영사刊.

이종원著, 「한국경제론」, 박영사刊.

이준구著, 「미시경제론」, 법문사刊.

이진著, 「참여정부, 절반의 비망록」, 개마고원刊.

이태진, 김재호 共著, 「고종황제 역사청문회」, 푸른역사刊.

이한기著, 「국제법」 신정판, 박영사刊.

이해영著, 「낯선 식민지 한미 FTA」, 메이데이刊.

이해영, 정인교 共著, 「한미 FTA, 하나의 협정 엇갈린 진실」, 시대의창刊.

이헌주著, 「개화기의 지방사람들2」, 어진이刊.

임영태著, 「대한민국 50년사1,2」, 들녘刊.

임동원著, 「피스메이커」, 중앙북스刊.

장성민著, 「전환기 한반도의 딜레마와 선택」, 나남刊.

장하준著, 「사다리 걷어차기」, 부키刊.

장하준著, 「국가의 역할」, 부키刊.

장하준著, 「Bad Samaritans」, BUSSINESS BOOKS刊.

장하준, 정승일著, 「쾌도난마 한국경제」, 부키刊.

전봉관著, 「경성기담」, 살림刊.

전봉관著, 「럭키경성」, 살림刊.

정기문著, 「한국인을 위한 서양사」, 푸른역사刊.

정욱식著, 「동맹의 덫」, 삼인刊.

정운찬著, 「거시경제론」 5판, 율곡출판刊.

정태영著, 「조봉암과 진보당」, 후마니타스刊.

조재곤著, 「그래서 나는 김옥균을 쏘았다」, 푸른역사刊.

조유식著, 『정도전을 위한 변명』, 푸른역사刊.

존 킹 페어뱅크著, 『동양문화사(상)(하)』, 을유문화사刊 .

차하순著, 『역사의 본질과 인식』, 학연刊.

차하순著, 『서양사총론1,2』, 탐구당刊.

최문형著, 『러시아의 남하와 일본의 한국침략』, 지식산업사刊.

최문형著, 『명성황후 시해의 진실을 밝힌다』, 지식산업사 刊.

최문형著, 『유럽이란 무엇인가』, 지식산업사刊.

최문형著, 『한국 근대의 세계사적 이해』, 지식산업사刊.

최영순著, 『경제사 오딧세이』, 부키刊.

최재천著, 『한미 FTA 청문회』, 향연刊.

프란체스코 귀치아르디니著, 이동진譯, 『통치자의 지혜』, 해누리刊.

학술단체협의회 엮음, 『해방 60년의 한국사회』, 한울아카데미刊.

한겨레 정치부 취재, 『김대중 집권비사』, 한겨레신문사 刊.

한명기著, 『광해군』, 역사비평사刊.

한홍구著, 『대한민국사1~4』, 한겨레출판刊.

함성득著, 『김영삼 정부의 성공과 실패』, 나남출판刊.

허 영著, 『한국헌법론』 전정2판, 박영사刊.

홍기빈著, 『투자자-국가직접소송제』, 녹색평론사刊.

홍성방著, 『헌법학』 개정6판, 현암사刊.

1990. 국사 국정교과서 (상)(하).

2008. 고등학교 세계사, 교학사刊.

2008. 고등학교 역사부도, 교학사刊.

2008. 고등학교 역사부도, 금성출판사刊.

2008. 고등학교 한국근현대사, 중앙진흥교육연구소刊.

나카다 아키후미著, 이남규譯, 『미국 한국을 버리다』, 기파랑刊.

小島晉治, 丸山松幸著, 박원호譯, 『중국근현대사』, 지식산업사刊.

Bruce Cumings著, 『Korea's Place In The Sun』, Norton刊.

Erik S. Reinert著, 『How Rich Countries Got Rich and Why Poor Countries Stay Poor』, PublicAffairs刊.

Homer Bezaleel Hulbert著, 『The Passing of Korea』

Jae Ho Chung著, 『Between Ally and Partner』, Clumbia University Press刊.

John King Fairbank, Merle Goldman 共著, 『CI IINA, A Now History』, The Belknap Press of Harvard University Press刊.

Joseph E. Stiglitz著, 『Globalization and its discontent』

Scott Snyder著, 『China's Rise And The Two Koreas』

Samuel S. Kim著, 『The Two Koreas and The Great Powers』, Cambridge刊.

Zbigniew Brzezinski著, 『The Grand Chessboard』, Basic Books刊.